• 二十一世纪"双一流"建设系列精品规划教材

证券投资原理

（第三版）

ZHENGQUAN TOUZI YUANLI

主　编　　陈永生

副主编　　王　敬　　周丽晖　　王　擎

西南财经大学出版社

中国·成都

图书在版编目(CIP)数据

证券投资原理/陈永生主编 . —3 版.—成都:西南财经大学出版社,
2020.4

ISBN 978-7-5504-4326-6

Ⅰ.①证⋯ Ⅱ.①陈⋯ Ⅲ.①证券投资—高等学校—教材
Ⅳ.①F830.91

中国版本图书馆 CIP 数据核字(2019)第 297539 号

证券投资原理(第三版)

主　　编　陈永生

副主编　王　敬　周丽晖　王　擎

责任编辑:朱斐然

封面设计:墨创文化　张姗姗

责任印制:朱曼丽

出版发行	西南财经大学出版社(四川省成都市光华村街 55 号)
网　　址	http://www.bookcj.com
电子邮件	bookcj@foxmail.com
邮政编码	610074
电　　话	028-87353785
照　　排	四川胜翔数码印务设计有限公司
印　　刷	郫县犀浦印刷厂
成品尺寸	185mm×260mm
印　　张	13.25
字　　数	307 千字
版　　次	2020 年 4 月第 3 版
印　　次	2020 年 4 月第 1 次印刷
印　　数	1— 2000 册
书　　号	ISBN 978-7-5504-4326-6
定　　价	39.80 元

前　言

　　中国证券市场在经历了近 30 年的发展后，目前已成为我国经济不可或缺的组成部分。截至 2019 年年底，我国上市公司总数已达 3 690 家，总市值为 58.3 万亿元，流通市值为 48.09 万亿元，总市值占国民生产总值的比重为 58%。证券行业经过多年的规范调整、分业经营，分业管理的格局已经形成，证券公司、基金管理公司净资产规模呈跳跃式扩大，规范化经营程度大大提高；上市公司在一系列规范化措施引领下，公司治理结构日趋合理完善，信息披露更加全面、及时、准确和完整；在大力发展机构投资者措施的指引下，证券市场投资者结构发生了巨大变化，保险资金、社保基金、企业年金、证券投资基金、QFII 等机构投资者纷纷入市；机构投资者的壮大改变了证券市场的运行状态，股票市场的波动幅度、换手率相比于往年有大幅下降，投机色彩减弱，价值投资理念逐渐深入人心，股票价格更为充分、准确地反映了各方面的信息；证券市场的对外开放程度有了提高，证券公司和基金管理公司外资股份比例提高，在我国人民币资本项目有限度开放的条件下，开立了QFII、QDII、沪港通、深港通和沪伦通。我们相信，随着中国经济的不断向前发展，证券市场一定会有一个更加美好的未来。

　　证券市场的发展提出了对专业人才的需求，同时也需要一本能够系统、完整地介绍证券市场基本知识的教材。为适应这一需求，我们编写了这本教材，以满足本科教学之需。在参考国内外流行教材的基础上，我们在章节的安排上适应了我国本科教学的特点，使其更具有针对性。比如在介绍股票和股票市场时，主要阐释了股票的基本概念和我国股市的概况，既避免了繁杂的概念介绍，又避免了仅介绍美国股票市场、不适合我国学生的问题。

　　本书从第一版至今，其间经过了几次修改完善，但证券市场的发展日新月异，本书的修改始终不能追赶上迅速发展的中国证券市场。我们既为中国证券市场的快速发展欢欣鼓舞，也为本书滞后于市场的变化而深感不安。借这次再版付印之际，我们对本书中的过时内容进行了修改，同时为了和前一版的内容保持基本一致，对章节没有做过大调整。本书是为高等院校本科教学需要编写的。

在本书即将付印之际，感谢西南财经大学出版社的金欣蕾编辑为本书出版给予的支持和帮助。

编　者

2020 年 3 月 11 日

2

证/券/投/资/原/理

目 录

证/券/投/资/原/理

3

第一章
股票市场

第一节　股份有限公司制度

一、股份有限公司制度的形成与发展

股份有限公司制度，简称股份制，是指以向股份有限公司投资入股的方式，将分散的、属于不同所有者的资金（资本）集中于同一企业之中，作为社会资金无限期地统一支配和使用，并实行所有权同经营权相分离，按投资入股份额参与企业管理和股利分配的一种企业组织形式与产权制度。股份有限公司制度由股份有限公司、股票和股票市场三大要素构成。股份有限公司制度是适应生产社会化和商品经济发展的要求而发展起来的，从原始的股份制到现代股份有限公司制度，其间经历了一个相当长时期的产生、发展和完善的过程。

（一）股份有限公司制度的萌芽

股份有限公司制度的形成，核心是股份有限公司的产生。历史上先于股份有限公司存在的企业组织形态是个体企业和合伙企业。个体企业是由单个出资者出资设立，所有权和经营权归个人所有，赢利（亏损）由个人分享的企业制度；合伙企业则由两个或两个以上的出资者出资设立，按协议共同经营，共同承担责任和享有收益。个体企业和合伙企业的共同特点是企业规模都比较小，企业经营所需资金不多，这是与当时生产社会化程度较低、商品经济不发达的客观现实相适应的。随着商品经济的逐步发展，社会分工越来越细，并产生出一些新的行业，生产规模和交易规模日益扩大，以独资方式和合伙方式组建的企业不能满足生产力发展对巨额资金的需求，新的企业组织形式应运而生。

一般认为，股份有限公司起源于中世纪的欧洲。当时，地中海沿岸各城市的商业和海上贸易已有了相当程度的发展，许多个体商人将企业经营到一定规模后传给其子女，其子女们共同经营先辈的企业，共负盈亏，形成了许多家族企业，这便是后来一些有限公司和无限公司的前身。此外，海外贸易对资金的巨额需求及高风险性也促成了股份有限公司的产生，由于每次海上贸易所需金额巨大，一些贸易企业开始采取集资入股的办法来经营。这些企业汇集个人的出资并将经营收益按投资者

的出资比例进行分配，由于出资者既可分享海上贸易的利润，又不必亲自去冒险，因而吸引了很多投资者的加入，甚至包括当时的王公贵族及朝廷大臣等。虽然当时的集资和现代股份有限公司相比还有本质区别，比如说，一些贸易企业在每一次海上贸易之后都分红并清偿本金；当时的集资不如现在范围广，可能还只是少数阶层的特权等，但毕竟这样的公司已初步具备了股份有限公司的一些性质和特点，因此，可以将这一段时期视为股份有限公司制度的萌芽。

（二）股份有限公司制度的产生

近代股份有限公司制度起始于 17 世纪初，当时荷兰和英国成立的海外贸易公司已具有了较明显的股份有限公司特征：具有法人地位，按股分红，有限责任制，股票可以转让，公司生命永久化，等等。这批海外贸易公司的成功使更多企业效仿它们的组织形式，于是，在荷兰和英国掀起了成立股份有限公司的浪潮，到 1695 年，英国成立了约一百家的新股份有限公司。同时，股份有限公司制度也开始向其他产业领域扩展，铁路等交通运输和一些公共事业部门需要大量的资金，在这些部门涌现了大量的股份有限公司。18 世纪下半叶，英国开始了工业革命，制造业中普遍采用股份有限公司这一企业组织形式。工业革命从英国向其他资本主义国家扩展，股份有限公司这一全新的组织形式也传遍了资本主义世界。在 19 世纪后半叶，以美国的钢铁、煤炭、机器制造业为中心的重工业部门，一开始就普遍采用股份有限公司的组织形式。到第一次世界大战结束美国制造业产值的 90%由股份有限公司创造。

在股份有限公司发展的同时，股票及股票市场也不断地发展完善。在 17 世纪，股票市场就已出现，最早的证券交易所——阿姆斯特丹交易所设立于 1613 年。此后，股票交易日益规范化，证券交易所纷纷成立。1724 年，法国设立巴黎证券交易所；1773 年，英国设立伦敦证券交易所；美国则分别于 1790 年和 1817 年设立了费城证券交易所和纽约证券交易所。

由于上述三方面的发展，股份经济在近代已渗透到了大部分的经济领域。特别是股份有限公司之间相互参股、互派代表和共同经营等活动，各股份有限公司的经济利益被紧密联系在一起，形成了关联性很强的经济体系。因此可以说，在近代，股份经济已成了一种社会化经济。

（三）现代股份有限公司制度的发展及特点

20 世纪初，资本主义从自由竞争阶段过渡到垄断阶段。垄断资本主义形成的前提是资本的集中，而股份有限公司则是一种有利于资本集中的企业组织形式。因此，股份有限公司制度对于资本主义从自由竞争阶段向垄断阶段的转变起到了极大的促进作用，并在这一过程中获得了发展。

现代股份有限公司制度的特点是：①股份有限公司的规模进一步扩大，而股东则趋于分散化，股票趋于小额化。大规模的生产经营是垄断经济的要求，为了吸引社会零散资金，股票面额不断变小，这就直接造成了股东分散化的局面。②股份经济更趋法制化。在经历了一系列股市危机后，各国纷纷加强了对股份有限公司制度的立法与执法工作。立法主要包括两个方面：一是确立起保障股份有限公司的权利与义务，规范其生产经营活动的法律（主要是公司法）；二是建立规范股票市场运作的相关法律，各国普遍制定了法律法规对证券发行和交易，证券市场各主体，进行约束和规范。在执法方面，除中央银行外，各国还纷纷建立了专门的证券管理机构，负责对证券市场的执法管理工作。③股份经济日趋国际化。这主要体现在两个方面：一是股份制跨国公司在现代有了很大的发展。至 1977 年，跨国公司已达一万多家，这些跨国公司大部分是通过股权参与形式建立的。二是股票交易也日趋国际化。随着跨国公司的发展，各主要资本主义国家的证券市场也日趋开放，从而带动了股票交易的国际化，促进了国际股票市场的形成。④投资主体日益法人化。20 世纪 80 年代以来，随着各国居民金融资产的增加，福利及养老制度的日益完善以及证券投资品种和范围的扩展，股票市场投资主体发生了结构性变化，以投资基金、养老基金和保险公司为代表的机构投资者获得了长足的发展，并成为市场中的主导力量。投资主体法人化，既是股票市场稳定发展的必然要求，也是股票市场发展的必然结果。

二、股份有限公司

（一）股份有限公司的特征

股份有限公司是股份有限公司制度的重要内容，是随着商品经济和社会化大生产的发展而形成的一种典型的现代企业组织形式。与独资企业、合伙企业等企业组织形式相比，股份有限公司有其自身的特点。这些特点主要体现在：

1. 具备独立的法人资格

股份有限公司是具有独立民事权利能力和民事行为能力，依法独立享有民事权利和承担民事义务的组织。股份有限公司具有法人的四个基本条件：①是经过国家认可的合法组织；②有特定的名称、固定的住所和组织机构；③有自己能够独立支配的财产或资金；④能够独立承担民事责任。

2. 所有权和经营权相分离

在股份有限公司制度中，投资者一旦投资入股即成为公司的股东。股东对股份有限公司的资产拥有法律上的所有权。它可以凭借股权获得股息和红利收入，可以转让或买卖股票，但却不允许直接从股份有限公司抽资撤股。它可以参加股东大会，就公司的一些重大问题进行投票表决，但它不能直接干预公司的日常经营业务。因此，这就使得法律上的所有权与实际的经营权相分离。这不仅有利于经营管理的专业化，提高经营管理的效率，而且有利于企业规模的迅速扩大。

3. 所有者是多元的、并且可变

在独资企业中，所有者通常是一元的。在合伙企业中所有者虽然是多元的，但通常都是固定不变的。在股份制企业中，由于通常都是通过发行股票来筹集资本，并且股票可以流通，这就使得股份企业的所有者不仅是多元的，而且随着股票的不断易手而发生变化。随着股份有限公司制度的发展，股份日益细分化，所有者的多元化也呈现出日益扩展的趋势，一家股份有限公司通常会拥有数万、数十万甚至上百万的股东。同样，随着股票市场的不断发展和完善，股票的交易量日益增大，这使得股东的变换率也呈现出不断上升的趋势。股东的多元化和变换性又进一步促进了股份有限公司所有权和经营权的分离，使个别所有者对公司业务的干预能力进一步减弱。

4. 所有者对公司经营活动的利益约束由内部转向外部，形成了强烈的社会化约束

在独资企业和合伙企业中，其所有者即为经营者，因此，所有者对企业经营活动的利益约束直接在经营过程中实现。并且，由于独资企业和合伙企业的所有者都十分有限，所有者的利益体现为个别人或极少数人的利益，因此这种利益约束不具有社会性。在股份制经济当中，随着股东人数的不断增加，股东从公司内部影响其经营活动的能力日趋弱化，而从公司外部，通过股票交易价格和交易量的变动来影响公司经营活动的能力则不断提高。股份有限公司的股东具有社会性。从理论上讲，除股票售出者外的任何人都可能成为公司的所有者。由于所有者本身具有社会性，那么各所有者基于自身利益对股份企业产生的利益约束从总体上势必反映为一种社会化的约束。所以说，在股份有限公司制度下，所有者对企业经营活动的利益约束体现为一种外部的社会化约束。

（二）股份有限公司的特征

公司可具体分为若干类别。一般来说公司可划分为股份有限公司、有限责任公司、无限公司和两合公司。无限公司是由两个以上的对公司债务承担无限清偿责任的股东组成的公司。而两合公司则是由无限责任股东和有限责任股东混合组成的公司。在无限责任的情况下，股东对公司债务负连带无限清偿责任，这样，由于股东所负责任大，难以广泛集中资本，故在现代社会，这两种公司形式已很少见。《中华人民共和国公司法》（以下简称《公司法》）也规定，其中所称的公司只包括有限责任公司和股份有限公司。

有限责任公司是指股东以其出资额为限对公司承担责任，公司以其全部资产对公司的债务承担责任的公司。股份有限公司是指其全部资本分为等额股份，股东以其所持股份为限对公司承担责任，公司以其全部资产对公司的债务承担责任的公司。在现代社会，股份有限公司与有限责任公司一起，构成了股份有限公司的两种基本组织形式。股份有限公司具有以下特征：

1. 承担有限民事责任

股份有限公司的有限责任表现为两个方面：①股东以其认购的股份对公司承担有限责任，若公司破产，股东责任仅限于投资额；②公司以其全部资产对公司债务承担责任，若公司迅速破产，公司仅以其实际所剩资产偿还所欠债务。

2. 资本总额细分为相等金额的股份

股份有限公司的资本由不同的投资者分别投入，每个投资者投入的金额可以不等，但公司的资本必须全部划分为等额股份，股东的出资按股计算。而有限责任公司的股东不划分为等额股份，股东的出资只按比例计算。

3. 可向社会公开发行股票，股票可自由转让

股份有限公司经批准后可向社会公开发行股票，股票可自由转让流通，但公司也要公开其财务报告，既便于公众了解，也便于投资者监督。而有限责任公司不发

行股票，只向股东签发出资证明书，公司股份的转让有一定限制条件，公司财务无须公开。

4. 股东人数有下限无上限

在股份有限公司中，股东人数不得少于规定的数目，但无上限，符合条件的投资者都可以购买股票成为公司的股东。而有限责任公司的股东数量一般有最低的和最高的限制。《公司法》规定，除国有企业改建为股份有限公司外，设立股份有限公司，应当有 2~200 名发起人。

（三）股份有限公司的设立

股份有限公司的设立可以采取发起设立和募集设立两种方式。发起设立是指由发起人认购公司应发行的全部股份而设立的公司；募集设立是指由发起人认购公司应发行股份的一部分，其余部分向社会公众募集设立的公司。以募集方式设立股份有限公司，发起人认购的股份不得少于股份总数的一定比例。

发起设立与募集设立相比，前者为公司的全部股份由发起人认购，而后者除了发起人外，其他法人和社会公众也可以认购。故一般而言，后者股东人数比前者股东人数要多，这样发起人承担的风险相应比较分散。

股份有限公司的设立要经过设立准备、申请与批准、募集股份、召开股东大会、登记注册等过程。

（四）股份有限公司的管理结构

股份有限公司的管理结构主要包括股东大会、董事会和经理、监事会三个部分。

股东大会由股份有限公司的股东组成，它是公司的最高权力机构。股东大会主要是对公司运行过程中的重大事项进行决策。这些重大事项主要包括：公司投资、融资计划的决定，公司董事、监事的选举和更换及报酬的决定，审议批准董事会、监事会报告，审议批准年度预算方案和利润分配方案，公司注册资本的变更及公司并购、解散等重大事项。股东大会以表决形式做出决议，一般而言，每一股份有一表决权。股东还可以委托代理人出席股东大会，代理人应当向公司提交授权委托书，并在授权范围内行使表决权。《公司法》规定，股东大会做出决议，必须经出席会议的股东所持表决权的半数以上通过。对某些决议，如修改公司章程，公司合并、分立或者解散等事项，必须经出席会议的股东所持表决权的 2/3 以上通过。

董事会由股东大会选出的董事组成，它是公司的常设权力机构。董事一般由本公司股东担任，但有的国家也允许有管理专长的公司外部人士担任董事，以利于提高管理水平。董事既可以是自然人，也可以是法人。我国规定，董事会成员为 5~19 人。董事会设董事长 1 人，副董事长 1~2 人，董事长和副董事长均由董事会以全体董事的过半数选举产生。董事长为公司的法定代表人。董事会的职权主要包括：对影响公司经营发展的重要方案的制定并提交股东大会讨论，负责召集股东大会并执行股东大会的决议，制定公司的基本管理制度，决定公司经理、副经理、财务负责人人选及其报酬，等等。董事会做出决议，必须经全体董事的过半数通过。

经理是董事会下设的高级管理人员，负责处理公司的日常业务。经理由董事会聘任或解聘，对董事会负责，并有权列席董事会会议。经理的主要职权包括：实施董事会决议，主持公司的生产经营管理工作，制定公司具体规章，提请聘任或解聘公司副经理、财务负责人人选并决定一般管理人人选，拟订公司内部管理机构设置方案和公司基本管理制度方案，等等。

监事会是股份有限公司的常设监督机构，其成员是监事。监事由股东大会选举产生的股东代表和公司职工代表担任，两者比例由公司章程规定。董事、经理及财务负责人不得兼任监事。监事会与董事会并立，并处于相对独立的地位。监事有权列席董事会会议。它在股东大会的领导下，代表股东大会执行监督职能，从而保证公司正常有序地经营，防止公司中出现滥用职权、危害股东和第三者利益的情况。监事会的职权主要包括：检查公司的财务，监督、检查和纠正董事、经理违反法律法规或公司章程的行为，提议召开临时股东大会，等等。

第二节 股票

一、股票的性质和特征

股票是股份有限公司经过一定程序发行的、证明股东对公司财产拥有所有权及其份额的凭证。

（一）股票的性质

1. 股票是一种所有权凭证

这是股票最基本的性质。股票所体现的融资者与投资者之间的关系是所有权关系。投资者即股票的持有者，是股份有限公司的所有者，其所有权的大小视其所持有的股份比例多少而定，投资者根据其拥有的所有权相应行使对公司的经营管理、分红派息、认购新股、剩余财产分配等权利。

2. 股票是一种有价证券

股票既可以在市场上自由转让，也可以在市场上发行，其发行和转让都是按照一定的价格来进行的。换句话说，股票可以作为买卖的对象，它具有价格。从有价证券的实质来看，有价证券的"价"是指能够给持有者带来某种形式的收入，而股票的持有者也正是因为持有证券可以获得股份有限公司的分红派息，所以股息、红利的请求权就成为股票的价值，这也正是决定股票价格的最根本的因素。但是，要注意，股票本身是没有价值的，股票只是一张纸制的凭证或一个符号而已。

3. 股票是一种资本证券

股份有限公司发行股票归根结底是一种筹措公司资本的手段，对于投资者而言，购买股票就是一种投资行为。因此，股票实际上是投入公司资本的证券化形式，是一种资本证券。但是，股票又不是一种真实的财富，股份公司通过发行股票筹措的资金，才是公司用于营运的真实资本；而股票独立于真实资本之外，只是凭借它所代表的资本额和股东权益在股票市场上进行独立的价值运动，是一种虚拟资本。

4. 股票是一种要式证券

这是指股票的制作必须按照法定的格式进行，股票的票面必须载明必要的要素，并且必须于股份有限公司办妥设立登记后方可发行，否则无效。按各国公司法的规定，股票通常必须载明以下要素：①发行股票公司的名称、住所；②标明是普通股还是优先股；③公司股份总数及每股金额；④公司设立日期或变更登记日期；⑤股票发行日期；⑥股票编号；⑦董事长签章。在股票采用无纸化发行和交易后，这些要素仍然要求在相应招股文件上进行详细登载。

（二）股票的特征

股票作为有价证券的一种，具有有价证券基本的性质。同时，与其他有价证券相比较，股票在具体内容上呈现出不同的特征。

1. 参与性

参与性是指股票的持有者有权参与公司的经营管理。由于股票的持有者是股份有限公司的股东，因而具有相应的股东权利和义务。股东权利有很多内容，很重要的一条就是可以参与公司的经营管理。当然，这种参与不一定非要投资者亲自做出决议或指挥经营，在两权分离的基本制度下，参与经营管理的基本方式是通过投资者出席股东大会，在股东大会上对重大事项进行表决来实现。

2. 收益性

股票作为有价证券之一，收益性是有价证券最基本的特性。从投资者的角度来看，投资者购买股票的目的在于获取收益。投资收益来自两个方面：一方面，来自股份有限公司，具体表现为从公司领取股息和分享公司的红利，股息和红利多取决于股份有限公司的经营状况和盈利水平；另一方面，来自股票流通，投资者可以持有股票到市场上进行交易，投资者通过在市场上低买高卖获得的收益称为差价收益。

3. 较大的风险

证券投资风险是指证券预期收益的不确定性。由于预期收益受到市场行为的影响，因而任何证券投资均具有风险。然而，股票和其他证券（通常为债券）相比，其预期收益有较大的不确定性，因而股票投资具有较大风险。①股票的分红派息非常不确定。由于股息和红利多取决于股份有限公司的经营状况与盈利水平，因而股息和红利什么时候分配不确定，分多分少不确定，再加上股票投资不退还本金，使投资者能否最终收回投资的不确定性加大。②股票二级市场上的差价收益有很大的不确定性。由于股票价格在市场上具有较大波动性和难以预测的特点，使得这一部分收益也极不稳定。

4. 价格的较大波动性

按照有价证券定价的一般原理，股票价格主要由其预期收益决定，由于影响股票预期收益的因素非常复杂，既受企业经营状况的影响，还受到政治的、经济的、社会的、心理的因素影响，导致股票价格非常难以确定，股价的波动往往非常剧烈。

5. 永久性

这是指股票没有明确的到期日，股票的存续期无限长。投资者购买股票后不能退股，股票与股份有限公司并存。股票的永久性一方面是由股票的基本性质决定的。

既然股东是公司的所有者，只要股份有限公司存在，股东就不能收回投资，股票就一直存在。另一方面，股票的永久性也是股份有限公司持续发展的重要保障。只有公司能永久运用所筹资金，公司才能稳步经营和发展。理解股票的永久性要注意两点：①投资者虽不能向股份有限公司退股，但可以在流通市场转让股份从而转让股东身份；②一旦股份有限公司不存在，股票也相应消亡。

二、股票的类别

随着股份制的发展，产生了多种形式的股票。不同形式的股票适应了不同筹资者和投资者的需要。从不同的角度，可将股票分为若干种类。

（一）普通股和优先股

按照股东权利的不同，可将股票划分为普通股和优先股。

普通股股票是股份有限公司最基本的股票，也是最重要的股票。公司可以不发行优先股，但必须发行普通股。普通股在股东权利、义务上不附加任何条件，因此，它是一种标准股票。通常，人们在阐述股票的一般性质和特征时，都以这种标准的普通股票为基础来进行归纳。优先股股票股息固定，并且在股息分配以及在公司解散时剩余财产的分配方面优先于普通股，因此称其为优先股。优先股股东同普通股股东所享有的权利是不同的，其区别主要体现在以下几个方面：

（1）普通股股东享有参与企业经营的权利。普通股股东可参加每年一次的股东大会，有权投票选举董事，有权对公司的合并、解散以及公司章程的修改等重大决策发表意见。由普通股股东组成的股东大会是股份公司的最高权力机构。而优先股股东则不具有投票权，无权对公司的经营管理发表意见。

（2）在对公司盈利的分配权方面，优先股股息固定，一般不参加剩余盈利的分配（参与优先股除外）。公司的股利必须首先分派给优先股后，才能分派给普通股，因此，当公司盈利不多时，优先股的股息收入往往高于普通股的红利收入。

（3）在公司破产或解散时对剩余财产的分配方面。普通股须在优先股分配完之后若有剩余才有权参与分配。

（4）在公司增资扩股时，普通股股东享有优先认股权，而优先股股东则不具有这种权利。为普通股股东提供这一权利，目的在于使现有股东有权保持其对公司所有权的占有比例。

股份有限公司对优先股进行盈余分配的具体做法也有所不同，因此优先股可据此进一步细分为累积优先股与非累积优先股、参与优先股与非参与优先股。

当股份有限公司出现亏损或利润下降的情况，或者经股东大会决定，将当年盈余充作资本金以满足公司经营的需要时，都有可能导致优先股股东不能获得当年的股息分配或股息分配不足。这部分未分配的股息或股息分配的不足部分是否可以累积到以后年度一并分派，这便是累积优先股和非累积优先股的区别。凡规定欠分配的股息可以累积到以后年度的优先股称为累积优先股。在累积优先股的股东以往累积的全部股息未足额分派之前，普通股股东不能获得股息的分派。相反，当年股息未能足额分配而以后不再补发的优先股称为非累积优先股。显然，对投资者来讲，累积优先股比非累积优先股具有更大的优越性。

参与优先股与非参与优先股的区别在于：当公司的盈余很多以至于按规定的股息率分派优先股股息或按相同的比率分派普通股红利后还有剩余时，优先股股东能否同普通股股东一起参与对剩余盈利的分配。若可以继续参与分配，此类优先股称为参与优先股；否则，则称为非参与优先股。至于普通股股东与参与优先股股东按何种比例分配多余的盈利，则需在公司章程中加以说明。

优先股是一种特殊股票，也可以说是在普通股的基础上进行了一种创新。作为一种创新品种，其产生和存在，对股份有限公司和投资者来说具有一定意义。①对股份有限公司而言，发行优先股的作用在于既可以筹集到长期稳定的公司股本，又可以避免公司经营决策权的改变和分散，这一融资方案对于公司的控股股东很具有吸引力；②对投资者而言，由于优先股的股息收益稳定可靠，而且在财产清偿时顺序靠前，先于普通股股东，故其风险相对较小，因而对优先规避风险的投资者具有较强的吸引力，不失为一种较有特色的投资对象。当然，持有优先股并不总是有利的，比如在公司利润稳步增长的情况下，优先股的股息收益可能会大大低于普通股。

（二）记名股票和不记名股票

按股票和股东名册上是否登载有股东姓名，可将股票分为记名股票和不记名股票。记名股票是指股票票面上记载有股东姓名且股东姓名相应登载于公司的股东名册上的股票；不记名股票则是指既不在股票票面上记载姓名，也无股东名册记载的股票。

对记名股票来讲，只有在股票和股东名册上登记了姓名，才被承认为股东，才能行使股权。而对不记名股票来讲，只要持有股票即取得股东资格。因此，记名股票的转让要比不记名股票复杂得多。记名股票的转让采取背书的方式，同时还必须到公司办理过户手续，即将受让人的姓名、地址记载于股票和公司股东名册上。这样，受让人才能取得公司股东资格，才能合法行使股权。而对不记名股票来说，只要股票转手，受让者即成为公司正式股东。但与此相应，记名股票的安全性更强。由于记名股票登载有股东姓名，所以一般可以挂失和补发。不记名股票的安全性较差，股票一旦遗失，原股票持有者便丧失股东权利。另外，记名股票便于公司掌握股东的身份及变化。

由于股东具有参与企业经营管理的权利，公司的一些重大决策需要在股东大会上由股东根据所持股份数来投票表决，所以公司发行的股票不会完全是不记名的。事实上，许多国家都制定了相应的法规对不记名股票的发行和交易进行控制与管理，规定不记名股票不能超过总股本的最大比例，有的国家或地区甚至禁止股份有限公司发行不记名股票。《公司法》规定，股份有限公司向发起人、国家授权投资的机构、法人发行的股票，应当为记名股票；对社会公众发行的股票，既可以为记名股票，也可以为不记名股票。

（三）面额股票和无面额股票

股票按票面上是否记载有一定金额，分为面额股票和无面额股票。

面额股票是指股票票面上记载一定金额的股票。股票持有者可以根据自己所持股票的面额总值和公司发行股票的面额总值来确定自己在该公司中所占的股份比例，以及所拥有的股权大小。例如，某投资者持有三张面额为100元的某公司的股票，该公司的股票发行总额为1 000万元，则该投资者拥有该公司十万分之三的所有权。另外，票面金额也限定了股票发行价格的最低界限，一般说来，各国都规定股票发行价格原则上不得低于股票面额。

无面额股票是指在股票票面上不载明金额，只记载其为多少股或占股本总额的百分比，因此无面额股票也称为比例股票或份额股票。无面额股票最大的特点也是它的优点，就是其发行或转让价格较为灵活。无面额股票由于没有票面金额，故不受发行价格不得低于票面金额的限制。在转让时，投资者也不易被股票面额困惑，而更注重分析每股的实际价值。

从上面可以看出，面额股票和无面额股票对于其反映出的股东权利而言并无差别，由于股东权力的大小只取决于投资者的持股比例，而与股票是否有面额无关，因而这两种股票就其实质来说是完全一致的，其差别仅表现在形式上。

（四）我国股票的分类

我国的股份制起步较晚，发展较快，在发展过程中，出现了一些具有自身的特色。在股权类别上，也具有不同于一般股本的特点。

（1）根据发行及上市地的不同，我国股票可分为A股、B股、H股、N股、S股等。

A股是指在国内发行的由国内居民认购的以人民币计价的股票。B股是指由中外合资公司在经有关证券管理机构批准后发行，以人民币标明面值，以港元或美元计价交易的股票。最初专供外国和我国香港、澳门、台湾地区的投资者买卖，现已向国内投资者开放。H股是指我国的股份有限公司在香港证券市场上发行及挂牌交易的股票。N股和S股则分别指我国的股份有限公司在纽约和新加坡证券市场上发行及挂牌交易的股票。

（2）由于我国是在公有制基础上实行的股份制，因此又将股权按投资主体的不同划分为国家股、法人股、个人股和外资股。

国家股是指有权代表国家的政府部门或机构以国有资产投入公司形成的股份。国家股一般为普通股。国家股由国务院授权的部门或机构，或根据国务院决定，由地方人民政府授权的部门或机构持有并委派股权代表。从资金来源看，国家股主要有两个渠道：①国有企业整体改组为股份有限公司时，或以半数以上的净资产进入股份有限公司时，原有净资产折成的股份界定为国家股；②有权代表国家投资的政府部门或授权机构向新组建的股份有限公司投资形成的股份界定为国家股。

法人股是指企业法人以其依法可支配的资产投入公司形成的股份，或具有法人资格的事业单位和社会团体以国家允许用于经营的资产向公司投资形成的股份。如果是具有法人资格的国有企业、事业及其他单位以其依法占有的法人资产向独立于自己的股份有限公司出资形成或依法定程序取得的股份，则称为国有法人股。国有法人股也属国有股权。法人股股东相互持股方面有一定的限制。我国相关法规规定，一个公司拥有另一个公司10%以上的股份时，后者不能购买前者的股份。

个人股是指我国境内的个人投资者以其合法财产向公司投资形成的股份。在我国，个人股就是 A 股中的流通股权部分，虽然在流通过程中有机构投资者参与个人股的买卖，但我国通常按其最初的产生和惯例统称为个人股。另外，内部职工股和公司职工股也属于个人股，它们是历史遗留问题中形成的特定称谓，已逐渐趋于消亡。

外资股是指股份有限公司向外国和我国港、澳、台地区投资者发行的股票。这是我国股份有限公司吸收外资的一种方式。外资股按上市地域不同，可分为境内上市外资股和境外上市外资股。两种外资股都以人民币标明面值，以外币认购。境外上市外资股除了应符合我国的有关法规外，还须符合上市所在地证券交易所的上市条件。

（五）股票的衍生形式

随着股份公司制度及股票形式的发展，为了满足一些特殊的投资融资需要，出现了一些股票的衍生形式，其中主要包括认股权证和存托凭证。

1. 认股权证

认股权证全称为股票认购授权证，是指由上市公司发行，给予持有者在未来某一时间以事先约定的条件购入一定量该公司股票的权利。认股权证实质是一种股票的看涨期权。

认股权证一般有两种发行方式。最常用的发行方式是，上市公司在发行优先股或债券的同时将认股权证赠送给投资者。因投资者对认购权证无须支付认购款项，从而增强公司优先股或债券对投资者的吸引力。认股权证的另一种发行方式是上市公司根据持股量给现有股东分配的购入新发行股票的权利。这种发行方式是发行公司对老股东的一种回报。这种认股权证也称为配股权证。

由于凭认股权证购买股票的价格低于股票的市价，所以认股权证可以给持有者带来收益，因而认股权证本身也具有价格。认股权证的价格由市场供求状况直接决定，同时受到认股权证认股价格、当前股票市价、认股比例、剩余有效期等因素的影响。另外，认股权证给予持有者的是一种选择权，持有者可以凭认股权证认购股份，也可以放弃这种权利，还可以将认股权证转让给他人。

2. 存托凭证

存托凭证简称 DR，是指在一国证券市场流通的代表境外公司有价证券的可转让凭证。存托凭证一般代表外国公司股票，有时也代表债券。根据存托凭证流通市场的不同，存托凭证可分为美国存托凭证（ADR）、新加坡存托凭证（SDR）、中国香港存托凭证（HDR）、全球存托凭证（GDR）等。其中，由于存托凭证的交易主要集中在美国，所以存托凭证主要以 ADR 为代表，本书也主要以 ADR 为例来介绍存托凭证的运作过程和一般分类。另外，ADR 和 GDR 都以美元标价，以美元支付，都可以通过与欧洲清算系统联网的美国存券信托公司进行无纸化的账户交割，因而 ADR 和 GDR 其实质都是一样的，"美国"和"全球"的名称差异仅仅表现在营销方向的不同上。

ADR 产生于 20 世纪 20 年代，是为便利美国投资者投资于非美国股票而产生的。当时美国投资者开始涉足海外股市，但由于受交通、通信等因素制约，投资者直接到海外投资，在股票购买、分红派息、配股及行使其他股东权力等方面有诸多不便，这时 ADR 应运而生。由于 ADR 是将外国公司的股票转移到美国证券市场，以美元标价，且按美国标准进行清算和交割，因而对美国投资者而言，投资于 ADR 比直接投资于海外普通股或债券更方便、快捷且投资成本更低。

对于发行公司而言，由于 ADR 较之于普通股更符合美国人的投资习惯，因此，发行 ADR 更易打入美国的资本市场。此外，在一项存托凭证计划中，发行公司通过存券银行可以获得过户代理、注册、外汇兑换及派息等服务。而在一项普通股计划中，发行公司只获得美国的过户代理及注册服务，其余事项，如汇兑、派息还需自己建立一套网络来进行。因此，发行存托凭证较之于发行普通股，其发行成本更低。

ADR 作为在美国证券市场上流通的外国公司股票的替代形式，其相对于外国公司股票的流通，有独立的产生、交易、取消等过程。ADR 的产生和取消都是通过外国公司在美国选定的一家银行——存券银行来进行的，存券银行作为 ADR 运作过程中最重要的中介机构，担负 ADR 发行、取消和市场中介的重要作用，负责处理相关的过户、注册、汇兑及派息等事务和作为美国投资者与外国公司的重要联系桥梁。而一旦 ADR 产生之后，其交易过程和其他美国证券完全一样。在特定的市场环境下，如投资者对该种 ADR 的购买意愿逐渐减弱时，ADR 也会被取消。

存托凭证有两种基本类型，即非参与型和参与型。非参与型存托凭证的存券银行与发行公司之间无正式的协议，因为它无法控制计划的执行过程和难以核算隐蔽成本，现已极少采用。参与型的存托凭证由存券银行发行，存券银行与发行公司之间签署存券协议或服务合同，发行公司可享受到较为全面的中介服务，也可随时了解 ADR 的交易动态。参与型 ADR 可分为一级公募 ADR、二级公募 ADR、三级公募 ADR 和 144A 私募 ADR。

一级公募 ADR 是将在外国市场上公开交易的现有股票，转成以美元计价的 ADR，然后到美国柜台交易市场（OTC）上进行交易。一级公募 ADR 是外国公司进入美国证券市场最简单的方法之一。由于只在柜台交易市场上进行交易，因此发行公司不必遵守美国的公认会计准则，不必完全符合联邦证券交易委员会的信息披露要求。

二级公募 ADR 是将外国市场上公开交易的现有股票，转换成以美元计价的 ADR，然后到美国交易所或 NASDAQ 市场上进行交易。由于是在美国交易所或 NASDAQ 市场上上市，所以二级公募 ADR 履行遵守美国证监会规定的全部注册登记手续，每年填写表 20-F，所提交的财务报表需部分符合美国的会计准则，并且要遵守交易场所的各种规定，尤其是信息披露制度。一级公募 ADR、二级公募 ADR 都不涉及资金的筹集。

三级公募 ADR 是在美国交易所或 NASDAQ 市场上为筹集资金而公开发行并挂牌交易。三级公募 ADR 所需满足的要求最高，除必须按联邦证券交易委员会规定完全全部注册登记手续外，还必须完全符合美国的会计准则，并严格遵循信息披露制度的要求。

144A 私募 ADR 同样是为筹集资金而发行的，但由于其并不需符合美国的会计准则，不需严格遵循信息披露制度，因而它的发行不需向美国联邦证券交易委员会进行注册登记。其发行是向美国的"合格机构投资者"（QIBs）做不公开出售，其交易也是通过 PORTAL（自动联挂不公开上市、转卖和交易系统）在美国的 QIB 之间进行交易。

三、股票的收益

（一）股票收益的形式

股票的收益是指投资者在持有股票期间获得的全部收入。它由股利收入和投资损益两部分组成。

股利是股东依据其持有的股份从公司分得的盈利。一般来说，人们将优先股股东按固定股息率分配的利润称为股息，而将普通股股东获得的不固定的利润称为红利；有的也将普通股股东获得的相对固定的利润称为股息，而将超额获得的一部分收益称为红利。但无论做何解释，人们在概念的使用上，并未对股息和红利加以严格的区分。

股利的来源是公司的税后利润，但公司并不会将所有税后利润都用作股利分派。各国对公司派发股利都有政策上的规定。按《公司法》的规定，公司的税后利润必须先用于弥补亏损，然后再按一定的比例提取法定公积金和公益金，剩余的部分先按固定股息率分配给优先股股东，再提取任意盈余公积金，最后按普通股股数分配给普通股股东。可见，税后净利是公司分配股息的基础和最高限额，但因要做必要的公积金、公益金的扣除，公司实际分配的股利总是少于税后净利润的。另外，最终股利分配金额还要取决于公司的股利政策。选择适当的股利政策一是要使股东有一定的获利，二是要保证公司今后有充足的资金进一步发展。此外，各国的公司法还对股利分配制定了其他一些限制条件。比如，当公司的流动资产不足以抵偿到期应付债务时，公司不得分派股利；公司必须有足够的公积金；分派股利不能影响公司资产的构成，等等。

股利可采用的具体形式有多种，但最主要的有两种：①现金股利，即以现金支付股利。现金股利的发放取决于董事会对公司长远利益和股东近期利益的权衡。另外，税收也是公司在发放现金股利时重点考虑的因素。②股票股利，即公司将新增发的股票作为股利发给股东。实际上，这是公司将应分配的红利转入了资本，再发行同等金额的新股票，按股东持股比例分配给股东。这种做法，对公司来讲可防止资金的外流，但股票数量的增加也会影响股票价格，并加重公司以后的股利负担；对股东而言，股票股利往往会提高投资者的投资增值预期，而受到投资者追捧。除这两种形式外，股利还有财产股利、负债股利、建业股利等形式，但大多不常见。

除股利外，股票收益的另一种形式是投资损益，也叫价差收益，它等于投资者卖出市价总值与买入市价总值的差额。投资损益取决于买卖股票的数量和价格。由于股票价格波动非常剧烈，投资损益的起伏也非常大，它除了受公司经营业绩影响以外，还和投资者的投资心态、投资经验和投资技巧有很大关系。

（二）股票收益的衡量

衡量股票收益水平的指标主要有股利收益率和持有期收益率。

1. 股利收益率

股利收益率是指股份公司以现金形式派发的股息与股票市场价格的比率。该收益率可用于计算已得的股利收益率，也可用于预测未来可能的股利收益率。如果投资者以某一市场价格购入股票，在持有股票期间得到公司派发的现金股息，可用本期每股股息与股票买入价计算，这种已得的股利收益率对长期持有股票的股东特别有意义。如果投资者打算投资某种股票，可用该股票上期实际派发的现金股息或预计本期的现金股息与当前股票市价相比，得出股利收益率。该指标对做出投资决策有一定帮助。股利收益率的计算公式为：

$$股利收益率 = \frac{D}{P} \times 100\%$$

其中：D 代表现金股息，P 代表股票买入价。

2. 持有期收益率

持有期收益率反映了投资者在一定的持有期间内全部股息收入和投资损益占投入资本金的比率。持有期收益率也叫实际收益率，是投资者最关心的指标。投资者可以将其与债券收益率、银行利率等其他金融资产的收益率进行比较，分析比较投资的结果。持有期收益率的计算公式为：

$$持有期收益率 = \frac{D + (P_1 \times Q_1 - P_0 \times Q_0)}{P_0 \times Q_0} \times 100\%$$

其中：D 代表现金股息，P_0 代表股票买入价，P_1 代表股票卖出价，Q_0 代表股票买入量，Q_1 代表股票卖出量。

四、股票市场的功能

（一）集聚、转化和转换资本

股票市场的存在，为股份公司通过发行股票筹集资本提供了前提条件。股票市场的发达程度和成熟程度越高，股票对投资者的吸引力就越大，则股票市场的筹资能力就越强。企业除了通过股票市场筹资以外，还可通过取得银行贷款或发行债券的方式来筹资。在后两种情况下，无论企业有无盈利，都必须到期还本付息。这不仅提高了企业的经营成本，而且使企业背负沉重的偿债负担。而通过股票市场筹资，可使企业长期占用资本而不必还本付息，有利于改善企业的资金来源结构，减轻其债务负担。

非资本性的货币资金通过购买股票，集中于企业手中并进入企业再生产经营过程后便成了生产资本。所以，股票市场具有将非资本性资金转化为资本的功能。

股票的流通市场还具有转换公司资本所有权的职能。股份公司均不允许股东退股，这是股份制的一大特点。但股东可以通过股票流通市场自由转让股权，这既可以保证股东随时收回投资，又保持了公司职能资本的完整性。

（二）形成股票价格

股票价格是在股票市场上形成的，股票价格取决于市场上该股票的供求关系。

由于股票市场提供了一个集中、充分的竞争环境，因而有利于形成合理的股票价格。股票价格能够反映发行企业经营状况的好坏和社会经济形势的变动，从而引导社会投资的方向，所以以股票市场形成股票价格的功能是十分重要的。

（三）集中和传递信息

当某类产品的社会需求增加时，这类产品的价格将提高，从而使得该行业的预期收益率提高。在此驱动下，投资者纷纷将资金转向该行业，反映在股票市场上，则表现为该行业股票价格上涨。当某企业经营状况良好时，人们对该企业的预期利润持乐观态度，从而对该企业股票的需求量增加，引起该种股票的价格上涨；反之，若某类或某种股票的价格下跌，则很可能意味着这一行业的社会需求减少或这一企业的经营状况欠佳。此外，从宏观上看，整个国民经济运行状况良好与否，也会引起股票价格的上涨或下跌。因此，股票市场可以集中和传递微观经济信息和宏观经济信息，成为企业经营状况的"晴雨表"。

（四）促进资源的合理配置

正因为股票市场价格可以反映企业经营状况或行业社会需求状况的变化，所以投资者通过这一信号，可以将资金投向那些预期收益率高的行业或企业，从而带动生产要素——劳动力和生产资料向这些行业与企业流动，进而使整个社会资源的配置通过市场规律的作用趋于合理化。

（五）促进企业经营管理的改善

若一个企业经营管理不善，导致其经济效益下降，就会使得该企业的股票价格下跌。这不仅有损于该企业的社会形象，而且会使企业在以后的筹资行动中遇到困难。因此，股票市场也会对发行企业形成一种外在的约束和压力，促使企业不断改善经营管理，努力开拓市场，提高资金的使用效益。

第三节　股票价格

一、股票的面值、账面价值与市场价格

（一）股票的面值

股票的面值即股票的票面价值或称股票面额，是指股票上标明的金额。从现实来看，股票的面值在股票发行时有一定意义，即股票面值之和构成公司的实收资本，溢价部分则计入资本公积，因而股票面值具有簿记方面的作用。除此之外，股票的面值和股票的账面价值、股票的实际价值都不相等。股票的账面价值、股票的实际价值会随公司经营状况的变动而变动，而股票的面值在最初发行股票时就设计已定，一般情况下不再做变动。

（二）股票的账面价值

股票的账面价值即股票净值，以股票所代表的净资产总额或每股净资产来体现。股票的每股账面价值是以公司净资产除以发行在外的普通股股数求得的，它是公司

股东的权益保障，也是公司实力的重要体现。

（三）股票的市场价格

股票的市场价格即股票在市场上买卖的价格，也称股票行市。股票的市场价格主要决定于股票的实际价值，和股票面值联系不大，但也受到股票账面价值即公司实力的影响。由于股票的市场价格最终由市场供求关系决定并受多种因素影响，因而变化非常剧烈。因为股票市场价格变动直接影响投资者的收益，这也是投资者最为关心的价格。

二、股价指数

每一个交易日股票价格有涨有跌，那么怎样衡量整个市场价格的变动趋势呢？我们用股价指数来衡量。简单地说，股价指数就是衡量股票市场总体价格水平及其变化趋势的指标。它是将计算期的股价水平与基期的股价水平相比较，用以反映整个市场的相对价格水平。

股价指数的编制一般包括以下几步：①选择样本股，确定股价指数编制的范围，样本股的多少视编制的目的而定，既可以是全部上市股票，也可以是其中的一部分；②选定基期，并计算基期的股价总值；③计算计算期的股价总值；④指数化，即将基期股价定为某一常数（通常为100或1 000），并据此计算计算期股价的指数值。

股价指数的编制方法有多种，其中包括：

（一）平均法

平均法亦称相对法，是先计算各样本股票的个别指数，再加总求算术平均。假设基期股价为P_0，计算期股价为P_1，样本数为n，基期指数为100，以P'表示股价指数，则其计算公式为：

$$P' = \frac{1}{n} \sum_{i=1}^{n} \frac{P_{1i}}{P_{0i}} \times 100$$

（二）综合法

综合法是将样本股票基期价格与计算期价格分别加总，然后再求出股价指数。其计算公式为：

$$P' = \frac{\sum_{i=1}^{n} P_{1i}}{\sum_{i=1}^{n} P_{0i}} \times 100$$

（三）加权法

加权法是在综合法的基础上再结合权数因素进行计算。如果以Q表示权数，其基本计算公式为：

$$P' = \frac{\sum_{i=1}^{n} P_{1i} Q_i}{\sum_{i=1}^{n} P_{0i} Q_i} \times 100$$

权数既可以选择流通量，也可以选择发行量；计算时既可以采用基期的权数，也可以采用计算期的权数。如基期的权数为 Q_0，计算期的权数为 Q_1，则可得到下列两种加权综合指数：

$$P' = \frac{\sum\limits_{i=1}^{n} P_{1i}Q_{0i}}{\sum\limits_{i=1}^{n} P_{0i}Q_{0i}} \times 100 \qquad (1-1)$$

$$P' = \frac{\sum\limits_{i=1}^{n} P_{1i}Q_{1i}}{\sum\limits_{i=1}^{n} P_{0i}Q_{1i}} \times 100 \qquad (1-2)$$

将（1-1）式称为拉氏指数，将（1-2）式称为派氏指数。拉氏指数采用基期权数加权，权数一经确定即不再变动。这种方法在测量对象的内容发生变动时，就无法适用。派氏指数采用计算期权数加权，当测量对象的内容发生改变时，此方法仍能适用。因而，这种方法的适用性较强，很多著名的股价指数，都是采用这一方法。

上面的加权股价指数在计算时没有考虑到样本股的股本发生变动这种情形。也就是说，当样本股因送股、配股、转增股本而增加时，上述计算的基础发生了变化，其公式也应做相应修正。最通常的一种方法是，当出现股本变动时，就改用前一营业日为新基日，并以前一日的股价指数为新基数，用"连锁"方法将计算得到的指数溯源到原有基日，以维持指数的连续性。"连锁"的计算公式为：

$$今日即时指数 = 上日收市指数 \times \frac{今日即时总市值}{上日收市总市值}$$

其中，今日即时总市值采用变动后的股本作为权数，上日收市总市值则要根据样本股的变动做相应调整。

三、我国的股价指数

我国主要的股价指数包括：

（一）中证指数有限公司的股价指数

中证指数有限公司是由上交所和深交所共同出资设立的一家专业从事证券指数及指数衍生产品开放服务的公司。它开发公布的指数主要有沪深 300 指数和中证规模指数系列。其中，沪深 300 指数于 2005 年由上交所和深交所联合发布，后交予中证指数有限公司。"沪深 300"的成分股数量为 300 只，分别来自深交所和上交所。指数基日为 2004 年 12 月 31 日，基点为 100 点。

（二）上交所的股价指数

由上交所编制并发布的上证指数系列是一个包括上证 180 指数、上证 50 指数、上证综合指数、A 股指数、B 股指数、分类指数、债券指数、基金指数等指数系列。其中，编制最早的是上证综合指数。

上证综合指数以在上交所上市的全部股票为样本，以 1990 年 12 月 19 日为基期，基期指数为 100，以计算期股票发行量为权数按加权平均法计算。随着上市股

17

票的品种逐渐增加，上交所从 1992 年 2 月起分别公布 A 股指数和 B 股指数；从 1993 年 5 月起正式公布工业、商业、地产、公用事业、综合五类分类股价指数。

（三）深交所的股价指数

深交所的股价指数包括深圳成分股指数、深圳 100 指数、深圳综合指数、深圳 A 股指数、深圳 B 股指数、行业分类指数、中小板综合指数、创业板综合指数、深圳新指数、深市基金指数等。

其中，深证成分指数是指由深交所根据一定标准选取 40 家上市公司，以流通股数为权数的加权平均股价指数。计算基期为 1994 年 7 月 20 日，基期指数为 1 000。深证成分指数还分别编制成分 A 指、成分 B 指、工业、商业、金融、地产、公用事业、综合等分类指数。成分股的选择标准和上证 30 指数选择标准大致相同。

四、国外的重要股价指数

（一）道-琼斯指数

道-琼斯指数是世界上最早、最享盛誉和最有影响力的股价指数。它是由美国道-琼斯公司选取在纽约证券交易所上市的 65 家美国公司的股票，按除数修正的简单平均法编制。道-琼斯指数以 1928 年 10 月 1 日为基期，基期指数为 100。道-琼斯指数包括 4 组指数：第一组，30 家工业公司的股价平均数，平时所说的道-琼斯指数就是指道-琼斯工业指数；第二组，20 家铁路、航空等运输公司的股价平均数；第三组，15 家公用事业公司的股价平均数；第四组，上述 65 家公司的综合股价平均数。

（二）金融时报指数

金融时报指数是英国最具权威性的股价指数。它由英国经济界最著名的报纸——《金融时报》从伦敦证券交易所挂牌的股票中选取 30 种工业股票为计算对象，采用加权平均法编制。编制的基期为 1935 年 7 月 1 日，基期指数为 100。

（三）日经指数

日经指数是《日本经济新闻社》根据在东京证券交易所第一部登记交易的 225 家公司的股票价格，采用道-琼斯修正指数法计算出的平均股价指数。日经指数以 1950 年 9 月为基期，以 1950 年算出的平均股价 176.21 元为基期指数。由于该指数从 1950 年起连续编制，具有较好的可比性，因而成为反映和分析日本股票市场价格长期变动趋势最常用和最可靠的指标。

（四）恒生指数

恒生指数由中国香港恒生银行挑选在中国香港联交所上市的 33 只有代表性的股票，用加权平均法计算。恒生指数以 1964 年 7 月 31 日为基日，基日指数为 100。恒生指数选取的样本股分布在银行、地产、航运、工商业等主要行业，都是最具实力和代表性的大公司，它们的市价总值占香港所有上市股票市价总值的 70% 左右。由于恒生指数编制历史悠久，代表性强，因此一直是反映、衡量中国香港股市变动的主要指标。

第四节　股票的发行市场

一、股票发行的目的

（一）获取长期资金

发行股票是企业获取长期性经营资金的一种手段。投资者一旦购买了股票，就成了公司的股东。他只能将股票转让出去而不能收回股本。所以，企业通过发行股票所筹集的资金从理论上讲可以做永久性使用，不用考虑还本。此外，在企业经营状况不佳时，企业还可以减少分红或不分红。

（二）改善资本结构

除了发行股票外，企业还可以通过向银行借款、发行债券的方式筹集资本。通过后两条渠道筹集资金的企业必须承担到期按时还本付息的责任。因此，如果以债券或银行贷款的方式筹集的资本在总资本中所占比例过大，则意味着企业的偿债负担过大，并有可能因此而影响到企业规模的进一步扩大，甚至影响到企业的正常运营。通过发行股票筹集的资本不构成企业的负债，企业不必承担还本付息的责任。因此，通过发行股票，可以改善企业的资本结构，减轻其偿债压力。

（三）扩大企业知名度

企业发行股票都能或多或少地扩大其社会影响。尤其是采用面向全社会的公开募集的方式发行股票，更有利于提高其知名度，若能到证券交易所上市交易，则效果更佳。此外，企业通过发行股票，可以增加其自有资金总额，扩大企业规模，并进而提高其社会信用程度和知名度。

（四）提高原股东收益

如果公司连年盈余，留存大量公积金，股票市价不断上涨，公司为了使原有股东获益，则可以按低于市价的价格向老股东配售新股或将公积金并入资本金，无偿向原股东配送新股。这样，股票发行就同维护和增加原有股东的经济利益联系起来。

（五）其他目的

1. 转换证券

转换证券是指公司将发行在外的可转换债券或其他类型的证券转换为公司股票，即向这些证券的所有人发行公司股票。

2. 股份的分割或合并

股份的分割也称为拆股，股份的合并也称为缩股。公司拆股或缩股时也向原股票持有者换发新股票。

3. 公司兼并

公司可以向目标企业发行本公司的股票，以换取目标企业的资产或股份，从而完成对目标企业的兼并。

19

二、股票发行的方式

（一）公开发行与内部发行

根据股票发行的对象不同，股票发行可以分为公开发行和内部发行。

公开发行即公募，是指股份有限公司按照公司法及证券法的有关规定，办理有关发行审核程序，并将其财务状况予以公开，向社会公众募集的股票发行。

内部发行即私募，即不办理公开发行的审核程序，也不向社会公众发行股票，而只向特定的投资者征募股份。特定的投资者可以是公司内部职工，也可以是公司外的特定自然人或法人。发行公司决定采用哪一种方式发行既和市场对其接受程度有关，也和公司是否愿意主动公开其财务状况相关。现阶段在我国，凡采取社会募集方式设立的股份有限公司都必须采取公开发行的方式发行股票，而采取发起方式设立的股份有限公司，则采用内部发行的方式发行股票。

（二）筹资发行与增资发行

根据股票发行的目的来划分，股票发行可分为筹资发行与增资发行。

筹资发行是为新设立股份有限公司发行股票。由于筹资发行是新创建的公司首次发行股票，因此必须由发起人拟定公司章程，经律师和会计师审查，在报纸上公布，同时报经主管机关审查合格准予注册登记，领取登记证书，在法律上取得独立的法人资格后，才准予向社会发行。

增资发行则是已设立的股份有限公司为增资扩股而发行股票。它是企业为追加投资而进行的募股行为。由于各国往往规定公司发行股票必须有一定经营年限，因而大多数股票发行都是增资发行。根据增资发行的目的和具体方式的不同，又可分为有偿增资、无偿增资和并行增资几种不同的发行方式。

1. 有偿增资

有偿增资是指认购新股须缴付现金，新股按照优惠价格配售或按照当时市价向社会募集。有偿增资有股东配售、第三者配售与公开招股等三种具体形式。

（1）股东配售。它是指公司在增资扩股时，按照老股东的持股比例向其分配新股认购权，允许其以优惠价格优先认购新股。这种做法主要是为了维持老股东在公司的持股比例，是股东权利的基本体现。使用这种方式增资，会使股票价格受到影响。从理论上看，增资后的股票价格应按如下方式计算：

$$D = \frac{A + C \cdot B}{1 + B}$$

其中：D 代表增资后的股价，A 代表权利登记日收盘价，C 代表每股新股的配售价，B 代表配售比例。

例如，某公司决定按 1:2 的比例向老股东配售新股，配售价为每股 100 元，权利登记日收盘价为每股 400 元，那么增资除权后股票的市场价格为：

（400+100×2）÷（1+2）= 200 （元）

可见，经过增资扩股，虽然老股东持有的股数扩大了 2 倍，但由于股价下降，所以其持有资产的总价值并未扩大两倍，即股东资产由原来的每股 400 元，变为 3

股 600 元。

这种"优先认购新股权"对老股东来说是一种权利，而非义务。若老股东不愿认购新股，他可在认购权有效期内将其转让出去，并获得一定的转让收益。因此，认股权就成为二级市场上流通的一种金融商品。认股权也具有一定的价格。其计算公式为：

$$M = D - C$$

代入上式得：

$$M = \frac{A + CB}{1 + B} - C = \frac{A - C}{1 + B}$$

（式中各字母的含意同前，M 代表每股新股认购权的价格）

在上例中，认股权的价格为：

200 - 100 = 100（元）

（2）第三者配售。第三者配售又称第三者分摊，是指公司向特定投资者或第三者分摊新股购买权的增资方式。其原理同股东配售相同，只是配售对象不是老股东，而是第三者。第三者是指除股东以外的公司职工、管理人员、往来客户等与公司有特定的关系者。采用这种方式配股，不但可以防止股权垄断，使公司股权结构多元化、分散化，而且可以调动职工的积极性以及巩固同客户的关系。

（3）公开招股。公开招股是指向社会公众发行股票以筹集资金。公开招股一般在筹资量较大的情况下使用。它通常以市价为基础来确定发行价。投资者有相等的机会认购。公开发行还可以防止股权垄断。

2. 无偿增资

无偿增资是指股东可以无代价地取得新股的一种增资方式。当公司利用无偿增资方式扩股时，公司股本的增加不是靠外界募集，而是靠减少本公司的公积金、盈余结存和转化借入资本来实现。无偿增资通常是按原股东的持股比例来配送新股。其目的不是直接筹集一笔资金，而是为了调整公司的资本结构，增强公司信誉，提高股东的信心。无偿增资发行又可分为无偿配送、送红股和债券转股等形式。

（1）无偿配送。无偿配送也称公积金转增股本，是指公司将公积金转入资本，并发行相应数额新股，分配给原股东的一种增资方法。在转增股本时，必须按照股东原持有的股数平均摊配，以保持股东对公司股份所有权的比例，公司的股东权益不发生变化。可用来转股的公积金可以是公司的法定盈余公积金，也可以是公司的资本公积金。但法定盈余公积金转增股本后，其留存部分不得少于注册资本的25%。采用无偿配送的方式发行股票，公司的总股数增加了，但资本总额并未增加，因而每股的净值相应减少。这主要是为了改变公司因法定资本过小而发生的派息率偏高的情形，或者是为了增加公司的资本金，从而增强公司的市场形象。

（2）送红股。送红股是指股份公司用股票派发股利代替用现金派发股利的一种增资发行方式。公司将本应分派给原股东的股利转入资本，并发行相应金额的新股票作为股利分发给股东。如果公司直接使用现金派发股利，会使一部分资金以股利的形式流出公司，若以送红股的形式派发股利，就可将这部分资金留在公司中，从而扩大公司资本金的规模。而对原股东来说，接受股票代替现金股利，不仅可得到等价的收益，还可因市价与票面金额的差价而获得溢价收益，同时还增加了将来增派股利的希望。无偿配股和送红股都可使原股东无偿取得股票。

（3）债券转股。债券转股是指股份公司将本公司发行的可转换债券转化为股票的一种增资发行方式。将可转换债券按照一定的条件和价格转换成股票可以使公司的股本增加，但公司的总资产并不增加，因而公司的借入资本相应减少了。债券转股，实际上是将公司的借入资本转化为自有资本。自有资本增加可以提高公司自有资本比率，从而使公司抗风险能力增强。同时，借入资本转化为自有资本，有利于改善公司资产负债结构，进而有利于公司树立良好形象。

3．并行增资

并行增资是指同时实行有偿增资和无偿增资，即公司分配给原股东优先认购新股权，而股东在优先认购新股时，只需支付部分价款，其余部分由公司公积金或未分配利润抵补。例如：公司每股新股的认购价为 50 元，规定其中 30 元由股东以现金支付，其余 20 元以公司的未分配利润抵补。并行增资的做法实际上含有催促迅速缴付股款的作用。

（三）直接发行和间接发行

根据股票发行过程中有无中介承销机构介入，可将发行方式分为直接发行和间接发行。

直接发行又称自营发行，是指发行公司不通过中介机构，自己直接向投资者发行股票的方式。直接发行使发行公司能直接控制发行过程，发行费用相对较少；但发行公司要自己承担股票发行过程中的风险，同时还必须配备专职人员承担发行工作，因而这种方式往往只有那些具有较强实力和较高知名度的大公司采用。目前我国相关法规规定，只有内部发行的股票方可由企业直接发行。

间接发行是指股票发行公司委托金融中介机构办理发行事务的发行方式。公开发行的股票一般都采用间接发行的方式发行。采用间接发行方式，发行公司需要向其委托的代理发行机构支付一笔手续费。手续费的多少根据代理发行机构承担的责任大小而定。由于代理发行机构具有专业的人才、雄厚的资金、丰富的发行经验以及众多的机构网点，因而采用间接发行方式可以促进股票的顺利发行，使企业在较短的时间内筹到所需资金。另外，还可由代理发行机构分担部分发行风险。

（四）议价发行与竞价发行

按股票发行价格的确定方式，可将发行方式分为议价发行和竞价发行。

议价发行是采用商议的方式确定发行价格。议价又称协商定价，是指由股票发行公司与承销机构协商，参照市场上同行业企业股票的价格水平，加上对企业发展前景与风险指标的衡量以及宏观经济环境等因素的综合考虑，确定发行市盈率并最终确定发行价格。其具体做法是：①股票承销商首先根据对股票发行公司的技术状况、经营状况尤其是财务状况的分析，确定公司的盈利水平；②股票承销商综合考虑公司股票发行方案、投资者的需求和公司未来盈利能力，参考公司在同行业中的地位等因素来确定本次股票发行的市盈率；③在此基础上，股票承销商和发行公司商定股票发行价格，并在承销协议上确定下来，同时报证券主管部门备案。议价发行以市盈率作为定价的基本依据。市盈率是反映市场供求状况的一个综合指标，因此，通过市盈率推算出的发行价格不会打破市场的供求平衡。

竞价发行是采用竞争的方式确定发行价格。竞价发行包括两个层次，即承销商竞价和投资者竞价。承销商竞价又称投标定价，是由股票发行公司将其股票发行计划和招标文件向一定范围内的所有股票承销商公告，各股票承销商根据对发行公司状况及筹资计划的了解拟定各自的投标书，以投标方式竞争股票承销业务，以中标标书中的价格作为股票的发行价格。具体做法是：①由发行公司通知承销商，说明该公司将发行新股票，欢迎投标。发行公司在说明书上应注明新股票的内容、推销的价格条件等。②各承销商根据说明书填写各自的投标书，在投标书上要填明投标价格、支付日期等。投标书加封以后交给发行公司，然后由发行公司在规定的日期，在参加投标的各承销机构代表面前当众开标。出价最高者，获得新股票总经销的权利。公开投标的方法不允许私下议价。发行公司必须对投标条件做出详细的规定，并获得证券管理机关的批准。竞价发行的另一种方式是投资者竞价。在这种方式下发行股票的公司和承销商事先确定一个发行底价，然后投资者在此价格之上按照自己意愿和购买能力进行自由报价，最后按价格优先、时间优先的原则，由高到低对价格排序以确定投资者是否认购成功。

竞价法的定价依据是市场需求，中标价格是市场的需求价格，因而更加合理地体现了市场供求关系。另外，竞价法将竞争机制引入股票的定价当中，并且遵循公开招标、公开投标、公开议标与公开决标的原则，充分体现了公平竞争的市场原则。

（五）我国股票的发行方式及演变

从我国股票发行的实际情况来看，向社会公开发行股票的方式大致有以下六种：

1. 发售认购证或抽签表方式

发行股票的公司向社会公众以一定的价格发行认购证或抽签表，然后公开摇号确定中签号码，中签的投资者在规定时间内，按规定的程序办理股票认购登记手续。这种方式先后采用了限量发行和无限量发行两种形式。但这种方式存在较多弊端，主要表现为发行时间长，需配备专门的人力、物力，发行费用高等，所以这种方式在股市发展初期采用较多，后来逐渐被网上发行替代。

2. 上网竞价方式

该方式与上网定价方式的主要不同之处在于：发行股票的公司和承销商事先确定一个发行底价，然后投资者在此价格之上按照自己意愿和购买能力进行自由报价委托认购，最后按价格优先、时间优先的原则，依价格从高到低累计申报购买量。当发行底价之上的累计申报购入量大于股票发行量时，取恰好能使申报购入量等于股票发行量的申报价格为发行价格。凡在此发行价格之上的申报购入均为有效认购，可以按此价格及其申报购入量成交。在此价格之下的申报购买将不能认购股票。当发行底价之上的累计申报购入量小于股票发行量时，发行底价之上的申购均可按发行底价及其申购数量认购股票，不足部分由承销商按发行底价包销。采用此种方式的优点是，股票发行可以充分反映市场购买意愿，其发行价格充分体现市场供求关系。但此种方式也有不足，股价容易被机构大户操纵，增加中小投资者的风险，而且在投资者尚不够成熟的前提下也难以确定合理价格。此方式目前较少采用。

3. 全额预缴、比例配售方式

在这种方式下，投资者在规定的申购时间内，将全额申购款存入主承销商在收款银行设立的账户中，申购结束后全部冻结，在对到账资金进行验证和确定有效申购后，根据股票发行量和申购总量计算配售比例，进行股票配售。全额预缴、比例配售方式包括"全额预缴、比例配售、余款即退"方式和"全额预缴、比例配售、余款转存"方式，目前只有前者仍在采用。

4. 储蓄存单方式

采用此种方式发行股票，承销商在规定期限内无限量发售专项定期定额存单，然后采取公开摇号抽签方式确定中签号码。中签存单将获得股票认购权，按规定办理抵缴股款、新股认购登记手续，未中签存单以专项定期存单形式继续延续下去。储蓄存单方式虽可避免认购证带来的额外费用，但由于采用实际缴存的方式，实际往往伴随巨额现金流动，现已很少采用。

5. 上网定价方式

上网定价发行是指承销商利用证券交易所的交易系统，由主承销商作为唯一"卖方"，投资者在指定时间内，按现行委托买入股票的方式进行股票申购的股票发行方式。具体做法是：①投资者申购前开立股票账户和资金账户，并存足申购款。②T+0 日，投资者进行上网申购，每一账户申购委托不少于 1 000 股，超过 1 000 股的必须是 1 000 股的整数倍，每一股票账户申购上限为当次社会公众股发行量的千分之一。③T+1 日，证券交易所登记结算公司冻结申购资金。④T+2 日，会计师事务所验资，确定有效申购总量；交易所登记结算公司进行资金配号，并公布中签率。有效申购总量的处理原则为：当有效申购总量等于该次股票发行量时，投资者按其有效申购量认购股票；当有效申购总量小于该次股票发行量时，投资者按其有效申购量认购股票后，余额部分按承销协议处理；当有效申购总量大于该次股票发行量时，由证券交易所主机自动按每 1 000 股确定为一个申报号，连序排号，然后通过摇号抽签，每一中签号认购 1 000 股。⑤T+3 日，主承销商组织抽签并公布中签结果。⑥T+4 日，中签资金转为股款，并进行股权登记，未中签资金解冻。由于上网定价发行具有成本低和发行速度快的特点，近年来为多数发行人和承销商采用。

6. 法人配售方式

在我国，法人配售方式并不能单独使用。当公司发行金额较大时，一般采用对一般投资者上网发行和对法人配售相结合的方式发行股票。配售法人分为两类：一类是与发行公司业务联系密切且欲长期持有发行公司股票的法人，被称为战略投资者；另一类是与发行公司无紧密联系的法人，被称为一般法人。对于战略投资者配售的股票，自该公司股票上市之日起六个月后方可上市流通。对于一般法人，其持股时间不得少于三个月。同时规定，与发行公司有股权关系或为同一企业集团的法人不得参加配售，法人不得同时参加配售和上网申购。

在法人配售的操作中，首先要确定发行价格。对法人配售和一般投资者的上网发行视为同一次发行，须按同一价格进行。在制定发行价格时，一般由发行公司和主承销商制定一个发行价格区间，报证监会核准，再通过召开推介会等方式，了解配售对象的认购意愿，确定最终发行价格。接着，应确定配售和网上发行的比例，在招股意向书上刊登出来。也可采用先配售后上网，发行比例视发行实际情况而定。

三、股票的发行价格

（一）股票发行价格的种类

根据发行价格与股票面额的关系，可以将股票的发行价格分为平价发行、溢价发行和折价发行三种。

1. 平价发行

平价发行也叫面额发行，即发行价与股票面额完全相等。面额发行一般适用于公司成立时的首次股票发行或无偿配送股。面额发行完全不考虑当时的股票市场价格，很可能造成发行价格与市场价格相去甚远的情况，从而导致一、二级市场脱节。另外，按面额发行，公司不能从发行中获得溢价收入，不利于公司资本公积金的形成和资本的迅速积累扩大。

2. 溢价发行

溢价发行是指发行价格高于股票面额的发行方式。根据溢价的程度，溢价发行可进一步分为市价发行和中间价发行。

（1）市价发行是指股票的发行价格以当时股票流通市场上的价格水平为基准来确定的发行方式。确定市价的方法很多，一般是依据前一个月股票交易市场的价格，以低于股票市场价格的 5%~10% 定价。在市价发行方式下，由于股票的发行价格与流通市场价格大致相当，所以可以保持一、二级市场的连续性。此外，由于股票的市价一般高于股票的面额，所以市价发行较之面额发行，前者能以较少的股份筹集到相对多的资本，因此，这是一种对公司较为有利的发行方法。但市价发行需要投资者支付更高的价款，因而对投资者较为不利。

（2）中间价发行是指以介于股票面额和股票市场价格之间的价格作为发行价格来发行股票的方式。由于中间价是一个高于面额、低于市价的价格，因而这种发行方式能较好地兼顾筹资者、投资者的利益，因此，目前大多数股票采用这种方式发行。

3. 折价发行

折价发行是指发行价格低于股票面额的发行方式。在大多数国家，为了保证股票发行公司品质较优，一般都不允许采用折价发行股票。我国也有同样的规定。

（二）股票发行价格的确定

1. 市盈率法

通过市盈率法确定股票发行价格，首先应根据注册会计师审核后的盈利预测计算出发行人的每股收益，然后发行人会同主承销商确定股票发行市盈率，最后依发行市盈率与每股收益的乘积决定股票发行价格。其计算公式为：

$$发行价 = 每股收益 \times 发行市盈率$$

25

市盈率又称本益比（P/E），是指股票市场价格与每股收益的比率。市盈率有市盈率Ⅰ与市盈率Ⅱ之分。市盈率Ⅰ以已实现的每股收益作为计算依据，市盈率Ⅱ以预期的每股收益作为计算依据。市盈率也有流通市盈率与发行市盈率之分。确定发行市盈率，往往既要参照二级市场的平均市盈率，又要结合同行业其他公司的市盈率以及发行人的状况、市场行情等因素共同确定。

确定每股收益有两种方法：①完全摊薄法，即用发行当年预测全部税后利润除以总股本，直接得出每股税后利润；②加权平均法。其计算公式为：

$$每股税后利润 = \frac{发行当年预测税后利润}{发行前总股本 + 本次发行股本 \times （12 - 发行月份）\div 12}$$

不同的方法得到不同的发行价格。每股收益采用加权平均法较为合理。因为股票发行的时间不同，资金实际到位的先后对企业效益有影响，同时投资者在购股后才应享受应有的权益。

2. 净资产倍率法

净资产倍率法又称资产净值法，是指通过资产评估和相关会计手段确定发行人拟募股资产的每股资产值，然后根据证券市场的状况将每股净资产乘以一定的倍率，以此确定股票发行价格的方法。其计算公式为：

$$发行价格 = 每股净资产值 \times 溢价倍率$$

在国外，净资产倍率法常用于房地产公司或资产现值要重于商业利益的公司的股票发行。以此种方式确定每股发行价格不仅应考虑公司资产的真实价值，还须考虑市场所能接受的溢价倍数。

3. 现金流量折现法

这种方法是通过预测公司未来盈利能力，据此计算出公司净现值，并按一定的折扣率折算，从而确定股票发行价格。国外股票市场对新上市公路、港口、桥梁、电厂等基础设施公司的估值和发行定价一般采用这种方法。这类公司的特点是，前期投资大，初期回报率不高，上市时的利润偏低。如采用市盈率法确定发行价格会低估其真实价值，而对公司未来收益的分析和预测能比较准确地反映公司的整体与长远价值。用现金流量折现法定价的公司，其市盈率往往高于市场平均水平，但这类公司发行上市时套算出来的市盈率与一般公司的发行市盈率不具有可比性。

四、股票的发行程序

公司向社会发行股票，必须遵循一定的程序，办理一定的手续。一般说来，股票发行程序可分为以下几个阶段：

（一）发行前的准备阶段

在发行前的准备阶段，发行公司所要做的工作主要是准备一些与发行有关的资料。这些资料主要包括：

1. 新股发行计划

为了保证新股的顺利发行，必须拟订详尽、合理的新股发行计划。为此，发行公司必须首先就发行股票的种类、面值与发行价格的确定，上市时机的选择，采用何种承销方式，发行市场的现状以及投资者心理状态等问题向证券咨询机构进行咨询；然后在反复研究、分析的基础之上拟订新股发行计划。新股发行计划的主要内容包括：①发行目的，即筹资目的。对新设立的公司，要明确其生产经营的范围。如果是增资扩股，则要明确其扩充的资本是用于更新设备，还是扩充设备；是旨在提高产品的质量，还是增加产品的数量；或是生产新产品等。②拟定股票的发行种类、发行数量、发行价格以及作为承销机构的证券公司。根据《公司法》的规定，同次发行的股票，每股的发行价格和发行条件应当相同；股票发行价格既可以等于票面金额也可以高于票面金额，但不得低于票面金额。选择承销机构的依据主要是承销机构的规模大小、资信状况、社会知名度、服务质量以及该股票发行所需的发行条件。③对筹资项目进行可行性分析。企业应对筹资项目的技术条件、市场前景、生产成本与效益预期等情况进行定性、定量分析，对能否筹足资金进行预测，并且在此基础上形成可行性报告。可行性报告是审查企业股票发行事项的重要文件依据。它一般应包括下列内容：一是股票发行的目的。为什么要发行股票？采取何种发行方式？二是股票发行所筹资金的运用。准备发行多少股票？所筹资金投向哪里？投入时间、用资数量与筹资额、筹资日期是否衔接，投向是否落实？三是财务预算与经济效益。用股票发行筹集资金进行的资产运用，从投入到产出效益需多少时间？经济效益如何？扣除各种费用和税金后，利润大致是多少？其中，各种基金提取多少？每股分红又有多少？企业长期发展的潜力如何？

2. 新股发行决议

召开董事会形成新股发行决议，这是公司发行股票的必要环节。原则上，股票发行应由股东大会决定，但召开股东大会费时、费力，很可能会使股票发行错失良机。因此，在股票发行的决定权上，各国的股份有限公司都先后采取了资本授权制度。在资本授权制度下，董事会在股东大会授予的资本发行额度内有独立发行股票的权利。在授权资本额度全部发行完后，如需增加资本，才必须召开股东大会，变更章程以增加授权数。召开董事会议决定新股发行事宜，必须有 2/3 以上董事出席。在讨论发行计划的基础上，以决议形式确定有关发行事项。决议的主要内容包括：①新股的发行目的，新股的种类、数量和发行方式；②新股的发行价格；③委托办理发行业务的证券公司；④认购新股的申请期限和股款缴付日期；⑤零股的处理方法。

3. 资信、资产和财务状况的评估审查报告

在董事会做出新股发行的决议之后，公司应立即着手委托会计师事务所、资产评估事务所、律师事务所等专职机构，为其审核签证财务会计报表，对资产进行重估以及就公司的资信、资产与财务状况的审定、评估结果出具法律意见书，同时着手编制股票发行申请书和招股说明书。

（二）申请报批与审核阶段

申请公开发行股票的公司，在准备工作完成之后，就应由其董事会委托承销商向中国证监会下属的发行审核委员会提出公开发行的申请。申请书的内容包括：①发行公司的名称、地址及法人代表；②公司的发展状况及业务状况；③公司近三年的资

产、负债总额及其变化趋势；④产品销售额及其变化趋势；⑤公司已发行股票的数量、金额；⑥本次新发行股票的范围、种类、数量、金额、筹资用途；⑦股息红利分配方式、预计分配比例以及其他一些发行条件。公司在提交股票发行申请书的同时，还应一并提交股东大会或董事会做出的关于股票发行的决议、批准设立股份有限公司的文件及法人注册登记文件、股票发行的可行性报告、公司章程、招股说明书、经审核签证的财务会计报表、资产评估报告、有关的法律意见书以及股票发行承销方案等文件。

发行审核委员会在接受公司的申请后，应就申请材料的真实性、全面性进行审核。审核的内容包括两方面：一是审查所报文件是否齐全、符合要求，特别是公司章程和招股说明书的内容是否全面、属实；二是按照本国的证券法规审查发行人的资格条件。根据《公司法》和《证券法》的规定，新设立股份有限公司公开发行股票，必须具备以下条件：①生产经营符合国家的产业政策；②发行的普通股限于一种，同股同权；③发起人认购的股本数额不少于公司拟发行的股本总额的35%；④在公司拟发行的股本总额中，发起人认购部分不得少于人民币3 000万元；⑤向社会公众发行的部分不少于公司拟发行股本总额的25%；⑥发起人近三年内没有重大违法行为等。原国有企业改组设立股份有限公司申请公开发行股票，除符合上述条件外，还必须做到近三年连续盈利，且发行前一年年末净资产在资产中所占的比例不得低于30%，无形资产在净资产中所占的比例不得高于20%。

公司若是为增资扩股申请公开发行股票，则必须具备下列条件：①前一次发行的股份已募足并间隔一年以上；②公司在最近三年内连续盈利，并可向股东支付股利；③公司在最近三年内财务会计文件无虚假记载；④公司预期利润率可达同期银行存款利率。公司如以当年利润分派新股时，不受此项限制。此外，审查机关还必须对该企业前一次发行股票所筹资金用途是否符合其招股说明书的规定以及资金使用效果是否良好等进行审查。

被批准的发行申请，还须送证监会审查批准，同时报送企业申请发行时报送的全部文件。经中国证监会审核同意发行时，申请人还须向证券交易所上市委员会提出上市申请，经证券交易所上市委员会同意接受上市方可发行股票。

（三）股票发行实施阶段

发行公司取得允许发行股票的批文之后，即开始着手具体的股票发行工作。股票的发售必须在规定的期限内完成，而且原定的发行内容不得中途变更。

发行公司发售股票工作的第一步是向社会公众公布招股说明书。招股说明书应在承销期开始前2~5个工作日公布。其内容包括：①公司的名称、住所；②公司发起人简况；③发行公司简况；④筹资目的；⑤公司现有股本总额；⑥本次发行的股票种类、总额，每股的面值、售价；⑦发行前每股净资产值和发行结束后每股预期净资产值，发行费用和佣金；⑧初次发行发起人认购股本的情况、股权结构及验资证明；⑨承销机构的名称、承销方式与承销数量；⑩发行对象、时间、地点及股票认购和股款缴纳的方式；⑪所筹资金的运用计划及收益、风险预测；⑫公司近期发展规划和注册会计师审核并出具审核意见的公司下一年的盈利预测文件；⑬重要的合同；⑭涉及公司的重大诉讼事项；⑮公司董事、监事名单及其简历；⑯近三年或公司成立以来的生产经营状况；⑰近三年或公司成立以来的财务报告与审计报告；⑱增资发行的公司前次募股资金的使用情况，等等。招股说明书是投资者选购股票的参考，因此其内容必须真实、完整，全体发起人或董事以及主承销商要对其内容负连带责任。

与此同时，发行公司应与委托的代理机构签署承销协议。承销协议的内容主要包括：①当事人的名称、住所及法定代表人的姓名；②承销方式；③承销股票的种类、数量、金额及发行价格；④承销期及起止日期；⑤承销付款的日期及方式；⑥承销费用的计算、支付方式和日期；⑦违约责任；⑧其他需要约定的事项。

如果股票采用实物形式，那么发行公司还要在正式发售前将股票印制好。

以上三个阶段为公开发行股票的基本程序。如果股票只是内部发行，发行公司不必向社会公布招股说明书，并且往往不需委托承销机构代理发售，而由发行公司自己直接向募股对象销售。

第五节　股票的流通市场

股票的流通市场，也称股票的二级市场，是已发行在外的股票进行买卖交易的场所。同其他金融资产的二级市场相比，股票的二级市场具有更为重要的意义。这是因为，股票是一种所有权凭证而不是债权凭证，它没有到期日，除非企业破产或解散清理，其持有者不得要求索回本金。而且，股票投资是一种营利性较高同时风险性也较高的投资方式，如果没有一个可供股票流通转让的二级市场存在，投资者将无法转移风险。面对一种期限无限、高风险性且不能中途变现的投资工具，投资者必然会裹足不前，股票的发行市场将很难存在和发展下去。股票二级市场可以使长期投资短期化，增强股票的变现能力进而相对降低其风险，从而促进股票发行市场的发展。此外，一个发达的二级市场的存在，可以使资金不受地区、部门、行业的限制，在更大的范围内，以更大的规模自由横向流动，使资金达到最大限度的利用。股票流通市场的存在，使得不同企业的股票都必须接受市场的考验。人们可以根据市场行情和不同企业的生产经营状况以及发展前途做出评估和判断，自由选择，其结果必然是使资金流向经济效益好、有发展前途的企业。这样，就可以达到资源的优化配置，有利于资金使用效益的提高。

一、股票流通市场的构成

根据股票具体交易方式和场所的不同，可以将股票流通市场划分为不同的组成部分。具体来说，股票流通市场包括证券交易所市场和场外交易市场两大部分。

(一) 证券交易所市场

证券交易所市场是指通过证券交易所进行证券买卖所形成的市场。根据《证券法》的描述，证券交易所是"提供证券集中竞价交易的不以营利为目的的法人"。

29

证券交易所是证券买卖双方公开交易的场所，是一个有组织、有固定地点、集中进行证券交易的市场，是证券流通市场的重要组成部分。证券交易所本身并不买卖证券，也不决定证券价格，而是为证券交易提供一定的场所和设施，配备必要的管理和服务人员，并对证券交易进行周密的组织和严格的管理，为证券交易顺利进行提供一个稳定、公开、高效的市场。

证券交易所作为高度组织化的有形市场，具有以下特征：①有固定的交易场所和交易时间。证券交易所是一个有形市场，有固定的场所，有专门的机构来组织交易，有系统的交易章程和交易制度，有固定的交易时间。②交易采用经纪制。在证券交易所里参加交易者必须为具备会员资格的证券经营机构，一般投资者不能直接进入证券交易所买卖证券，只能委托会员作为经纪人间接进行交易。③交易的对象限于合乎一定标准的上市证券。每个证券交易所对证券上市都有严格的规定，上市证券中绝大多数为股票，包括债券和其他证券衍生工具。④通过公开竞价的方式决定交易价格。证券交易所场内人员代表众多的买者和卖者集中在证券交易所内展开竞买竞卖，根据价格优先、时间优先的原则达成交易，从而有利于公正价格的形成。⑤严格的管理制度。各国证券交易所都制定有严格的规章制度和操作规程，对于入场交易会员、上市证券资格、上市交易程序及交易后的结算等都有严格详细的规定，凡违反规定者，都将受到严厉的制裁。同时，证券交易所还规定了严格的信息披露制度，要求所有的上市公司必须全面、真实、准确地公布其经营情况和财务状况，从而有利于投资者进行理性的选择。

按照组织类型划分，证券交易所可以划分为公司制证券交易所和会员制证券交易所两种。

1. 公司制证券交易所

公司制证券交易所是指采取股份公司组织形式，以营利为目的的法人组织。公司制证券交易所由某些特定的证券商作为股东出资建立，为证券经纪商和自营商提供交易的场地、设施及服务，但公司制证券交易所股东自身不允许在场内参加证券买卖，以保证证券交易的公正性。进场交易的证券经纪商和自营商与公司制证券交易所签订合同，购买席位，并缴纳营业保证金。公司制证券交易所的主要收入是按证券成交额收取的佣金。由于公司制证券交易所是以营利为目的的，因而其交易费用比会员制证券交易所高。公司制证券交易所的最高决策管理机构是董事会，董事由股东大会选举产生。

2. 会员制证券交易所

会员制证券交易所是指一个由会员自愿出资共同组成，不以营利为目的的法人团体。会员制证券交易所由会员共同经营，实行自治自律，使其活动不逾出法律范围。会员制证券交易所的最高权力机关为会员大会，下设理事会。理事会由全体会员选举产生，理事会中的理事必须有一部分由非会员担任，以代表公众利益。会员制证券交易所规定，只准它的会员在交易所内买卖股票，非会员不得参加。要取得会员资格需要向有关单位申请并经批准，而后还要缴纳数额可观的会费，会费的多少主要取决于股票市场的盛衰程度。证券商取得会员资格，主要是为了取得在某交易所买卖股票的特权。这种特权可以给证券商带来两个好处：①作为会员可直接参加交易所的场内交易，在交易速度上占优势，有利于把握住市场机会、获取价差收益；②会员可代替不是会员的投资者买卖股票，从而收取佣金。

（二）场外交易市场

场外交易市场是对证券交易所以外的证券交易市场的总称。

场外交易市场的代表形式是柜台市场或称店头市场。在证券市场发展初期，由于没有建立集中交易的证券交易所，大多数有价证券的买卖都是通过证券商的柜台来进行的；证券交易所建立后，由于证券交易所市场的容量有限，上市条件也相当严格，因此有相当多的股票不能在证券交易所上市交易，另外还有一些证券交易所不接纳的特定证券也有交易需求，这都极大促进了柜台交易市场的发展。随着通信技术的进步，目前许多柜台市场交易已不再直接在证券经营机构柜台前进行，而是由客户与证券经营机构通过电话、电传、计算机网络等手段进行。除了柜台市场外，场外交易市场还包括为规避交易所佣金而产生的第三市场以及绕过证券商直接交易的第四市场等。

场外交易市场不仅是作为证券交易所市场的补充，而且它自身也具有一些特点，这些特点在很大程度上弥补了证券交易所市场交易方式的不足，从而使场外市场无论从地位上还是从作用上看，都可与证券交易所市场并驾齐驱。传统的场外交易市场的特点主要体现在：

（1）场外交易市场是一个分散的、无形的市场。它没有固定的、集中的证券交易场所，而是由许多各自独立经营的证券经营机构分别进行交易，并且主要是依靠电话、电报、电传和计算机网络联系成交。

（2）场外交易市场的组织方式采取做市商制。场外交易市场的交易显然少量采用经纪制，但主要采用做市商制。证券交易通常在证券经营机构之间或是在证券经营机构与投资者之间直接进行，不需要中介，投资者可直接参与交易。在做市商制下，证券经营机构先行垫入资金买进若干证券作为库存，然后挂牌对外进行交易，他们以较低价格买进、较高价格卖出，从中赚取差价。由于证券商既是交易的直接参加者又是市场的组织者，他们制造出证券交易的机会并组织市场活动，因此被称为"做市商"。

（3）场外交易市场的交易对象十分广泛。其中，以未能在证券交易所上市的股票和债券为主，但也有够资格上市而不愿在证券交易所挂牌买卖的股票，还包括已经上市的证券因不足以整手卖而只能在场外交易的情形。除此之外，还有一些特殊证券，如开放式基金、大多数债券，都在场外市场进行交易。

（4）场外交易市场采用议价方式进行交易。场外交易市场的价格决定机制不是公开竞价，而是买卖双方协商议价。具体地说，是证券经营机构对自己所经营的证券同时挂出买入价和卖出价，并无条件地按买入价买入证券和按卖出价卖出证券，最终的成交价是在牌价的基础上经双方协商决定的不含佣金的净价。券商可根据市场情况随时调整所挂的牌价。

（5）场外交易市场的管理较为宽松。由于场外交易市场分散，缺乏统一的组织和章程，难以取得统一公正的价格。同时，分散化的交易也不易管理和监督，容易产生欺诈和投机行为，其交易效率也不及证券交易所。

场外交易市场的分散性具有一些明显的弊端，但随着现代通信技术的发展和电子计算机在证券业中的广泛运用，一些统一的场外交易系统逐步建立起来。现代的场外交易市场和证券交易所市场的差距越来越小，它们都逐步成为只是市场定位不同，而功能互相补充的健全的市场组织体系。这里以美国的NASDAQ系统为例做一简单介绍。

美国全国证券商协会自动报价系统（National Association of Securities Dealers Automated Quotations，NASDAQ）是为解决场外交易分散，行情不易掌握的矛盾而设立的。该系统运行的基本程序是：在正常营业期内，证券商可向NASDAQ报告对某种股票提供的买进价和卖出价，该报价可以随着股票行市的变动而随时变动。NASDAQ将各个证券商的报价存入记忆库以备查询。当某个证券商想要了解其他证券商愿以何种报价买进或卖出某种股票时，就可以通过NASDAQ进行查询。NASDAQ的建立使美国的场外交易市场从若干分散化的小市场统一成了全国性的市场体系，从而提高了交易效率、降低了交易成本。目前，该系统的交易量已排在美国主要证券交易市场前列，其地位仅次于纽约证券交易所。

二、股票上市运作

（一）股票上市的意义

股票上市是指股票在证券交易所内挂牌买卖。我们知道，绝大多数股份有限公司在发行股票后都希望股票能够上市。但我们也知道，股票上市对股份有限公司来说并不是"免费的午餐"。在股票上市后，上市公司将受到严格的监督和管理，而且必须遵循信息披露制度的有关要求，向公众公告企业的财务状况、经营状况及其他重大事件。此外，股票价格的波动还会在相当程度上对公司的形象产生影响。既然有此种种限制和不利之处，为何还有众多的股份有限公司申请上市呢？显然这是因为股票上市对发行公司来说有着特殊的意义。这些意义主要体现在：

1. 股票上市可以提高发行公司的信誉和知名度

股票发行公司必须在资本额、盈利能力、抗风险能力以及股权分散方面符合证券交易所规定的条件，其股票方能获准上市。因此，股票能上市说明上市公司具备良好的生存和发展素质，从而在公众的心目中为上市公司树立了一个良好的形象。此外，上市公司按规定还应定期向社会公布其财务报表和经营状况报告，这无疑会反复加深公众对公司和其产品的熟悉和了解程度，从而使上市公司获得广告性的好处。

2. 股票上市为上市公司进一步筹集长期资金创造了良好的条件

股票上市后，若其在市场价格方面表现良好，这无疑是对企业经营业绩的最好证明。投资者若能从股票投资中获取丰厚的投资回报，就会提高其投资兴趣，为企业将来增资扩股创造良好的条件。当企业发行新股时，不仅可以很顺利地将新股销售出去，而且可以按较高的溢价出售新股，从而使企业获得高溢价的收入。

3. 股票上市有利于股份有限公司股权的分散化

股权分散是设置股份有限公司的一个基本原则，它既能防止公司的最高决策权因股权集中而被控制在少数人手里，也能防止股票市场价格因股权集中而被少数人控制操纵。股票上市增强了股票的流动性，使股票成为社会公众的投资对象，从而使股份有限公司拥有更多的、分散的股东，防止了股权的集中，因而提高了公司经营的自由度，降低了经营风险。

4. 股票上市对上市公司进一步发展起着良好的促进作用

股票上市以后，上市公司按照信息公开制度的要求，必须将其生产、经营、财务、重要人事变动、收支等方面的情况定期或不定期地向公众公告，这就等于将企业的整个营运状况置于全社会的监督之下，一旦在某方面出了问题，就会立即从股价上反映出来。这对企业来说，无疑是一种巨大的压力。而正是这种压力从根本上促使企业经营者努力提高企业的经营业绩，树立良好的公众形象。此外，如前所述，上市股票的表现情况，还直接影响到企业增发股票的顺利程度和溢价水平。企业若想继续从社会募集资金，必须维持较高的股票价位。而要维持较高的股票价位，则必须取得较高的盈利水平，从而为股票投资者提供较丰厚的盈利收益。因此，从这个角度讲，股票上市也对企业的经营起到了良好的促进作用。

5. 股票上市可以给投资者带来一些好处

①股票上市有利于形成一个较为公平合理的成交价格。上市股票的买卖采用了买卖双方共同公开竞价的方式，众多的买者和卖者通过证券交易所进行公开竞价，因此而形成的股票成交价格远比场外交易的成交价格公平合理。②股票上市有利于投资者做出迅速、正确的投资决策。证券交易所利用各种传播媒介，公布上市股票的行情，这样有利于投资者迅速了解市价变动情况，做出正确的投资决策。③股票上市可以相对减少投资者的投资风险。由于上市公司的业务和财务状况要符合证券交易所的上市标准要求，而且上市后，须定期公布公司有关的会计表册，所以能大大减少投资者的投资风险，避免投资的盲目性。

（二）股票上市制度

股票上市制度是证券交易所和证券主管部门制定的有关股票上市规则的总称。股票上市制度主要包括股票上市的条件、股票上市的程序等内容。

1. 股票上市的条件

股票必须符合一定的条件才能获准上市。各国对股票上市的条件都有具体的规定。这些条件大致包括以下几方面的内容：①股票的合法性。能够上市的股票应该是公开发行的股票，而发行股票的公司也应该是合法的。②股份公司的资本额。通常，上市公司股本有一个最低限额，这样可以避免一些小规模公司上市交易的风险。③公司的信誉状况。通常，要求上市公司具有较高信誉，在一段时间内没有不法记录，从而较好地保护投资者的利益。④股东人数。为了避免大量股份集中于少数人手中，为了避免影响股票的正常交易和股份公司的正常经营，往往要求公司的股权应当具有一定的分散程度。⑤盈利状况。上市公司应具有一定的盈利能力，以对投资者的利益提供基本的保障。

2. 股票上市的程序

股票上市必须经过一些基本程序，即必须先由股票发行公司向证券交易所提出申请，然后由有关部门进行审查，经批准后，方可进入证券交易所进行交易。根据《证券法》的规定，其具体步骤为：

（1）申请。公开发行股票且符合上市条件的股份有限公司，若希望其股票在某证券交易所上市，必须首先向该证券交易所的上市委员会提出申请，并提交下列文件：①上市报告书；②申请上市的股东大会决议；③公司章程；④公司营业执照；⑤经法定验证机构验证的公司最近三年的或者公司成立以来的财务会计报告；⑥法律意见书和证券公司的推荐书；⑦最近一次的招股说明书。股票已经上市的公司增发新股时，也必须再次向证券交易所申请审批。

（2）审核。证券交易所的上市委员会收取股票发行公司递交的上市申请及有关文件后，应按照规定的上市条件对该公司进行审查。对符合条件的公司出具上市通知书并予以公告。审批文件报证监会备案。

（3）上市。股票上市交易申请经证券交易所同意后，上市公司应当在上市交易的五日前公告经核准的股票上市的有关文件，并将文件置备于指定场所供公众查阅。上市公司除公告前面规定的上市申请文件外，还应当公告下列事项：①股票获准在证券交易所交易的日期；②持有公司股份最多的前十名股东的名单和持股数额；③董事、监事、经理及有关高级管理人员的姓名及其持有本公司股票和债券的情况。

3. 股票上市的暂停和终止

（1）股票上市的暂停。一家公司在证券交易所上市后并非一劳永逸。按照《公司法》的要求，当上市公司出现下列情况之一时，证监会可决定暂停其股票上市：①公司股本总额、股权分布等发生变化不再具备上市条件；②公司不按规定公开其财务状况，或者对财务会计报告做虚假记载；③公司有重大违法行为；④公司最近三年连续亏损。

除此之外，暂停上市还包括上市公司申请暂停和证券交易所自动暂停两种情形。申请暂停一般发生在上市公司根据信息披露规则披露信息，上市公司召开临时股东大会，或者上市公司认为有其他重要信息需要提请投资者关注的时候。申请暂停需向证券交易所说明理由，并报计划停牌时间和复牌时间。自动暂停则是上市公司在披露年报、召开年度股东大会等惯例运作时，由证券交易所自动停牌。

（2）股票上市的终止。终止上市是指上市公司有上述②③条所述的行为之一，并且后果严重的；或者公司存在上述①④条所述的情形之一，且在限期内未消除、不具备上市条件的，由证监会决定终止其股票上市。

公司决议解散、被行政主管部门依法责令关闭或者宣告破产的，由证监会决定终止其股票上市。

暂停上市和终止上市是《公司法》规定的一项对上市公司的淘汰制度，是防范、化解证券市场风险，抑制过度投机，保护广大投资者利益的重要措施。

三、股票的交易程序

在我国目前的证券市场规则下，一笔完整的股票交易大致需要经过以下几个步骤：

（一）办理开户手续

投资者在进行股票买卖之前，必须首先办理开户手续，开户包括开立证券账户和资金账户。证券账户是指证券登记结算机构为投资者设立的，用于准确记载投资者所持有的证券种类、名称、数量及相应权益和变动情况的账册。证券账户是认定股东身份的重要凭证，具有证明股东身份的法律效力。同时，也是投资者进行证券交易的先决条件。沪、深证券交易所的证券账户由证券交易所所属的登记结算机构统一管理，投资者需持有关资料、证件前往登记结算机构或其代理机构，填写开户名册登记表，经审核后领取股票账户。名册登记表分为个人名册和法人名册。个人名册要求填写登记日期、客户姓名、性别、身份证号码、职业、住址和联系电话并签字或盖章。法人名册要求法人证明、法人代表授权股票交易执行人的书面授权书、法人代表与股票交易执行人的个人情况。

开立股票账户后，投资者要选定某一证券商开立资金账户。资金账户是用于记录投资者证券交易资金的币种、余额和变动情况的账户。投资者在开立资金账户时，必须留存身份证、证券账户卡复印件及其他有关资料。开立资金账户后，证券经营机构会提供相应的代理买卖、账户管理、现金出纳等服务，投资者在资金账户中的存款可随时提取，账户中的存款余额会以活期存款利率自动计息。只要投资者资金账户上有足够余额，证券营业部会代理投资者买卖证券。

（二）委托买卖股票

一般客户要买卖股票，不能直接进入证券交易所的交易大厅，只能在证券商的营业处办理委托买卖的手续。证券商接到客户的委托指令后，通过电话或电脑将此指令传递给其场内交易员，由场内交易员输入证券交易所的撮合主机。

客户委托证券商买卖股票的方式主要有当面委托、电话委托与自助委托三种。当面委托是指客户亲自到证券商的营业柜台填写委托书，将委托买卖股票的种类、买进或卖出的数额，出价方式、价格幅度、委托时间和期限以及交割方式等一一在委托书上填明并递交给证券商的委托方式。电话委托则委托人不必亲自到证券商营业处而只需拨通证券商委托交易电话，并按电脑发出的指示逐一输入自己的股东代码、交易密码、需买入股票或卖出股票的代码以及价格、数量等。电话委托交易系统自动将客户委托指令的内容反映在证券商营业部的电脑上，并通过主机直接进入证券交易所的电脑系统撮合成交。自助委托是指投资者用证券经纪商在营业厅或专户室设置的电脑自动委托终端亲自下达买卖指令，或指投资者通过与证券经纪商电脑系统联网的远程终端下达买卖指令。客户委托证券商买卖股票除以上三种主要的委托方式外，客户还可采用传真委托、函电委托等方式。值得注意的是，现在网上交易正渐渐兴起，成为一种崭新的委托方式。

完整的委托指令包括多项内容。其内容主要包括：①委托价格。根据委托价格的不同，可以将委托分为市价委托、限价委托、止损委托等。市价委托是要求经纪商立即在交易所内按当时的市场最有利价格执行。限价委托是由客户限定买进的最高价或卖出的最低价，经纪商在执行时不能超越限定的价格。止损委托则是客户委托经纪商在价格下跌或上升超过所指定的限度时或达到某一价位时随行就市卖出或买进，以尽可能减少损失。目前我国委托指令里面没有止损委托，基本不采用市价委托，多数情况下采用限价委托。②委托数额，即客户委托证券商买卖股票的数额。委托数额既可以是整数，也可以是零数。所谓整数是指以"手"为基本单位，不足一手的则称为零数。按我国现行规定，股票 100 股为一手，而且，我国只在卖出证券时才有零数委托。③委托有效期限。通常的委托有效期限有当日有效、五日有效、一周有效、一月有效等。如果委托指令在有效期内没有成交，则委托指令自然失效，客户如仍有买卖意向，必须重新提出委托要求。客户应根据所买股票的价格以及对股票行情波动的预测来选择委托有效期限。我国现行规定的有效期为当日有效，投资者无须做出选择。④委托交割方式。客户向证券商发出的委托指令中还应确定交割的方式是当日交割、例行日交割，还是特约日交割。我国目前股票交割方式均采用例行日交割，其中 A 股为"T+1"交割，B 股为"T+3"交割。

（三）申报与成交

证券经营机构在收到投资者委托后，应对委托人身份、委托内容、委托卖出的实际证券数量及委托买入的实际资金余额进行审查，经审查符合要求后，才能接受委托。

证券经营机构接受投资者委托后应按"时间优先、客户优先"的原则进行申报。超过涨跌限价的委托为无效委托，证券经营机构不得接受无效委托。证券经营机构在同时接受两个以上委托人买进与卖出委托且种类、数量、价格相同时，不得自行对冲完成交易，仍应向证券交易所申报竞价。

证券交易所内的证券交易按"价格优先、时间优先"的原则竞价成交。价格优先的原则表现为：价格较高的买进申报优先于价格较低的买进申报，价格较低的卖出申报优先于价格较高的卖出申报；市价申报优先于限价申报。时间优先原则表现为：同价位申报，依照申报时序决定优先顺序。

（四）股票的清算与交收

股票清算与交收是整个证券交易过程中必不可少的两个重要环节。股票清算是指对每一营业日中每个证券经营机构成交的股票和数量分别予以轧抵，对股票和资金的应收或应付净额进行计算的过程。股票交收是指买卖双方根据证券清单的结果履行合约，进行钱、货两清的过程。在交收中，买方需支付一定款项获得所购证券，卖方需交付一定证券获得相应价款。股票清算与交收过程统称为股票结算。

结算分为一级结算和二级结算两个层次。一级结算是证券交易所的登记结算机构与证券商之间的结算，二级结算是证券商与客户之间的结算。

近年来，我国股票的清算与交收制度有了很大的发展。目前，在一级结算制度上，上海证券交易所和深圳证券交易所都采用法人结算模式。法人结算是指由证券经营机构以法人名义集中在证券登记结算机构开立资金清算与交收账户，其所属证券营业部的证券交易的清算与交收均通过此账户办理。

在清算时，会员制证券公司必须先在证券登记结算结构开立法人结算账户，并缴纳结算保证金和结算头寸。结算头寸用于应付日常结算；结算保证金主要用于防范资金交收风险，当证券商违约不履行交收义务时，证券交易所有权动用结算保证金先行支付，由此产生的价款差额和一切费用与损失，均由违约者承担，由证券交易所负责向其追偿。股票交收是证券交易所根据清算的结果由电脑自动转账完成。对于实物证券的交收，证券交易所先将各证券商的股票集中托管在保管库内，进行交收时，直接从账上划转，"动账不动股"。

股票买卖的二级结算是在证券商与客户之间进行的清算交收。如果客户在证券商处开立了股票账户和资金账户，那么客户委托证券商进行了股票交易后，证券商就主动办理交收转账的手续。即从买入者的资金账户上划出一部分资金作为股款和手续费，同时往其股票账户上划入新购股票；对卖出者，则从其股票账户划出所售股票，同时往其资金账户中加入价款并扣除手续费。

四、国外主要的证券交易所

（一）纽约证券交易所

纽约证券交易所是目前世界上规模最大、组织最健全、设备最完善、管理最严密的证券交易所。其股票交易额占美国上市股票总交易量的80%以上，全世界上市股票总交易量的60%在这里成交，挂牌上市的本国公司和外国公司的股票、债券接近5 000种。

纽约证券交易所成立于1892年。该证券交易所实行会员制，按其章程，其会员至多不得超过1 366人，新申请入会者一般只能顶替老会员所退出的席位。会员大致分为以下几类：①佣金经纪人。他们是以证券公司等机构的名义在交易所内取得席位，接受客户委托、代理买卖证券，是纽约证券交易所的主要成员。②交易厅经纪人，又称二元经纪人。其在交易厅接受其他经纪人的再委托代为买卖，从中收取佣金。③交易厅交易商。他们是在纽约证券交易所注册的自营商，用自己的资金从事证券买卖。④零股买卖商。他们专门接受100股以下的小额交易，将其凑成整数后，再售给其他经纪人。⑤专家经纪人。专家经纪人是指专门从事某一种或几种规定的股票的委托或自营交易的经纪人。他们需经交易所董事会根据其能力、经验、资金等条件严格挑选，他们的存在有助于交易所形成一个有秩序的连续市场，具有稳定价格，保持供求平衡的作用。

（二）东京证券交易所

东京证券交易所是当今世界第二大证券交易所，正式成立于1949年4月。东京证券交易所采取会员制的组建方式，有资格成为该证券交易所会员的只限于达到一定标准的证券公司。现拥有会员一百余家，其中约五分之一为外国证券公司。东京证券交易所的会员分为四种：①正式会员。他们在东京证券交易所内办理客户委托买卖业务和自营业务。②中介人会员。他们只能作为正式会员的中介人，在接到正式会员交来的买卖委托后进行配合，促成交易成功，但不能接受客户委托或自己直接从事交易。③特殊会员。他们专门替一些地方性的证券交易所执行其在东京证券交易所内的交易。④场外会员。他们专门接受非会员公司的交易委托。

在东京证券交易所上市的国内股票分为第一部和第二部两大类。第一部的上市条件比第二部高。新上市股票原则上要先在第二部上市交易。东京证券交易所在每一营业年度结束后考评各上市股票的实际成绩，再据此来做下一轮部类的划分。

东京证券交易所的股票交易有两种不同方式。一种是在股票交易大厅进行交易。采用这种交易方式的有第一部的 250 种大宗股票及外国股票。除此之外的股票则通过第二种方式，即电脑系统成交。

（三）伦敦证券交易所

伦敦证券交易所是世界第三大交易所。该证券交易所实行会员制。会员必须为自然人。虽然大多数会员都分属各证券金融机构，但都不是以法人名义直接参加。伦敦证券交易所的交易额仅次于纽约证券交易所和东京证券交易所，但其周转额居世界各证券交易所第一位。在伦敦证券交易所挂牌交易的各种证券达 7 000 种，上市公司近 3 000 家。其中，外国公司虽不到 500 家，但其上市证券的资本总额约为英国公司的 3 倍。

（四）中国香港联合交易所

1986 年 4 月，由中国香港证券交易所、远东证券交易所、金银证券交易所和九龙证券交易所四家证券交易所组成了中国香港联合交易所。同年 9 月 22 日，中国香港联合交易所获得国际交易所联合会认可并成为合格会员。中国香港联合交易所为会员制社团法人。由于该证券交易所按国际惯例进行交易，因而吸引了较多的国际投资者。

该证券交易所成交量大，交易比较活跃，成交量与股市的比例经常处于世界各交易所的前列。恒生指数为恒生银行编制的反映中国香港股票市场和中国香港经济状况的综合股价指数。

第二章
债券市场

- -

第一节　债券概论

一、债券的性质和特征

（一）债券的性质

债券是债务人依照法律程序发行，承诺按约定的利率和日期支付利息并在特定日期偿还本金的书面债务凭证。债券的性质主要包括：

1. 债券是一种有价证券

债券本身代表着一定的价值。一方面，债券的面值通常是债券投资者投入资金价值的量化表现；另一方面，债券的利息则是债券投资者投资收益的价值体现。因而，它是一种有价证券。

2. 债券是债权、债务凭证

债券，从本质上讲是一种表明债权、债务关系的书面凭证。它表示债券的投资者（债权人）将一定数量资金的使用权在规定的时期之内让渡给债券的发行者（债务人）。债券的发行者取得该使用权的代价是按规定的利率支付一定的利息给债券的投资者。债券作为证券化的借贷凭证，与一般借贷证书的区别在于：后者是由当事双方自行商讨借款条件而签订的合约，因此它代表的是债务人与某个特定债权人之间的借贷关系。这样的合约是非标准化的，因而一般不能流通转让。而前者所代表的是发行者与不特定的债权人之间的借贷关系，是标准化的借贷凭证，具有公开性、社会性和规范性的特点，一般都可以流通转让。

3. 债券是一种要式凭证

作为要式凭证，债券必须具备法律所规定的必要的形式和内容；否则，该债券将不具有法律效力。根据相关规定，债券应具备以下票面要素：

（1）发债人。债券上必须载明发债人即债务主体的名称。明确债务主体，既为债权人到期追索利息和本金提供了依据，也有利于投资者根据不同债务人的不同信用状况选择购买债券。

（2）面值。债券的面值即是债券票面载明的金额。它包括两个基本内容：①面值币种；②面额大小。面值币种取决于发行者的需要和债券的种类。债券的面额代表债券发行者向债券持有者筹集资金的数量，是计算利息和到期支付本金的基础。债券面额的确定要根据债券的发行对象、市场资金的供求状况及债券的发行费用等因素综合考虑。

（3）债券的偿还期限和方式。债券的偿还期限是指从债券的发行日至还本付息日之间的时间。债券的偿还期限长短不一。短期债券的偿还期限只有几个月，如美国短期国债有91天期限的。而长期债券的偿还期限却可能长达十几年甚至几十年。债券的发行人在确定债券的偿还期限时，通常需要考虑以下几个因素：①所筹资金的用途；②利率变动趋势；③债券流通市场的发达程度。债券的偿还方式是指对债券本金的实际偿还时间和具体的偿还方法做出的安排。绝大部分债券是到期一次性归还本金。也有部分债券是可提前偿还或展期偿还的，对这类债券在发行前必须对具体方式有详细和明确的说明。

（4）债券的利率及计息和付息的方式。每张债券上都应载明债券的票面利率、利息的计算方式和支付方式。债券可以采用固定利率，也可以采用浮动利率。采用浮动利率的债券须在发行前明确其利率浮动的依据。利息的计算方式包括单利计息、复利计息和贴现计息三种。在单利计息方式下，无论期限多长，所生利息都不加入本金重复计算利息。在复利计息方式下，每经过一个计息期，都要将所生利息加入本金，并以增加的本金作为计息基础再计利息，逐期滚动计算。在贴现计息方式下，债券以低于其面额的价格折价出售，其面额和售价之间的差额作为投资者的利息收入。债券利息的支付方式也是多种多样的。贴现计息的债券在折价出售时就相当于支付了利息。此外，有的债券是在到期归还本金时一次性付息，而有的债券是在存续期内每半年或一年支付一次利息。

除此之外，有的债券还可能具备其他一些可选择性的要素，如债券担保条件、提前归还条件、购买债券的优惠条件等。

（二）债券的特征

1. 债券具有明确的期限

由于债券体现的是债权人与发行人之间的借贷关系，这就决定了债券必须是有期限的，否则，便失去了借贷的性质。因此，一般而言，债券的偿还期限都有明确的规定，到期后则其债权、债务关系结束。但也有例外，如英国有一种国债就没有确切的到期日，发行后经过一段时间，政府有随时归还本金的权利，但债权人无偿还请求权，政府也可以无限期地支付利息而永不偿还本金。

2. 债券具有较稳定的收益

其收益率通常介于银行存款和股票之间。债券的收益通常包括两部分：票面利息收益和二级市场上的价差收益。票面利息是债券发行者必须按期、按既定的利率支付给债券投资者的收益，它不受发行者盈利状况的限制。因此，相对于股利来说，这是一种稳定的收益。债券二级市场价格的波动幅度通常比股票小，因此，债券的价差收益相对于股票来说也是相对稳定的。

3. 债券具有风险

债券投资者所面临的风险主要包括信用风险、利率风险和通货膨胀风险等。信用风险是指由于债券发行者不能或不能按时还本付息而带来的风险。信用风险的程度由债券发行者的经营能力、规模大小及事业稳定性等因素决定。一般来讲，首先是中央政府债券的信用风险最小，其次为地方政府债券和政府机构债券，最后为大型金融机构和企业的债券，中小企业债券的风险程度相对较高。利率风险是指由于市场利率变动而带来的风险。由于债券的利率在发行时已确定，当市场利率发生变化时，债券的价格就会朝相反的方向波动，从而给债券持有者带来损失。一般而言，利率变动对长期债券价格的影响大于对短期债券价格的影响。当市场利率上升时，长期债券价格的下降幅度要大于短期债券，因此，利率风险对中长期债券的影响尤其显著。通货膨胀风险几乎危及所有的债券，其对利率固定、期限又长的债券的影响力尤为巨大。当发生通货膨胀时，债券的预期收入和本金都会发生贬值，从而给投资者带来损失。

尽管债券投资者面临上述各种风险，但相对于股票、期货等投资工具而言，债券仍称得上是一种安全性较高的投资工具。这主要是因为：①债券的偿还期限在发行时就已确定，投资者到期收回本金利息的权利受法律保护；②债券的利率一般固定，不受发行后市场利率变化的影响，即使是采用浮动利率的债券一般也规定有利率浮动的低限，以保障投资者的利益；③债券市场价格的波动幅度相对较小，市场价格下跌给投资者带来的损失也相对较小；④债券的付息和清偿顺序较之股票优先。

4. 债券具有较强的流动性

虽然债券必须到期方能偿还本金，但在到期之前，债券可以在流通市场上交易变现，所以债券具有较强的流动性。债券的流动性受所在国债券市场的发达程度、债券发行人的资信度、债券期限的长短以及利息支付方式等因素的影响。

二、债券的分类

（一）政府债券、金融债券和公司债券

根据债券发行主体的不同，可将债券分为政府债券、金融债券和公司债券。

1. 政府债券

政府债券是指政府或政府有关机构为筹集财政和建设资金而发行的债券。政府虽然是一种非经济机构，但其在各国经济中都扮演着非常重要的角色。政府干预经济需要以大量资金作为后盾。政府获取资金的渠道，除了税收收入外，还可以通过在证券市场上发行大量政府债券的方式来取得资金。政府债券按照其发行主体的不同，又可具体划分为中央政府债券、地方政府债券和政府机构债券。中央政府债券亦称国债，是政府以国家信用为后盾来筹集资金的一种方式，其还款来源为中央政府税收，所筹资金一般用于弥补财政赤字或进行公共建设。其中，一年以下的短期国债又被称为国库券。地方政府债券是地方政府为了发展地方经济，兴办地方事业，如交通运输、文教科研、卫生设施、地方福利等而发行的债券。地方政府债券是以地方政府的信用为依托而发行的，其还款来源主要是地方税收。政府机构债券是政府所属的公共事业机构、公共团体机构或公营公司所发行的债券。发行政府机构债券所筹集的资金主要用于发展各机构或公营公司的事业。政府机构债券通常只以所建项目的收入作为还款来源，因此其风险性要略大于其他两种债券。但当其出现资金偿还方面的问题时，政府通常不会坐视不管，因此，政府机构债券实际上具有政府保证债券的特征。政府债券具有安全性高、流动性强、收益稳定以及可享受税收优惠的特点。

2. 金融债券

金融债券是指银行或其他非银行金融机构凭借自身的信用，依照法定程序向投资者发行的，并保证按约定期限在将来还本付息的债权、债务凭证。发行金融债券相对于吸收存款而言，具有以下特征：①主动性。发行金融债券是一种主动性的筹资手段。金融机构可以控制每次发行的时间和规模。而吸收存款则是被动性的筹资手段，它是日常性的业务且规模由存款者决定。②成本较高。金融债券的利率一般略高于同期限的定期存款利率。③金融债券一般可以在流通市场上转让交易，而存款一般不能进行转让和交易。④发行金融债券所筹集的资金一般情况下都是定向使用，而吸收存款所筹资金一般无使用方向的限制。由于金融债券是由金融机构发行的债券，其安全性仅次于政府债券，而高于一般公司债券。加之其利率收益高于同期储蓄存款，并且可以在证券市场上很方便地流通转让，因此金融债券是一种较受投资者欢迎的投资品种。金融债券的发行一般要经过本国中央银行的审查批准，经允许后在金融机构自己的营业网点以公开出售的方式发行。

3. 公司债券

公司债券是指公司依照法定程序发行，保证其按特定期限在将来还本付息的债权、债务凭证。从严格意义上说，公司债券的发行主体应是股份有限公司。但有些国家也允许非股份有限公司的企业发行债券。所以，通常将公司债券和非公司企业发行的债券统称为公司（企业）债券。公司债券利息的支付不以公司是否盈利为条件，到期公司必须支付。因此，与股票相比，公司债券收入固定，风险相对较小。但公司自身的状况千差万别，有的公司实力雄厚、信用度高，有的公司经营状况较差、信用度低。因此，公司债券的风险相对于政府债券和金融债券要大一些。公司为了筹集到所需资金，不断设计出新品种的债券，以吸引投资者。因而，公司债券的种类多种多样，其中有些品种是公司债券所特有的，主要包括：

（1）参与公司债券和非参与公司债券。非参与公司债券是一般的公司债券，其投资者按规定的利率取得利息。参与公司债券的投资者除了得到事先规定的利息外，还可以在一定程度上参与公司的盈利分红，而参与分红的比例和具体方式则在发行债券时予以明确规定。

（2）设备信托公司债券。发行这种债券的一般做法是：发行人与信托机构签订合同，以发行债券所筹资金购买设备，并将这些设备作为抵押品抵押在信托机构。

（3）收益公司债券。这是一种特殊的公司债券。它与普通债券一样有固定的到期日，清偿时的顺序也先于股票，但它同时具有某些股票的特征。收益公司债券的利息只在发行公司有盈利时才支付，如果当年没有盈利或盈利不足以支付，未付利息可以累加，待公司收益改善后再补发。所有应付利息付清后，公司股东才可以享受分红。

（4）附新股认购权公司债券。附新股认购权公司债券的购买者可以按预先规定的条件（如认购价格、认购期间和认购比例等）在发行公司新发股票时享有优先认购新股的权利。这种债券有两种类型：一种是可分离型，即债券与认股权可以分离，认股权可以单独流通转让；另一种是非分离型，即认股权不能与债券分离，不能单独流通转让。

（5）可转换公司债券。可转换公司债券是指在一定的期限内依照约定的条件可以转换成普通股股份的公司债券。转换的选择权通常在投资者手中。当公司的利润显著增长时，投资者可将其转换成股份，以分享公司未来的成长收益；否则，就继续以债券形式持有，以获得稳定的利息收益。可转换公司债券一般要经股东大会或董事会决议通过才能够发行，而且在发行时应明确规定其转换期限和转换价格。

可转换公司债券兼具债券与股票的特点，且是否转换的选择权在投资者手中，所以，这是较受投资者欢迎的一类债券。但同时，正是由于可转换债券具有普通公司债券所不具备的转换为股票的权利，因此其利率一般较普通债券低。公司发行可转换债券可以降低筹资成本，当投资者选择将其转换为股票时，公司还可减轻还本付息的压力，但公司原有的股权结构将受到影响。

我国证券市场早期就进行过可转换公司债券的试点，如深宝安、中纺机、深南玻等企业先后在国内外发行了可转换公司债券。1996年，我国政府决定选择有条件的公司进行可转换公司债券的试点，并于1997年颁布了《可转换公司债券管理暂行办法》。根据该办法的规定，在我国，上市公司以及未上市的重点国有企业都可以发行可转换公司债券。上市公司发行可转换公司债券的，以发行可转换公司债券前一个月股票的平均价格为基准，上浮一定幅度作为转股价格。重点国有企业发行可转换公司债券的，以拟发行股票的价格为基准，按一定比例折扣作为转股价格。上市公司发行的可转换公司债券，在发行结束六个月后，持有人可以依据约定的条件随时转换股份。重点国有企业发行可转换公司债券，在该企业改建为股份有限公司且其股票上市后，持有人可以依据约定的条件随时转换股份。可转换公司债券到期未转换的，发行人应在五个工作日内还本付息。

此外，公司债券还有一个很大的特点：其关系人除了发行者和投资者双方外，还包括受托人。受托人是为保障公众投资者的权益，接受发行企业的委托代表全体公司债券持有人的利益，与发行企业进行交涉并订立合同，代债权人行使索赔等权利的证券机构。例如，企业为发行担保债券所设定的动产抵押权或不动产抵押权，都由受托人代表全体债权人取得。

（二）短期债券、中期债券和长期债券

根据债券期限的长短，可将债券划分为短期债券、中期债券和长期债券。

短期债券一般是指偿还期在一年以内的债券。中期债券是指偿还期为1~10年的债券。偿还期在10年以上的债券一般称为长期债券。我国国债的期限划分与上述标准相同。但我国企业债券的期限划分与上述标准有所不同。我国短期企业债券的

43

偿还期在一年以内。偿还期在一年以上五年以下的为中期企业债券。偿还期在五年以上的为长期企业债券。

（三）本币债券和外币债券

根据债券票面币种的不同，可将债券划分为本币债券和外币债券。

本币债券是在本国境内发行的以本国货币为面额，并以本币还本付息的债券。外币债券是以外国的货币为面额并以外币还本付息的债券。例如，以美元为面额的债券称为美元债券，以英镑为面额的债券称为英镑债券等。另外，外币债券在某些国家具有特殊的称谓。例如，通常称外国发行者在日本发行的日元债券为"武士债券"，外国发行人在美国发行的以美元为面额的债券则被称为"杨基债券"。外币债券的发行者多为国际组织、外国政府、外国金融机构、跨国公司等。

（四）固定利率债券、浮动利率债券和累进计息债券

根据对利率的不同规定，可将债券划分为固定利率债券、浮动利率债券和累进计息债券。

固定利率债券也称定息债券，此类债券在发行时就明确规定了债券利率，并且该利率在整个有效期内固定不变，债券发行人将按此利率支付利息。固定利率债券有利于投资者事先明确投资的名义收益，但它使投资者承受了较大的利率风险。当市场利率上升时，持有固定利率债券的投资者就会蒙受损失。尤其对长期债券，如果利率固定，其投资者承受的利率风险会更高。

浮动利率债券是指发行人在发行债券时，规定债券利率以预先选定的某一市场利率为参考指标，随参考利率的波动而变化。债券发行后，应当隔一定的时间间隔（一般为三个月或半年，需事先规定），根据参考利率的变动情况对债券利率进行调整。在通货膨胀期和利率上升期，持有固定利率债券的投资者会遭受损失。因此，在这种时期，人们往往不愿意购买固定利率债券。而浮动利率债券就应运而生。由于其利率可以随市场利率的波动而变化，所以在通货膨胀时期或利率上升时期，就可以通过对债券利率的调整来减少或避免投资者的损失。但正如一把双刃剑一样，浮动利率债券在利率上升时可以减少投资者的损失风险，浮动利率在利率下降时则会减少投资者可能获得的收益。为使其对投资者产生更大的吸引力，有的浮动利率债券规定了一个利率下限时，即使市场利率低于该债券规定的利率下限，仍按利率下限付息。这就在一定程度上保障了投资者的收益。此外，当利率变动比较频繁时，往往会给浮动利率债券的账务处理和计息工作增加负担。因而，发行人往往在利率调整上采用一些简化的做法。例如，事先规定一定的利率变动幅度，只有当实际市场利率的变动达到或超过了这一幅度，才能对债券利率进行调整。这样，就可减少债券利率的调整次数，减轻工作量。浮动利率债券一般为中期债券。这是因为，一年以内的短期债券受利率变动的影响较小，没有浮动的必要，而长期债券浮动利率的计算又过于复杂。

此外，还存在一种累进计息债券。这类债券的利率也是变动的。但与浮动利率债券不同的是，累进计息债券的利率不随市场利率变动，而是按投资者投资同一债券期限长短计息，期限越长，利率越高，即利率只上浮，不下浮。因此，此类债券

的偿还期限通常是浮动的，规定有最短持有期限和最长持有期限以及基础年利率和利率递增率。例如，某债券最短持有期限为一年，最长持有期限为三年，基础年利率为8%，利率递增率为1%。那么，如果投资者持有该债券满一年要求偿付时，按8%计息；投资者持有该债券满两年要求偿付时，则第一年按8%计息，第二年按9%计息，两年平均利率为8.5%（单利）；投资者持有该债券满三年要求偿付时，则第一年按8%计息，第二年按9%计息，第三年按10%计息，三年平均利率为9%（单利）。中国工商银行于1987年10月在全国各地发行过此类债券，最短持有期限为一年，最长持有期限为五年，基础年利率为8%，利率递增率为1%。

（五）息票债券、贴现债券和到期付息债券

根据利息支付方式的不同，可将债券分为息票债券、贴现债券和到期付息债券。

息票债券亦称剪息债券、附息债券或联票式债券。此类债券的券旁附有称为息票的小纸券，上面记录着付息日期和金额。持券人按照约定的期限（一般为六个月或一年）到指定的付息处，凭剪下的息票领取利息。因此，息票债券实际上是一种分期付息的债券，债券上所附的息票张数视债券期限与付息次数而定。比如期限为三年，每六个月付息一次的债券就有六张息票。这样每半年剪下一张息票，待剪完全部息票时，债券到期，遂行还本。息票债券的发行者一般委托证券机构或银行代为兑付本息。国外的公司债券和公债中有相当部分是采用息票债券的形式。息票债券有两大特点：一是期限较长，二是在还本之前分次支付利息。实际上，息票债券具有复利性质，因此其票面利率一般要比单利计息、到期一次还本付息的债券低一些。

贴现债券又称贴息债券或无息票债券。这是一种发行时不规定利息率，也不附息票，只是按一定折扣出售的一种债券。债券到期时按面额还本，发行价与面额之差就是利息收入。因此，这类债券在发行时就等于使投资者立即获得债息收入。贴现债券一般期限较短。国外的政府债券和金融债券都普遍采用这种类型。我国工商银行在用当前发行的所谓贴水债券，实际上就是一种贴现债券，其偿还期为三年零三个月，面额有100元、500元、1000元三种，折价发行，价格分别为75元、375元、750元。目前，我国的国库券也通常采用贴现方式发行。

到期付息债券是在债券到期时一次性支付全部利息。此类债券的到期收益即为按票面利率计算出的到期利息收入。

（六）公募债券和私募债券

根据债券募集的方式不同，可将债券分为公募债券和私募债券。

公募债券是以不特定的多数投资者为对象，公开向社会公众发行的债券。由于公募债券涉及众多的社会投资者，所以在发行时受到很多的限制，要求具备更高的发行条件。例如，发行者必须具备较高的信用等级（一般为政府、政府机构、大金融机构、大公司等）；必须向主管机关提交证券发行注册申请书，公开内部财务信息；要接受证券评级机构的资信评定，向社会投资者提供投资决策的参考依据；有时需要提供抵押和担保，等等。因此，公募债券一般信誉较好，部分债券可以在证券交易所上市交易。但相对来说，公募债券发行手续较为复杂，成本较高。公募债券的优点是：①公募债券的发行对象不受限制并且其发行量一般都比较大，因此可以筹集到巨额资金；②公募债券的投资者遍布全社会，其发行者可以借此提高自身的知名度，扩大社会影响；③可以通过众多投资者的选择，达到社会资金的合理流动和合理配置。

私募债券不是面向一般投资者，而是面向特定的对象（通常是本企业职工或其他与发行人有特定关系的投资者，如与其有业务往来的客户、银行、保险公司等）发行的债券。和公募债券相比，私募债券具有以下优点：①免于向主管机关注册申报，手续简单，可迅速筹到所需资金且发行费用低。由于私募债券的发行对象有限，且一般与筹资者都有某种特定关系，因而投资者对筹资者的资信状况、财务状况等都较为熟悉，可以自行判断投资风险，因此很多国家的法律对私募债券发行的规定都较为宽松，一般不要求发行者向政府部门登记，也不必提供有关文件和资料。因此，私募债券发行的手续简便，发行成本也较低。②因为投资者人数相对较少，这样有利于发行者按照特殊的需要设定债券的金额和期限。③它使一些资信状况较差、不具备公募发行资格的筹资者也能通过债券形式筹资。私募债券的发行者一般为中小企业，但有时大企业为了节省发行费用，也可能采用此种发行方式。

与公募债券相比，私募债券存在以下缺点：①私募债券不利于提高发行者的社会知名度；②由于私募发行的范围受到限制，因此利用私筹债券比较难于筹集到巨额资金；③私募债券的利率一般高于公募债券；④私募债券一般不能公开上市交易，而且需持有超过一定期限之后，才能转让给他人，因此缺乏流动性。

（七）注册债券、记名债券和不记名债券

根据债券记名与否，可将债券划分为注册债券、记名债券和不记名债券。

注册债券又称登记债券或登籍债券，是指由专门承办登记注册事务的有关机关将债券购买者的姓名、地址及所持债券的权利内容等登记在册，并发给购买者注册证书以代替债券本身的一种债券。债券的发行人只对被登记在册的持有人偿还本金和支付利息。注册债券的购买者所领到的注册证书中标明了债券的性质、面额、种类、各种面额的张数、总金额和债券的号码等。该证书仅用于证明有关债券的权利已依法予以登记。它本身不是有价证券，既不能买卖，也不能用于抵押。注册债券转让时，必须由出让人和受让人双方签署正式的转让文件。受让人到注册机构出示转让文件且进行重新登记注册以后，才能成为合法的债权人。注册债券可通过两种方式形成：一种是在发行债券时就不发行实际的债券，而由投资者直接以注册登记的方式认购债券；另一种是投资者将持有的实际债券改为注册形式，即投资者交回手中的债券，同时在注册机构进行注册登记。发行注册债券的优点是：可以避免债券的遗失、盗窃、污损等；节约债券印制、保管、运输等费用，降低发行成本；债券利息支付手续简便。

注册债券方式深受认购金额较大且持有期限较长的投资者喜爱。例如，私募债券通常采用注册债券的方式发行。因为私募债券的投资机构少，每个机构的投资金额较大，债券转手的情况也比较少。当然，公募债券也可以进行登记注册。日本是发行注册债券的典型代表国家。

记名债券是指在券面上注明债权人的姓名（或机构名称），同时在发行公司注册登记的债券。记名债券的优点是安全性较高，如发生意外，可向发行公司挂失。但记名债券在转让时，不仅要支付买卖手续费，而且需支付过户手续费，转让成本相对较高。英、美等国发行的公司债券大多是记名债券。

不记名债券是券面上不载明债权人的姓名（或机构名称），也无须在发行公司注册登记的债券。投资者以持有债券来证明其债权人的身份。发行公司则对任何持有债券者支付利息和本金。不记名债券的缺点是债券遗失或损毁后不能挂失，投资者将因此蒙受损失。不记名债券的优点在于其转让非常简便，只将债券转手即可，不需要办理过户手续。因此，不记名债券的流动性较强。在日本，大多数债券采用不记名方式。在西方国家，不记名债券一般附有息票，属息票债券。

（八）信用债券和担保债券

根据债券的信用保证程度的不同，可将债券分为信用债券和担保债券。

信用债券是指发行人不以特定的资产或他人的信用做保证，而完全凭借自身的信用来发行的债券。政府债券和金融债券一般都是信用债券。此外，一些信誉卓著，经营业绩良好的大企业也可以发行信用债券。在企业发行债券是否需要提供担保（包括抵押和保证）的问题上，各国的做法各有不同。例如，美国就并不要求发行企业一定要提供担保，因此美国的信用债券为数不少。而日本长期以来一直实施较为严格的担保制度。随着企业财务素质的提高，担保制度已有所松动，1979年，日本松下电器公司发行了日本战后第一笔信用公司债券。此后有不少的企业纷纷仿效。

担保债券是指以特定的财产或他人的信用作为担保而发行的债券。担保债券通常为企业所采用。对于信用级别不是很高的企业来讲，发行担保债券可以提高债券的安全性，增强其吸引力，从而促进企业债券的发行。当然，从客观上看，担保债券也有利于保障投资者的利益。担保债券又可细分为抵押债券、质押债券和保证债券。

抵押债券是指以土地、设备、房屋等不动产为抵押品而发行的债券。当发行者不能履行还本付息义务时，债券持有者有权变卖抵押品来抵付。若抵押品的价值很大，可以以此抵押品为多次债务设定抵押权，并且按抵押权设定的先后次序将其分别列为第一顺位抵押权、第二顺位抵押权、第三顺位抵押权等。拍卖抵押品后所得的现金应首先清偿享有第一顺位抵押权的债权人。清偿完后若有剩余，再清偿享有第二顺位抵押权的债权人，以此类推。若处理抵押品后所得的资金不足以清偿抵押债券持有人的债务，那么抵押债券的持有人还可以作为普通债权人参与公司其他财产的索赔。

质押债券是指发行企业以有价证券作为担保品所发行的公司债券。发行此类债券时，发行企业必须将作为抵押品的有价证券交由作为受托人的证券机构保管。当到期发行者不能还本付息时，由受托人负责处理抵押品并代为偿债。

保证债券是指发行企业以他人信用为担保发行的债券。担保人可由政府、金融机构或其母公司充当。保证债券的信用程度在很大程度上取决于担保者的资信程度。

（九）到期偿还债券、期中偿还债券和展期偿还债券

根据债券本金的偿还方式，可将债券分为到期偿还债券、期中偿还债券和展期

偿还债券。

到期偿还债券按照债券发行时规定的期限，在到期时一次全部偿还本金。这种偿还方式手续简便，计算方法简单。

期中偿还债券是指在最终到期日前可偿还部分或全部本金的债券。期中偿还债券的目的主要在于分散债务人到期一次还本的压力。期中偿还债券在发行时就必须对债券的宽限期、偿还率等事先做出规定。宽限期是指债券发行后不允许提前偿还的时期。例如，某债券的期限为十年，可提前偿还，宽限期为五年，则表明该债券至少要发行五年以后才能提前偿还。偿还率是指每次偿还的债务额占发行总额的比例。如上述的债券从第六年开始，每年一次，分五次偿还完本金，每次偿还发行额的20%，则偿还率为20%。期中偿还债券又可分为定时偿还债券和随时偿还债券两种情况。定时偿还债券是指期中偿还的具体时间安排在发行时就予以规定，到时则按规定执行。随时偿还债券对发行人更为有利。发行人通常会在市场利率急剧降低时提前偿还债券，再以低利率发行新债券以降低筹资成本。显然这种做法会损害投资者的利益。因此，有的国家对采用随时偿还设立了一些限制性条款。在提前分次偿还时，发行者通常会采用抽签的方式来决定每次偿还哪一部分债券。有时，发行者也会采用买入注销的办法来达到提前偿还的目的。买入注销是指发行人在债券到期前按照市场价格从流通市场上购回自己发行的债券而注销债务。这种方法既可使债券发行人拥有提前偿还债务的主动性，又不损害投资者的利益。因为流通市场上的债券买卖完全遵循自愿的原则。买入注销在许多国家是偿还政府债券的一种常用方式。

三、债券市场的功能

经过几百年的发展，债券市场已成为货币市场和资本市场的重要组成部分。它对社会经济的发展起到了重要的推动作用。概括起来，债券市场的功能主要体现为以下几个方面：

（一）债券市场为政府、企业、金融机构及公共团体筹集资金提供了稳定的重要渠道

政府的主要资金来源是税收，但在出现财政赤字和需要扩大公共开支的情况下，政府往往通过发行债券的办法来筹集资金，弥补财政赤字或进行公共建设。金融机构也往往通过发行金融债券的办法来筹集资金，满足社会对信贷资金的需求。企业获取资金的渠道主要有两条：①通过间接融资渠道从银行获得贷款；②通过直接融资渠道即通过发行债券或股票来筹集资金。从银行取得贷款要受到贷款条件、贷款额度等限制。发行股票的审批程序又相对较严。而发行债券在筹集资金的数额、期限、利率等方面所受的限制相对较小，审批要求相对较为宽松，从而成为企业筹措长期稳定资金的重要渠道。

（二）债券市场为投资者提供了一条良好的投资渠道，有利于促进储蓄向投资的转化

债券作为一种投资对象或金融资产，与银行存款相比，更能体现营利性与流动

性的统一。其利息一般较银行存款更高，又能在二级市场上迅速变现。与股票相比又具有更高的安全性和稳定性。因此，债券市场吸引了为数众多的机构投资者和稳健的个人投资者，成为将储蓄转化为投资的重要渠道，对于社会再生产的运行以及经济的发展都起到了巨大的推动作用。

（三）债券市场有利于优化资源配置

在债券市场上，债券发行者承担了还本付息的责任，因此必须将所筹资金用于效益较好的投资领域。而债券的投资者从自身利益出发在选择具体的投资对象时，势必要充分考虑债券发行者的资信状况以及未来的盈利状况，将资金投向那些资信度较高、发展前景和经营状况较好的企业。这就在客观上促进了资金及资源的优化配置，也促进了产业结构的调整。

（四）债券市场为政府干预经济、实现宏观经济调控目标提供了途径

政府对经济的干预和调节，除了通过对税收总量及结构的调整外，还可以通过发行公债来进行。如当经济低迷时，政府可以通过发行公债，筹集资金来扩大政府开支，加强公共设施建设，最终实现增加社会有效需求、增加社会就业、刺激经济增长的目标。

（五）债券市场是中央银行进行公开市场业务、实施货币政策的重要场所

公开市场业务是中央银行在债券市场上买卖国债以调节货币供应量、稳定经济的一种手段。它是中央银行三大货币政策工具之一。在市场经济条件下，它发挥着重要的作用。当经济过热时，中央银行在债券市场上抛出债券，以减少货币供给量、抑制经济的过度膨胀；当经济衰退、资金紧缺时，中央银行则在债券市场上购进债券，以增加货币供给量、刺激经济增长。这种调节过程是一种微调的过程，不会给经济造成大的震荡，且可以进行日常性的操作，非常方便。因而，公开市场业务已成为很多国家中央银行频繁采用的经济调节手段。而债券市场的存在和一定程度的繁荣，则是该手段实施的前提条件。

第二节　债券的发行市场

债券的发行市场亦称债券一级市场，是指将新发行的债券从发行者手中转移到初始投资者手中的市场。债券发行市场的主体主要包括债券发行者、债券投资者及债券发行的中介机构。债券发行者包括政府、金融机构、企业等。债券投资者包括机构投资者和个人投资者。债券发行的中介机构是指代理债券发行，或提供其他相关服务的机构，如银行、证券公司、信托投资公司、证券评级机构等。

一、债券发行的目的

债券的主体不同，其发行目的也相应有所不同。政府发行债券的目的：①弥补财政赤字；②筹集资金，以增加公用事业的开支；③弥补到期债务的本息。金融机构发行债券主要是为了增加信贷资金来源，从而扩大信贷规模，促进经济和自身经

营业务的发展。

　　企业发行债券的根本目的在于筹集长期稳定的资金，以扩大生产经营规模。当然企业也可以通过向银行借款或发行股票的方式来达到这一目的。这三种筹资方式各有利弊：①从筹资成本来看，企业发行债券或向银行借款都需按既定的利率水平支付利息，而对股利的支付则是不固定的。银行作为中介机构要在企业和直接投资者之间赚取一定的利差收益，因此在其他条件相同的情况下，企业向银行借款的利率通常会高于发行债券的利率。但是，发行债券或股票的发行费用通常比向银行申请贷款所需的费用高。②从筹资规模来看，发行债券或股票的筹资规模通常都较大，而银行贷款的规模则可大可小。③从筹资的灵活性来看，与发行股票相比，发行债券或向银行借款的方式更为灵活，资金可进可出，企业可根据实际需要调整发行债券或借款的频率和金额，灵活确定债券的偿还期或借款期限，避免出现过剩资金。而股票则没有偿还期且不能退股。④从对企业控制权的影响来看，股票持有者作为股东即企业的所有者有权参与企业的经营决策，而债券的持有者或银行作为债权人只有权按期收回本息，不能参与企业的经营决策，因而通过发行股票的方式筹集长期资金会影响老股东对企业的控制权，而发行债券或向银行借款则不会影响老股东对企业的控制权。⑤从对税收支出的影响来看，由于发行债券或向银行贷款的利息在税前支付，而股息、红利是在税后支付的，因此对企业来说，发行债券或向银行借款可以相对减少税收支出。

二、债券发行的条件

　　债券发行的条件是指债券发行者在以债券筹集资金时所涉及的有关条款和规定。任何政府、金融机构或企业要发行债券都必须遵循一定的规定即条件。债券发行的条件是债券发行能否成功的关键。债券的投资者希望以最少的资金获取最大的收益，而债券的发行者却希望以最少的利息获取最大的资金使用权。债券发行的条件就是筹资与投资双方相互妥协、协调，最终共同接受，并确定下来的各种条件。债券发行的条件既关系到发行人的筹资成本和发行目标的实现，也是投资者做出投资决策的主要依据。债券发行的条件包括发行的金额、期限、利率、发行价格、偿付本息的方式、税率以及有无担保等。这些条件彼此相互作用，共同影响投资与融资双方的收益和成本。其中，比较重要的发行条件有以下几项：

　　（一）债券的发行额

　　发行额是发行一次债券筹集资金的总额。发行额主要取决于发行人资金的需要量，同时还受制于发行人的资信程度、还本付息能力、法定的发行最高限额以及当时市场的吸纳能力等的限制。若发行量过少，不能满足发行人对资金的需要，而且若再次发行，又需要花费大量的时间和手续费；若发行量过多，会影响发行的效果和发行后债券的市场价格，进而会影响企业的形象。所以，如何确定一个合适的债券发行额是企业在发行债券时必须考虑的一个重要问题。

　　（二）债券的期限

　　债券的期限是指从债券的发行日起到还本日止的这一段时间。债券的期限，主要取决于以下几个方面的因素：

1. 发行人对资金需求的时间长短

这是决定债券期限的最主要的因素。企业发行不同期限的债券如果是为了弥补短期资金失衡而发行债券，那么债券的期限应较短；如果是为投资于某长期项目而发行债券，那么债券的期限应较长，并且要与项目建成的时间相适应。

2. 对未来市场利率水平的预期

市场利率水平的变动会对筹资者的实际筹资成本产生影响。为尽可能地降低筹资成本，债券发行者应根据对未来市场利率走势的预期，调整债券的期限。如果预期未来市场利率趋升，那么发行者应尽可能发行较长期的债券，以便将筹资的利息成本固定在当前的较低水平上；如果预期未来市场利率趋降，那么发行者应发行期限尽可能短的债券。等到利率降下来时，旧债券到期，便可以更低的利率发行新债券，从而降低整体筹资成本。当然，发行者在确定债券期限时，也要考虑投资者对未来利率水平的预期以及他们对债券期限的接受程度。

3. 债券流通市场的发达程度

债券流通市场的发达程度，也直接影响债券的期限。流通市场发达，意味着债券可能在二级市场上很容易转让，那么即使债券期限长一些，对投资者套现也不会产生太大影响。在这种情况下，企业债券的期限就可以确定得长一些。反之，若流通市场欠发达，债券转手困难，那么投资者显然就不愿接受期限长的债券；否则，将影响其资产的流动性。在这种情况下，筹资人就只能发行期限较短的债券。

4. 发行者的信用级别

一般来说，发行者的资信程度越高，其发行的长期债券被投资者接受的可能性就越大。所以，信用级别高的企业较易发行长期债券，而信用级别低的企业一般只能发行短期债券。

此外，投资者的心态和储蓄习惯、物价变动状况、当时市场上其他债券的期限构成等，都是确定债券期限时需要考虑的因素。

（三）债券的利息

债券的利息条件包括票面利率水平、计息方法以及付息方式。票面利率又称名义利率，是指发行者在一定时期内（通常是一年）向投资者支付的利息占票面金额的比率。票面利率直接影响投资者的收益水平和筹资者的筹资成本。债券的计息方法和付息方式影响投资者的实际收益。因此，利息条件是债券发行的一个非常重要的条件。

1. 利率水平

影响债券利率水平的因素很多，主要包括以下几个方面：

（1）银行定期存款利率水平。银行存款和债券投资是两种不同的投资方式。投资者必然会在这两种方式之间进行收益风险的比较和选择。由于银行信誉高于企业，所以企业债券的利率应高于同期银行存款的利率。

（2）债券期限的长短。债券期限的长短是确定债券利率水平的重要因素。在一般情况下，债券的期限较短，则利率较低；债券的期限较长，则利率较高。这是因为前者受利率波动影响较小，后者受利率波动影响较大。而且，短期债券可以及时收回本息，收益部分可用于再投资，尤其是在市场利率趋升时短期债券的优势表现得特别明显。

（3）债券发行人的信用级别。在同一类型的债券中，也会因为发行主体的信用级别不同而导致利率水平上的差异。因为发行者的信用级别反映了债券的安全程度，而利率水平则代表收益的高低。投资者在进行投资决策时，既要考虑收益水平，也要兼顾安全。因此，发行主体信用级别较高的债券其利率水平可以相对较低；反之，发行主体信用级别低的债券则需要适当提高利率水平来吸引投资者。当然，与债券信用有关的因素除了发行主体的信用级别外，还包括有关的抵押、担保条款等。

（4）债券流通市场的收益率。在确定债券利率时，应考虑到当时流通市场债券的一般收益率水平，特别是那些替代性较强的债券的收益率水平。

（5）利息支付方式。单利、复利和贴现利率对投资者的实际收益和发行者的筹资成本的影响是不同的。贴现计息、到期一次还本付息与分期还本付息对投资者的实际收益和筹资者的实际筹资成本的影响也是不一样的。因此，在不同的情况下，利率水平的确定应有所不同。

此外，投资者与发行人双方的接受程度以及主管当局的有关规定也是应考虑的因素。

2. 计息方法和付息方式

计息方法有三种：①以单利计息，即利息按本金逐期计息，债券未偿还前所生的利息不加入本金重复计算。其计算公式为：利息＝本金×年利率×期限。②以复利计息，即把债券未到期所生的利息加入本金、逐期滚存生息。其计算公式为：利息＝本金×［（1+年利率）^{期限}−1］。③贴现计算，即投资者按低于票面额的价格买进债券，到期发行者按票面额偿还本金，票面额和发行价格之间的差额即为投资者的名义利息收入。利息率＝（面额−发行价）/发行价，贴现率＝（面额−发行价）/面额。付息方式分为一次付息和分次付息两类。一次付息是指无论债券的期限多长，从发行到偿还这段时间内只支付一次利息。一次付息是在债券到期时与还本金一起进行，被称为利随本清；若是在债券发行时就已从面额中扣除，则被称为贴现付息。分次付息是指在债券的存续期限内按约定的时间分若干次支付利息。分次付息又可分为按年付息、半年付息、按季付息三种方式。

一般说来，在利率水平相同的前提下，以单利计息，并以利随本清的方式付息时，投资者所得的实际收益最低；以单利计息，并分次付息的方式实际上等同于以复利计息。因为投资者可将提前获得的利息用于再投资，所以投资者的实际收益高于单利计息、利随本清的形式。以贴现方式付息时，利息在购买债券时就已支付，因此投资者可能获得的收益会更高一些。

当然，对投资者有利的计息方式或付息方式，反过来说对筹资者就会较为不利。在实际确定计息、付息方式时，要权衡双方的利益，同时还要考虑本国投资者的习惯、通货膨胀率等因素。

（四）债券的发行价格

债券的发行价格是投资者购买新发行债券时所实际支付的价格。债券的发行价格既可以与票面额一致，也可以不一致。这是因为，从债券票面利率确定到实际发行之间要经历一定的时间间隔。在这段时间之内，市场利率可能发生了变化，从而使票面利率与市场利率不相符。这时若还按票面额出售，那么就可能使投资者的收益低于市场收益率，从而使债券失去吸引力，或者使筹资者的筹资成本过高。为了避免这种情况，可行的做法是，通过调整债券的实际发行价格来调整债券的收益率，使其与当时的市场收益率水平保持一致，这就导致了债券发行价格与票面额不等的情况。

若发行价格等于票面额，称之为平价发行，这是在市场利率水平未改变的条件下采用的发行方式；若发行价格高于票面额，称之为溢价发行，这是在市场利率上升的条件下采用的发行方式；若发行价格低于票面额，称之为折价发行，这是在市场利率下降的条件下采用的发行方式。贴现发行是折价发行的一种形式。

三、债券发行的方式

债券发行的方式可分为直接发行和间接发行两种。

直接发行是指发行人自己办理有关发行的一切手续，并直接向投资者发行债券的方式。直接发行中，由于没有中介人的介入，企业可以节省佣金支出，但发行人必须自己办理各种发行手续，为此所耗费的人力、物力有时反而会比手续费更高。而且发行人还必须承担债券不能如数发行的风险。直接发行方式一般用于私募债券和金融债券。还有一些大型企业，其信誉较高，社会公众对其比较了解，当其发行债券的数量不大时，也可能采用直接发行方式。

间接发行方式又称委托代理发行，是指债券发行者委托金融中介机构办理发行债券的方式。间接发行方式是公开发行中使用的一种方式。公开发行债券的手续非常复杂，它需要办理者有专门的知识和技术经验以及众多的营业网点。普通企业一般不具备这些条件，因此单靠企业自身来完成发行工作是一件很困难的事。证券机构和投资银行不仅具有雄厚的资金实力和众多的机构网点，而且具有专门的人才和信息，由它们来代理企业发行债券，可以提高发行的效率，使资金迅速到位。

根据中介机构对债券发行所承担的责任，又可将间接发行分为代理发行、余额包销、全额包销等形式。

在代理发行方式下，代理发行机构只负责按发行人规定的条件销售债券，它不必垫付资金，也不承担销售风险。到了合同规定的发行期限尚未推销出去的债券可以退还给发行人，代理机构没有义务认购。此种发行方式的风险全部由发行者承担，但手续费较低，比较适合发行额较大且社会信誉比较高的大中型企业采用。

余额包销又称助销发行。在此方式下，发行人与代理发行机构签订余额包销合同，由代理发行机构首先以推销的方式代理发行债券，到合同规定的期限，若有尚未推销出去的剩余债券，将由代理发行机构全部认购下来，以保证发行人筹资计划的顺利实现。在这种发行方式下，代理发行机构要承担债券不能如数售出的风险，因此其收取的手续费较高。

全额包销方式是指代理发行机构一开始就用自己的资金将代理发行的债券全部

购入，然后向社会公众公开销售。在这种发行方式下，代理发行机构要承担全部的销售风险，而且必须预先将全部资金支付给发行人，所以其收取的手续费要大大高于前两种形式。对于筹资者来说，虽然筹资成本较高，但它不必承担任何发行风险，而且可以及时获得资金。因此，这种发行方式适合于社会知名度较低而又急需资金的中小型企业。

在全额包销方式中，根据承销人的多少和风险的分配形式不同，又可区分为协议承销、俱乐部承销和银团承销三种形式。协议承销是由一个承销人单独包销全部待发行的债券，所有的发行风险由此家公司单独承受。当然，发行手续费也全部归这家公司所有。俱乐部承销是由若干承销公司共同包销全部待发行的债券。每个公司的包销份额相等，因此包销风险和全部包销手续费收入也由这些公司分摊。银团承销形式是指由一个承销人牵头，若干承销公司参与包销活动，以竞争的形式确定各自的包销份额，并根据包销份额规定包销费率，组成承销银团。在这种发行方式下，全部的发行风险和发行手续费都根据各承销商的承销份额加以分配。这种方式将竞争机制和风险分散机制引入债券的承销过程中，对于发行人降低成本和承销人减少风险都很有利，因此，这是目前债券发行市场上最常见的一种包销方式。

四、债券发行的成本

债券发行的成本是指债券发行者为筹集一定的资金所支付的除票面利息以外的全部费用。一般来说，债券的发行成本应包括以下八项内容：

（一）发行价格和票面额的差价

发行价格是指债券发行时的实际出售价格。票面额是债券票面所确定的金额，它是债券凭以偿还本金与计算利息的金额。若债券以平价发行，则两者相等；若债券是折价发行，那么两者的差额会引起发行成本增加；若债券是溢价发行，那么两者的差额会引起发行成本减少。

（二）资信评估费用

企业在通过公募方式发行债券时，必须请专门的评估机构对企业的资信状况进行评估。只有资信状况较好的企业，才能获准发行债券。为了进行资信评估，企业必须向评估机构支付一定的费用，该项费用也应计入发行成本。资信评估费用一般是按照债券发行总额的一定比例来支付的。

（三）债券印制费

债券印制费是指印制债券书面凭证的费用。债券印制费与债券印制质量有关。债券印制费一般包括债券设计费、纸张费、印刷费等。随着债券发行无券化方式的推行，此项费用将从债券的发行成本中消失。

（四）代理发行手续费

代理发行手续费是指采取委托代理发行方式时，由发行者支付给承销机构的手续费。发行债券的手续费按债券发行额的一定比率计算。该手续费率的高低与发行方式有关。承销机构承担的发行责任越大，手续费率就越高。根据现行有关规定，一般代销发行的手续费在3‰左右，余额包销的手续费率在8‰左右，全额包销发行的手续费率为12‰~14‰。当然，如果发行者自营发行，就不必支付这笔手续费。

（五）广告宣传费

为了使广大社会公众了解企业，提高企业的知名度，以保证企业债券顺利发行，企业必须花费一定的广告宣传费，尤其是一些不为公众所知的企业，更应花费较多的支出用于广告宣传上。广告宣传费用的多少，视广告宣传的形式、范围的不同而不同。在市场竞争的条件下，支付一定的广告宣传费用是非常必要的，它不仅可以有助于企业筹足资金，而且扩大了企业的影响，对于促进企业以后的生产发展也有积极作用。

（六）担保费

自身信誉不是很高的企业，为了提高其债券的信用度，保证其顺利发行，往往需要请第三者对其债券进行担保。担保者在发行企业到期无力支付本息时要承担偿还的责任，因此发行企业必须支付一定的担保费用给担保人。担保费用是按被担保金额（即发行额）的一定比例收取。此比例一般为5‰左右。

（七）律师费

企业发行债券要涉及许多法律问题，为此，需聘请专业律师来处理各项法律事务。付给律师的酬劳也应计入发行成本。

（八）审批费用

审批费用是指发行企业支付给证券主管机关的费用。这项费用用于主管机关为审查债券发行事宜所发生的开支，审批费用的高低，各国的规定不尽相同。私募发行在许多国家是不需经过审批的，因此可节省一笔审批费用。

五、债券发行的程序

（一）公司债券的发行程序

1. 债券发行的准备阶段

公司债券发行的准备阶段是指公司内部就债券发行的有关问题进行研究决策的阶段。在该阶段主要应完成的工作包括：

（1）进行可行性论证。企业发行多是为一定的建设项目服务，因此，在发行债券前必须对投资项目的经济效益和还本来源进行预测。如果投资的目的是生产新产品，那么这种产品未来的市场前景如何？其盈利能力如何？如果是将资金用于设备技术改造，那么这种改造究竟可以给企业带来多大的经济效益？对这些问题都必须进行科学的论证。对投资方案的预期现金流量、预期现金流量的风险、投资方案的收入现值等都必须进行科学的计算和定量分析，以确认项目的可行性。此外，发行企业还必须充分了解证券市场的现状，把证券筹资与从其他渠道筹资的可能性、成本、金额等进行全面的比较。同时，企业还必须对发行手续、发行成本、发行金额、发行期限、发行时机和税收规定等方面有全面的了解，对自身的信誉状况、资金成本的承受能力要有清醒的认识。也就是说，除了要确定投资项目的可行性外，还要确定发行债券的可行性，这样才能为发行成功打下基础。

（2）制定发行文件。在可行性论证的基础上，公司要制定出初步的发行文件。

55

文件内容除了可行性报告以外，还应包括此债券发行的初步方案，如债券的期限、利率、发行范围、发行方式、还款来源等。发行文件是债券发行实施阶段公司与承销机构进行谈判，确定发行内容的主要依据。

（3）董事会决议。发行公司债的决议必须要由2/3以上董事出席以及超过半数的出席董事通过方才有效。董事会决议应决定债券发行的总金额、债券面额、发行价格、利率、付息方式、发行日、偿还期限和偿还方式等内容。在准备阶段以及其后的发行谈判阶段，可能会就债券发行的有关问题多次召开董事会会议，但最终必须在债券发行前形成董事会决议。

2. 债券发行的实施阶段

公司债券发行的具体实施阶段一般应包括以下几个步骤：

（1）债券的信用评级。债券的信用评级，就是债券的评级机构根据债券发行人的基本经营状况，对其获利能力、资产价值、收入的稳定性以及公司的管理水平和发展前景等进行分析，并在此基础上对此次发行的债券的等级进行评定。在公司债券发行的具体实施阶段，公司必须首先向债券的评级机构提出评级申请并提交相应的资料。

（2）发行人与承销机构谈判。发行人与承销机构需召开多次会议进行谈判，以确定债券发行的各项条件（如债券发行的总金额、债券面额、发行价格、利率、付息方式、发行日、偿还期限和偿还方式等）、承销方式（代销、余额包销或全额包销）和承销机构的佣金。

（3）申请报批。在大多数国家，公司债券的发行必须报经有关证券主管部门批准后才能进行。申请报批的手续通常由承销机构代发行人办理。

申请发行公司债券通常需提交下列文件和资料：①发行债券申请书；②公司或企业做出发行债券的决议；③营业执照；④可行性报告；⑤债券发行章程（或称债券发行公告）；⑥经会计师事务所及注册会计师签证的反映连续盈利状况的财务报表（对连续盈利的时间要求各国有所不同）；⑦证券主管机关认可的债券评级机构出具的债券等级证明；⑧与证券承销机构签订的承销合同。

以上资料和文件中，债券发行章程尤为重要。因为债券发行章程是需要向社会公众公开的文件，其内容包含了各种发行条件。债券发行章程通常应包括以下内容：①发行者名称、地址及法定代表人；②发行者近三年的资产负债情况、经营情况（新建公司除外）以及发展前景；③债券种类、发行总金额、发售方式及价格；④债券利率以及还本付息的方式、日期；⑤承销机构名称、地址及承销金额和方式；⑥债券发行范围和购买者的权利、义务；⑦发行的起止日期；⑧其他需要说明的事项如是否上市交易、可否挂失、有无担保等。

（4）向社会公众出售债券。

（二）政府债券的发行程序

政府债券由于其发行主体的特殊性，在发行程序上与公司债券迥然不同。政府债券一般采用承购包销或投标的方式发行。

日本长期国债便是采用承购包销的方式发行。其发行的程序大致如下：

（1）大藏大臣（财政部长）根据《国债法》决定每月的发行额和发行条件。

（2）每月发行债券前召开例会。例会由参加承购集团的金融机构的常务董事和高级常务董事一级的人员参加，在该会议上对公债的发行额、发行条件等进行审核。

（3）经审核并取得认可后，由作为国家代理人的日本银行与承购集团之间签订承购合同。

（4）承购集团内部签订有关合同。

（5）正式发售债券。

（6）发行结束后，在规定的付款日，承购集团成员将发行债券的款项划交日本银行，并划入国库。

美国国库券是典型的采用招标方式发行的政府债券。其发行程序如下：

（1）提交投标单。美国财政部于每周星期四宣布7日后发行国库券的数量及有关条件，愿意认购的机构可以向联邦储备银行及其分行索取投标单，将投标单填好后再送回或邮寄回联邦储备银行及其分行。联邦储备银行及其分行在每个营业日的上午9时至下午3时接受投标单。接受投标单的截止时间为下周星期一纽约时间下午1时。

（2）决定中标者及中标价格。联邦储备银行及其分行停止受理投标后，即将投标单按照年收益率从低到高的顺序加以排列（美国国库券是以收益率进行投标，而非以债券发行价格进行投标），并由财政部进行分配。财政部首先分配给准备继续投资的外国政府及联邦储备银行，以替换即将到期的旧国库券。其次分配给所有非竞争性投标者。最后再分配给竞争性投标者，按照收益率从低到高的顺序分配，直到原定的发行数额售完为止。竞争性投标者按照各自中标的收益率认购债券。然后再将竞争性投标者的中标收益率计算加权平均数，作为非竞争性投标者认购债券的价格依据。

（3）财政部于星期一晚上宣布投标结果，同时由联邦储备银行通知各投标者是否中标。

（4）财政部于宣布投标结果后的星期四正式发行国库券。中标者必须在该日或该日之前向联邦储备银行缴款。缴款后，财政部将购买国库券的数额登载到每个认购者的国库券账户上。

第三节 债券信用的评级

一、债券信用评级的作用

债券信用评级是由专门的信用等级审定机构根据发行者提供的信息材料，并通过调查、预测等手段，运用科学的分析方法，对拟发行债券的资金使用的合理性和按期偿还债券本息的能力及其风险程度所做的综合评价。债券信用评级对债券发行者、投资者及债券的管理机构都具有重要的意义。

对债券的发行者来讲，如果其发行的债券获得了很高的信用等级，就可以提高发行者的知名度，为其树立良好的形象。在发行市场上，该债券的发行不仅可以顺利进行，而且可以以较低的利率发行从而降低成本。在流通市场上，由于其风险度较低，会受到更多投资者的追求，因而其流通价格也会维持在较高的水平上。当然，如果某种债券的信用等级较低，那么它不仅发行困难，而且筹资成本高，二级市场价格也会受到负面影响。可见，债券信用的等级将直接影响债券在一级市场和二级市场上的表现，并且将影响债券发行者的形象。

对于投资者来说，债券的信用评级为其提供了决定投资取向的参考指标。债券市场上的债券为数众多。虽然《证券法》规定了发行者要进行有关的信息披露，但一般的投资者限于时间、专业知识等方面的限制，很难对债券进行全面、客观、公正的评价。这就给投资者选择债券带来了困难。而由专业证券评级机构做出的公开的、具有权威性的债券信用评级，为投资者进行投资选择提供了重要的依据，有利于广大投资者正确、合理地选择投资对象，提高其债券投资的安全性和收益水平。

对于债券市场的管理者来说，债券信用评级不仅为其提供了一种较为客观、公正的管理与考核的依据，而且对整个债券市场的资金走向起到了引导作用，克服了由于信息不对称而造成的不公平性，也有利于证券市场的稳定。这与债券市场管理的根本目标是相一致的。

当然，需要指出的是，债券信用等级是专业证券评级机构根据债券发行者提供的资料或从它认为可靠的其他途径获得的资料而做出的客观评价。评级机构并不对这些资料承担审计义务，因此它也并不对评估结果承担法律责任。债券的信用等级只对投资者起帮助决策的作用，而不具有向投资者推荐某些债券的含义。

二、债券信用评级的原则和方法

（一）债券信用评级的原则

1. 客观性原则

债券信用评级应遵循客观性原则。所有的评定活动都应以第一手资料为基础，运用科学的分析方法对债券信用等级进行客观评价。评估结果不应受政府的意图、发行人的表白、证券业的意见或投资者的舆论左右。

2. 对事不对人的原则

债券信用评级的评估对象是债券而不是债券发行者，同一发行者在同一时期发行的不同种类的债券，其信用等级完全有可能不同。但是，在英国和日本却是对债券发行者进行评估。评估结果一年内有效。若某企业被评为 A 级，那么它在一年内所发行的债券信用等级全部为 A 级。

（二）债券信用评级的方法

1. 收集与整理资料

进行信用评级的资料一部分由债券发行人在提出评级申请时提交，另一部分由评级机构自己调查取得。其资料的内容主要包括：

（1）证明企业法人身份的有关法律文件；

（2）债券发行的条件（包括面额、发行总金额、期限、计息方式、还本付息方法等）以及发债所筹资金的用途；

（3）证明企业近几年财务状况的有关资料，主要包括各类财务报表；

（4）企业的偿债计划；

（5）有关企业的经营内容、销售状况、经营管理状况、领导者、财务政策、组织机构、信用履历等方面的资料；

（6）有关企业外部环境的资料，如企业所属行业状况、相关产品的市场状况等。

2. 分析资料

债券信用评级机构在收集与整理原始资料的基础之上，采用科学的方法对资料进行各项有针对性的分析。其内容主要包括：

（1）行业分析。进行行业分析：①要分析企业所属行业未来的发展前景；②要分析企业在同行业中的竞争能力，如企业的市场占有率、技术开发力量等。

（2）财务状况分析。对企业的财务状况分析主要通过一系列财务指标来完成。其中，最主要的财务指标包括长期负债比率和资产负债比率。

$$长期负债比率 = \frac{长期负债}{长期负债 + 股东权益}$$

$$资产负债比率 = \frac{负债总额}{资产总额}$$

上述两项指标反映了企业当前负债的状况。对债权人而言，一般会期望企业具有较低的负债比例。但也非绝对如此。能够通过举债经营提高自有资金的利润率，在某种程度上反映了企业领导者的进取精神和经营能力。因此，如果企业经营风险小，盈利状况良好，即使负债率高一些，也能获得较高的评定等级。

$$资金流动比率 = \frac{营业净收益 + 固定资产折旧费 + 应缴税金}{长期负债}$$

$$流动比率 = \frac{流动资产}{流动负债}$$

$$速动比率 = \frac{现金 + 有价证券 + 应收账款}{流动负债}$$

$$营运资金比率 = \frac{营运资金}{长期负债}$$

$$应收账款周转率 = \frac{销售额}{应收账款余额}$$

$$库存资产周转率 = \frac{销售成本}{库存资产}$$

上述六项指标属财务弹性指标，反映了企业用营业所得收益偿还债务、解决资金需求的能力。

$$销售利润率 = \frac{净利润}{销售净额}$$

该指标反映了企业销售创利的能力。

（3）限制性条款分析。限制性条款是由债券发行公司和承销机构共同制定的，在债券发行的有关文件中明确规定的保护债权人利益的一些特约条款。其内容主要包括以下三个方面：

第一，防止企业财务状况在债券存续期间出现恶化的限制性条款，包括对企业债务方面的限制、对企业分红的限制、对企业营运资金的限制、对企业投资的限制等；

第二，对提供抵押品的限制性条款；

第三，对企业处理资产的限制性条款，包括对企业主要经营单位处理资产的限制、对子公司处理股票及其债务的限制等。

限制性条款的具体规定直接影响债券的安全程度，并进而影响企业债券的信用等级。

（4）对债券优先顺序的分析。债券优先顺序是指当债务人不履行偿债义务时，法律上对债权人清偿能力的优先顺序。这种顺序一般是：有抵押的债券、有金融机构担保的债券、设有偿债基金的债券（偿债基金是债券发行人为保证所发行的债券能够到期偿还而设立的专项基金。公司债的偿债基金有的按固定金额提取，有的按已发行债券金额的一定比例提取，有的按税后利润或销售收入的一定比例提取）、普通债券。

3. 评定等级

评级机构在分析资料的过程中，如发现有不清楚的问题，可以与债券发行者座谈，并要求对方逐一解答。各项分析完成后，要拟出评级草案提交评级委员会讨论。该委员会以投票方式评出债券级别。

债券级别的划分以及每一等级所包含的特定含义，不同国家的不同评估机构采用的标准不尽相同。下面以美国、日本及我国为例略做介绍。

美国有两家最具权威性的评级机构，即穆迪公司和标准普尔公司。

（1）穆迪公司将长期债券分为三等九级。

Aaa级：质量最高的债券。这种债券投资风险小，本金收回无问题且有稳定的利润来源保证利息的支付，任何可预见的变化不会损害它的发行地位。

Aa级：高质量的债券。这种债券有很强的支付本息的能力，但保险系数略低于Aaa级债券，长期风险因素略大于Aaa级债券。

A级：中上等级债券。这种债券有足够的因素保证本息的安全，但其偿付本息的能力在将来有可能会发生改变。

Bbb级：中级债券。这种债券的本金和利息在目前是有保证的，但从稍长远看，有些因素可能不充分或不可靠。这种债券缺少固有的投资品质，有投机特征。

Bb级：中下级债券。这种债券有投机性，对本金和利息的保护很一般，未来也不会有好的保障。

B 级：不具备理想的投资品质的债券。这种债券对还本付息和履行合同条件的保证程度很小。

Caa 级：信誉不好的债券。这种债券有可能违约，有危及本金利息安全的因素。

Ca 级：有高度投机性，经常违约。

C 级：最低等级债券。这种债券前途无望，根本不能做真正的投资。

（2）标准普尔公司把长期债券分为12级。

AAA 级：最高质量债券。这种债券的还本付息能力极强。

AA 级：高级别债券。这种债券的还本付息能力很强，但略逊于 AAA 级债券。

A 级：中上级债券。这种债券的仍有较强的还本付息能力，但当经济形势发生逆转时较为敏感。

BBB 级：中级债券。这种债券的有一定还本付息能力，但当经济发生逆转时，较上述级别更易受影响。

BB 级、B 级、CCC 级、CC 级：中下级债券。这些等级的债券具有很强的投机性，其风险度从 BB 级至 CC 级递增。

C 级：通常不能支付利息。

DDD 级、DD 级、D 级：违约债券。这些等级的债券还本付息的可能性很小。

在实际操作当中，绝大部分进行评级的债券属于第一等级的债券，即 Aaa（AAA）级、Aa（AA）级和 A（A）级。

（3）对于短期债券，标准普尔公司将其等级划分为七级，穆迪将其划分为四级。其具体内容见表2-1。

表 2-1 美国标准普尔公司和穆迪公司对短期债券的等级划分

标准普尔	穆 迪	等级的含义
A-1⁺		按时付款能力极强
A-1	P-1	按时付款能力特强或很强
A-2	P-2	按时付款能力令人满意
A-3	P-3	不在以上等级范围之内
B		有适当的能力按时付款
	非 P 级	投机级
C		付款能力令人怀疑
D		违约

（4）日本公认的评级机构有日本公社债研究所（JBR1）、日本投资家服务公司（N1S）、日本评级研究所（JCB）。日本债券评级的特点是其评估机构只对发行者进行评级。发行者获评某等级后，一年内所发行的债券都使用该等级。日本评估机构所采用的评定标准以及等级划分见表2-2。

表 2-2　日本信用评级标准表

标准	级别			
	AA	A	BB	B
总资产净额	1 100 以上	1 100~550	550~100	100~60
净资产倍率	1.5 倍以上			2.0 倍以上
自有资本比率	15%以上			20%以上
资本盈利率	6%以上			7%以上
股东红利率	6%以上			8%以上
付息能力	1.2 倍以上			15 倍以上

（5）我国债券信用级别的划分以及表达符号的含义也有统一的规定。其具体内容见表2-3。

表 2-3　我国债券信用评级标准表

级别分类	级别划分	级别次序	级别的含义
投资级	一等	AAA	债券有极高的还本付息能力，投资者没有风险
		AA	债券有很高的还本付息能力，投资者基本没有风险
		A	有一定的还本付息能力，经采取保护措施后，有可能按期还本付息，投资者风险较低
	二等	BBB	还本付息资金来源不足，发债企业对经济形势变化的应变能力差，有可能延期支付本息，有一定的投资风险
		BB	还本付息能力低，投资风险大
投机级		B	还本付息能力脆弱，投资风险大
	三等	CCC	还本付息能力很低，投资风险极大
		CC	还本付息能力极低，投资风险最大
		C	企业濒临破产，到期没有还本付息能力，绝对有风险

第四节　债券的流通市场

　　债券的流通市场是指已发行的债券在投资者之间转手买卖的市场，也称二级市场、次级市场。债券流通市场的存在提高了债券的流动性，从而为发行市场的发展奠定了基础。债券的流通市场可分为交易所市场和场外交易市场两部分。

一、债券的交易所市场

债券持有者通过证券交易所进行债券的买卖交易形成了债券的交易所市场。证券交易所是集中进行证券买卖的固定场所。证券交易所有股份制和会员制两种组织形式，其本身并不进行证券交易，其作用在于为证券交易提供良好的环境和各类服务，以及对交易和交易者进行严格的组织与管理，以促进证券交易的公开性和公平性。

债券只有经过批准才能在证券交易所进行交易，这被称为债券上市（政府债券一般不经审核便可直接上市）。债券上市的程序一般为：

（1）发行公司提出上市申请。债券上市可分为申报上市和许可上市两种。在申报上市制度下，债券能否上市完全取决于证券交易所。因此，债券发行者在向证券交易所提交上市申请书的同时，只需向政府主管部门申报即可。在许可上市制度下，债券发行者在向证券交易所提交上市申请书的同时，还必须向政府证券主管部门申请，需经政府主管部门批准后方可上市。

（2）证券交易所审查以及政府证券主管机关审核（许可上市制度下）。各证券交易所一般都会公布债券上市的标准，以作为审核债券是否能上市的依据。这些标准主要包括：公司设立达到一定年限和资产净值达到一定金额；债券按面值计算的发行额达到一定金额并且期限通常在一年以上；债券必须是公开发行并且信用等级通常在 A 级以上等。

（3）签订上市契约。在批准债券上市之后，证券交易所要与发行人签订上市契约。上市契约的内容主要是发行者就其债券上市后的信息披露的有关义务做出承诺以及对违约处罚措施予以明确。

（4）发行人缴纳上市费。

（5）确定上市日期，并在上市日前的规定期限内，向社会公众公布上市报告书和由会计师事务所注册会计师签订的有关财务报告。

（6）挂牌上市。在上市报告书公告后的规定日期内，证券交易所安排债券挂牌上市。

债券上市后，证券交易所必须对上市企业进行必要的监督管理。一般要求上市企业必须遵循信息公开制度，在遇到可能影响经营和影响债券价格的重大事件时，必须向证券交易所通报。证券交易所要对上市证券进行定期和不定期的复核。在复核中发现符合停止上市条件的公司，将停止其债券上市，以维护证券交易所的信誉和保障上市债券的安全性。

只有证券交易所的会员才能直接在证券交易所进行场内交易。因此，非会员的交易者要通过证券交易所进行债券买卖，就必须委托具有证券交易所会员资格的证券公司进行。

二、债券的场外交易市场

除证券交易所市场外，债券交易还存在场外交易市场。场外交易，顾名思义，

63

即是指在证券交易所外进行的证券交易。场外交易有各种各样的形式，如店头市场、第三市场、第四市场等。店头市场，又称柜台市场，是指通过证券公司的柜台进行转手交易的市场；第三市场一般是指已上市证券的场外市场；第四市场是指各种机构和个人不通过证券经纪人直接进行证券买卖的市场。

在证券交易所交易的债券被称为上市债券，在场外证券交易市场交易的债券被称为非上市债券。上市债券和非上市债券在债券总量中所占的比例大小与各国上市标准的严格程度有关。美国债券的上市标准很严，其非上市债券所占比例很大，债券场外交易市场非常发达。英国债券的上市标准较为宽松，其大部分债券都在证券交易所交易。

对发行者来说，债券上市有利于吸引投资者的注意力，提升企业的知名度，但上市后必须按要求进行信息披露。有的企业不愿向外界公布其业务及财务状况，即使其债券完全符合上市的标准也不愿上市。所以，在场外交易市场中，仍然存在一些信用程度较高的债券。

三、债券的转让价格

债券的转让价格是指在流通市场上债券在投资者之间转手买卖的交易价格，也称债券的行市。债券的行市是波动不定的，但其波动的基础是债券的理论价格。

（一）债券的理论价格

债券的价格决定于它的价值。而债券的价值则体现在：①债券是一种债权凭证。它代表一定金额（本金数额）的债权，债券到期时，其持有者有权向发行者索回这笔金额。②债券还代表对一定金额收益（利息收入）的索取权。

既然债券的价值来源于对本金和利息收入的索取权，那么，一张面值为 100 元、利率为 10%、期限为 1 年的债券的当前价值是否为 110 元呢？显然并非如此。因为货币具有时间价值，1 年之后所收入的 110 元同当前的 110 元两者在价值上是不等的，那么这张债券在当前究竟价值多少呢？要回答这个问题，首先必须明确终值与现值的概念。

1. 终值与现值

由于市场利率的存在，一定的货币资本的价值会随着时间的推移而增大。或者说，当前的单位货币资本的价值等于未来若干单位货币资本的价值。这个未来（期终）的货币价值被称为终值，而该终值的当前价值，则被称为现值。显然，现值和终值在数量上的差额则为该段时期内的利息，即利息＝终值－现值。可见，已知利率和期限，终值和现值即可相互计算。已知利率、期限和现值，求终值的计算公式为：

$$F = P \left(1+i\right)^n$$

其中：F 为终值，P 为现值（本金），i 为利率，n 为期限。

这是按复利计算终值的公式。通常情况下是一年复利一次，则 n 为以年为单位的期限，i 为年利率。如果是半年复利一次，则 n 为以半年为单位的期限，i 为年利率的 1/2。以此类推。

反之，已知利率、期限和终值，求现值的计算公式为：

$$P=F/ \ (1+i)^{n}$$

其中：i 被称为折现率。

同样，如果是一年复利一次，则 n 为以年为单位的期限，i 为年折现率。以此类推。

2. 债券理论价格的计算

债券投资是一个资金运动的过程，因此债券也具有终值和现值。投资者在当前将一笔资金投资于债券后所能获得的未来货币收入额即为债券的终值。显然，债券的终值就是债券的本利和。债券投资者在未来获得一定货币收入的代价是当前投入的货币额，该货币额在理论上即等于将来的货币收入（债券终值）折现后的现值。换句话说，债券的理论价格应等于将债券终值按一定折现率折现后的现值。求债券理论价格的公式即为求现值的公式：

$$P=F/ \ (1+i)^{n}$$

从以上公式可以看出，债券的价格主要受到三个因素的影响：①债券的终值。它代表债券的未来收益。显然，债券的未来收益越高，其价格就越高。债券的终值可以根据债券的面值、票面利率及期限计算。②折现率。在终值一定的条件下，折现率越高，其折现值越低，即债券的理论价格越低；反之，折现率越低，债券的理论价格越高。③债券待偿期限。一般说来，在终值一定的条件下，待偿期限越长，投资者要求的收益率越高，因而其价格也就越低。

运用上述公式计算债券理论价格时应注意以下两个问题：

（1）对于一次性还本付息的债券，可以直接将已知条件代入公式计算。对于分次付息的债券，由于投资者的利息收益是分次获得，因而其理论价格等于将每次收益分别按相应期限折现后的现值之和。其计算公式为：

$$P=\sum_{j=1}^{n}\frac{I_j}{(1+i)^j}+\frac{F}{(1+i)^n}$$

其中：I_j 为第 j 年的利息收入，F 为债券本金，i 为折现率。

（2）折现率 i 的确定。事实上折现率 i 就是当投资者按理论价格购买该债券时的最终收益率（最终收益率是投资者将债券持有到期满时的收益率）。在现实操作中一般以一年期银行定期储蓄存款利率来代替折现率 i，这样计算出来的结果，与实际情况有一定的偏差。首先，投资者有的可能会将债券持有到期，有的可能不会。其实际持有年限各不相同。不加区别地一律采用一年期银行定期储蓄存款利率作为投资者应得的收益率来计算理论价格，这显然是不准确的。其次，债券的风险程度与银行定期存款的风险程度并不一致。风险不同的投资必然要求不同的收益率。因此，即使期限上能做到一致，用银行储蓄存款利率代替债券的收益率也必然会带来误差。

最后需要指出的是，通过上述方式计算出来的价格只是债券的理论价格。债券的实际转让价格要受到市场供求状况等因素的影响，因而波动不定，难以确切计算。当然，债券的实际转让价格的波动是围绕理论价格来进行的，并且由于债券的终值是固定的（浮动利率的债券除外），因而实际转让价格偏离理论价格的范围也是十分有限的。

（二）债券的实际价格及影响因素

债券的实际价格是指债券在流通市场上实际进行交易的价格。债券的实际价格总是围绕其理论价格不断上下波动。决定债券实际价格的最直接的因素就是债券的供求关系。而影响债券供求关系并进而影响债券实际价格的因素主要有以下几个方面：

1. 市场利率

市场利率与债券价格的变动方向相反。当市场利率上升时，债券的利率变低，若债券的价格维持不变，那么其收益率就会降低。显然，此时投资者就会放弃债券而选择其他的投资工具。为维持适宜的收益率，债券的价格必然降低。反之，若市场利率下降，则债券的利率相对较高，资金流向债券市场，引起债券价格上升。

2. 经济发展状况

经济发展状况的变化会影响债券的供求并进而影响债券的价格。在经济景气时，对资金的需求量会增大，企业需要增加其生产投资。因此，一方面，它会卖掉手中持有的债券，将其转化成生产性投资；另一方面，它本身也要发行债券，以筹集更多的资金用于生产。银行为满足企业不断增长的贷款需求，也可能会发行金融债券。这样，就使整个市场的供给大于需求，从而引起债券价格下降，利率上升。相反，在经济萧条时期，生产停滞，资金需求量小，企业可能将闲置资金转向债券投资，对债券筹资的要求也会减少。银行由于贷款减少，也可能将资金转向债券投资，并且金融债券的发行也相应减少，从而导致整个债券市场供不应求，债券价格上升，利率降低。

3. 财政收支状况

财政是债券市场的投资者之一，也是发行者之一。当财政有剩余资金时，不仅可能买进一些债券，而且财政债券的发行量也会适当减少。这些行为会促进债券价格上升；当财政赤字严重时，财政不仅会抛出原来持有的债券，而且会发行大量的政府债券。这些行为必将影响债券供求状况，促使债券价格下降。

4. 货币政策

中央银行可以通过各种货币政策手段来调节全社会的货币供给量和利率水平，因此中央银行的货币政策对金融市场有着巨大的影响。中央银行的货币政策手段主要有准备金政策、再贴现政策、再贷款政策以及公开市场业务等。中央银行提高存款准备金率或减少再贷款规模，都会使货币供给量减少，造成全社会范围内的资金紧缺状况。资金紧张会导致利率上升，同时引起债券的发行量增加，而投资于债券的资金减少，从而导致债券价格下降。反之，若中央银行降低存款准备金率或增加再贷款规模，则资金宽松、利率下降，债券供不应求，其价格必然上升。再贴现是直接对利率进行调控的一种手段。若中央银行提高再贴现率，则市场利率会随之上升，债券价格下降；反之，若中央银行降低再贴现率，则市场利率也会相应降低，债券价格上升。中央银行在债券市场上进行公开市场操作，则会直接影响债券的供求状况。中央银行大量购进债券时，债券供不应求，价格会上升；若中央银行大量抛售债券，则债券供过于求，价格会下降。

5. 微观因素

上述四个方面的因素都是宏观因素，它们对市场上所有的债券都要产生影响。对每种债券而言，也有一些微观因素会影响到各自的价格。如某家企业的经营状况发生了变化，可能会影响其还本付息的能力，这自然会对该企业发行的债券价格产生影响。

四、债券的收益率

债券的收益率是判断债券优劣的重要依据，它与债券的价格有密切的关系。债券的收益率的计算方法有多种，其中主要包括以下几种：

（1）名义收益率，又称面值收益率、息票率，是指债券票面上标明的利率，即每年利息收入与债券面额之比。

（2）当期收益率，又称当前收益率、本期收益率，是指债券利息与买进债券的实际价格之比。直接收益率用实际的投资成本修正了名义收益率中的"债券面值"，但它仍不能准确地反映投资者的实际收益水平，因为它未考虑投资者的资本损益，即实际购买价格和当期偿还的本金之间的差额。

（3）持有期回报率。持有期回报率是衡量债券投资者在持有债券期间的真实收益水平的指标。

其对收益的计算既包括利息收入，也包括资本损益。持有期回报率的计算公式为：

$$持有期回报率 = \frac{持有期内每年所获利息收益 + 持有期内每年本金损益}{买入价格} \times 100\%$$

或：

$$持有期回报率 = \frac{\left(持有期所获利息总额 + 持有期内本金损益\right)/持有年限}{买入价格} \times 100\%$$

债券的付息方式包括分次付息（如息票债券）、到期一次性还本付息以及贴现付息三种方式。债券投资者持有债券的情况可分为以下几种：①发行时购买，持有到期；②发行时购买，中途卖出；③中途买进，持有到期；④中途买进、中途卖出。下面分别举例说明其持有期回报率的计算方法。

例 1. 某种息票债券，票面金额为 100 元，票面利率为 10%。2008 年 1 月 1 日发行，期限 10 年，每年 12 月 31 日付息，投资者在发行时按面额买进该债券，并持有到期。计算其持有期回报率。

$$持有期回报率 = \frac{100 \times 10\%}{100} \times 100\% = 10\%$$

例 2. 其他条件同例 1，只是该投资者在 2009 年 6 月 30 日将该债券以每张 102 元的价格卖出，计算其持有期回报率。在此例中，该投资者在一年半的持有期场内获得了一次利息收入 10 元。计算其持有期回报率。

$$持有期回报率 = \frac{[10 + (102 - 100)] / 1.5}{100} \times 100\% = 8\%$$

例 3. 某投资者于 2009 年 6 月 30 日以每张 102 元的价格购进例 1 中的债券并持有到期，计算其持有期回报率。

$$持有期回报率 = \frac{[10 \times 9 + (100 - 102)] / 8.5}{102} \times 100\% = 10.15\%$$

例 4. 其他条件同例 3，只是该投资者于 2011 年 6 月 30 日将该债券以每张 103 元的价格售出，计算其持有期回报率。

$$持有期回报率 = \frac{[10 \times 2 + (103 - 102)] / 2}{102} \times 100\% = 10.29\%$$

例 5. 某种一次性还本付息债券，票面金额为 100 元、票面利率为 10%，2009 年 1 月 1 日发行，期限 10 年。某投资者在发行时按面值买进该债券，并持有到期，计算其持有期回报率。

$$持有期回报率 = \frac{100 \times 100\%}{100} \times 100\% = 10\%$$

例 6. 其他条件同例 5，只是该投资者于 2015 年 1 月 1 日以每张 150 元的价格卖出此债券，计算其持有期回报率。

$$持有期回报率 = \frac{(150 - 100) / 6}{100} \times 100\% = 8.33\%$$

例 7. 某投资者以每张 150 元的价格于 2015 年 1 月 1 日买进例 6 中的债券并持有到期，计算其持有期回报率。

$$持有期回报率 = \frac{[100 \times 10\% \times 10 + (100 - 150)] / 4}{150} \times 100\% = 8.33\%$$

例 8. 其他条件同例 7，只是该投资者于 2016 年 1 月 1 日，以每张 160 元的价格将该债券卖出，计算其持有期回报率。

$$持有期回报率 = \frac{(160 - 150) / 1}{150} \times 100\% = 6.67\%$$

例 9. 某债券于 2020 年 1 月 1 日贴现发行，面额为 100 万元，发行价为 99 万元，期限 3 个月。某投资者于发行日购买，持有到期，计算其持有期回报率。

$$持有期回报率 = \frac{(100 - 99) / \frac{3}{12}}{99} \times 100\% = 4.04\%$$

例 10. 其他条件同例 9，只是该投资者于 2020 年 2 月 1 日以 99.5 万元的价格将此债券卖出，计算其持有期回报率。

$$持有期回报率 = \frac{(99.5 - 99) / \frac{1}{12}}{99} \times 100\% = 6.06\%$$

上述例 1 和例 5 的利息支付方式不同，但计算出的持有期回报率却同为 10%，这是因为此种计算持有期回报率的方式未考虑复利的因素。

（4）到期收益率。该收益率在西方国家应用得最为广泛。它的具体含义是：使证券的各年收益贴现值的总和与证券的市场价格相等的收益率。到期收益率可以用债券的折现公式计算。用折现公式计算到期收益率时，购买价格 P、期限 n、每期的利息收入 I、面值 F 等均为已知条件，只有折现率 i 未知。将各已知条件代入公式后，计算出的 i 即为到期收益率。到期收益率体现了复利的因素。在计算长期债券的收益率时，用到期收益率的方法计算更为准确。

$$P = \sum_{j=1}^{n} \frac{I_j}{(1+i)^j} + \frac{F}{(1+i)^n}$$

其中：I_j 为第 j 年的利息收入，F 为债券本金，i 为折现率。

第五节　国际债券市场

一、国际债券的概念、特点和分类

（一）国际债券的概念

国际债券是指一国的借款人在国际债券市场上，以外国货币为面值，向外国投资者发行的债券。国际债券的发行人主要是各国政府、政府所属机构、银行或其他金融机构、工商企业及国际组织等。国际债券的投资者，主要是银行或其他金融机构、各种基金、工商财团和私人。

（二）国际债券的特点

国际债券与国内债券相比，具有如下特征：

（1）国际债券的资金来源广泛，突破了国界的限制。其发行对象为众多国家的投资者。因此，其资金来源比国内债券要广泛得多。

（2）计价货币通常采用国际通用的货币，如美元、英镑、德国马克、日元和瑞士法郎等。

（3）发行国际债券要承担汇率风险。发行国际债券所筹集的外币资金通常需要兑换成本币资金使用，而还本付息时又要将本币兑换成外汇。在此过程中，如果汇率发生变动，发行人就将蒙受意外损失或获取意外收益。因此，汇率风险是国际债券风险的重要组成部分。

（4）发行规模巨大。发行国际债券的目的：首先是要利用国际证券市场资金来源广泛、充足的特点一次性筹集大量资金，所以，每次国际债券的发行规模都相当大；其次，能进入国际证券市场举债的都是信用度很高的发行人，这也使得巨额借债成为可能。

（5）国家信用的保障。有些国家的政府为了促进本国企业国际债券的顺利发行，会对某些债券提供最终付款的承诺保证，从而大大提高了国际债券的安全性。这在国内债券市场上是很少见的。

（三）国际债券市场的类别

国际债券市场可大致划分为外国债券市场和欧洲债券市场两大类。

1. 外国债券市场

对某国而言的外国债券是指由外国借款人在该国资本市场上发行的以该国货币为面值的债券。如我国在日本债券市场上发行以日元来标明面值的债券，就属于外国债券。外国债券与国内债券的根本区别在于两者是发行人不同，前者的发行人为非居民，后者的发行人为居民。当然，各国政府对两者在发行方式、发行程序、发行条件等方面的限制和要求也有所不同。

某些外国债券在国际金融界有特定的称谓。如在美国发行的外国债券叫"扬基债券"，在日本发行的外国债券叫"武士债券"，在伦敦发行的外国债券叫"牛头狗债券"，以非日元的亚洲国家或地区货币发行的外国债券叫"龙债券"，等等。

外国债券市场是一种传统的国际债券市场。外国债券的发行早在19世纪初就已经盛行了。第二次世界大战后，美国经济实力居世界首位，外国借款人纷纷到美国发行债券筹资。因而，美国的外国债券市场即扬基债券市场一度曾是最重要和最大的外国债券市场。但因此也导致了美元大量外流，美元汇率不断上升和美国国际收支恶化。鉴于这种情况，美国从1963—1974年对本国居民投资扬基债券征收利息平衡税，减缓了该市场的发展。

英国的外国债券在英国债券市场中所占的份额并不大。"牛头狗债券"的持有者多为英国机构，而发行者多为各国政府和国际机构。这类债券大多为固定利率债券，且期限一般都超过了15年，债券利息每半年支付一次。有的国际机构发行的"牛头狗债券"必须征预扣税，但售给国外投资者除外。

日本对其外国债券市场的限制非常严格，直至20世纪70年代末才准予发行武士债券，并且对发行者的资格要进行严格的审查，通常只有外国政府或国际机构才能获准发行"武士债券"。直到1979年，才有一家外国公司第一次在日本市场上发行外国债券。虽然日本的"武士债券"市场起步较晚，但由于日本国民储蓄率很高，有足够需求，因而"武士债券"市场发展迅速，现已处于世界领先地位。"武士债券"可以记名，也可以不记名，两者可以转换。债息收入免交预扣税，期限在5～15年。

德国的资本市场是世界上最自由的市场，外国和本国投资者在市场上的交易不受任何限制。所以，在德国，马克欧洲债券和马克外国债券在法律上没有什么区别，只是在习惯上，若销售国际债券的银团中包括非德国银行，则该债券被称为马克欧洲债券；若销售国际债券的银团中只有德国银行，则该债券被称为马克外国债券。1985年，德国实施自由化措施以后，马克资本市场完全对外开放。外国借款人，无论是公共机构还是私营机构，基本上都可以到马克外国债券市场和马克欧洲债券市场上筹资。

瑞士虽是一个小国，却拥有世界上最大的外国债券市场。其外国债券市场的重要性大于其国内债券市场。在瑞士外国债券市场上，规定利率债券的比重较大。另外，不存在欧洲瑞士法郎债券市场。

2. 欧洲债券市场

欧洲债券是指在债券面值货币国家以外的国家发行的债券。它可以在国际间销售，包括在面值货币国家的国内债券市场上销售，如日本在英国债券市场上发行以美元标明票面价值的债券就属于欧洲债券。欧洲债券通常采用不记名方式，债息免交任何税款。欧洲债券通常由国际辛迪加公司包销，不需在任何特定的资本市场注册。欧洲债券的面值由哪一个国家的货币来标价，就叫作这种货币的欧洲债券，如欧洲美元债券即是以美元标价的。

欧洲债券是在20世纪60年代初期随着欧洲货币市场的形成而出现和发展起来的。欧洲债券最初以美元为计值货币，发行地以欧洲为主。20世纪70年代以后，随着美元汇率波动幅度增大，以德国马克、瑞士法郎和日元为计值货币的欧洲债券的比重逐渐增加。同时，发行地开始突破欧洲地域限制，在亚太、北美以及拉丁美洲等地发行使欧洲债券日渐增多。欧洲债券自产生以来，发展十分迅速，其根本原因在于欧洲债券市场较之于其他市场具有独特的优点。其优点主要体现在以下几个方面：

（1）欧洲债券市场是一个自由度非常高的市场。通常情况下，发行欧洲债券既不需要向任何监督机关登记注册，又无利率管制和发行数额限制。欧洲债券发行之后，通常也不要求发行人公布内部情况和资料。此外，欧洲债券的发行者还可以根据投资的需要以及利率和汇率的变化趋势，自由选择任何一种通行的货币作为筹资对象。

（2）筹资成本低。欧洲债券的发行通常由几家大的跨国金融机构组成承销团来共同完成，发行面广，手续简便，发行费用较低。此外，欧洲债券一般都免交所得税及利息预扣税等，因此，欧洲债券在发行时，就可以制定比债券更低的票面利率而不会使投资者的利息净收入遭受损失。所以，从整体上看，欧洲债券的筹资成本相对较低。

（3）欧洲债券以不记名方式发行，并可以保存在国外，保密性很强，有利于避税或避免其他一些问题。

（4）欧洲债券安全性和收益性较高。欧洲债券的发行者多为跨国公司、大企业集团、各国政府和国际组织，它们一般都有很高的信誉。同时，欧洲债券的收益性也相对较高。

二、国际债券市场的形成和发展

（一）国际债券市场的形成

一般所称的国际债券市场是对位于各金融中心的经营国际债券的市场的统称。

国际债券市场中的外国债券市场大约形成于19世纪初。外国债券市场形成的背景是国际间经贸往来的迅速发展。当时发行外国债券的主要目的在于满足国际贸易的需要以及弥补一国国际收支的逆差。一国的外国债券市场的发展程度，受到各国的地理位置、技术条件、人员素质、对外国债券发行和流通的限制以及相关的税收政策等因素的影响。从19世纪至20世纪初，外国债券的发行主要集中在英国的伦敦。第二次世界大战后，纽约取代伦敦成为外国债券的发行中心。目前，世界最重要的外国债券市场分别位于苏黎世、纽约、东京、法兰克福、伦敦、阿姆斯特丹等

71

地。关于欧洲债券市场的形成时间，存在不同的看法。最普遍的观点认为，1963 年 7 月，意大利国营控股公司 IRI 发行了一笔美元债券。该债券由四家不同国家的银行共同承销，同时在伦敦和卢森堡证券交易所上市，债券面值为 250 美元，采取不记名形式，这即是欧洲债券的首次发行，欧洲债券市场也由此产生。欧洲债券市场产生的原因在于：当时各国都严格限制本国资金外流，对非居民到本国市场上发行债券要求很高，对债券发行者课以重税，同时对投资者的投资收益也征收高税。在这种情况下，欧洲债券市场这种既有利于减少投资与筹资双方的交易成本，又简便易行，且具有广泛资金来源的融资渠道也就应运而生，并随即取得了迅速的发展。

（二）国际债券市场的发展

国际债券市场一经产生，很快便有了极大的发展。这一方面是由国际债券尤其是欧洲债券本身所具有的优点，如发行成本低、手续简便、受各国法律约束较小、品种不断创新所决定的；另一方面，欧洲货币市场的形成和发展，欧洲清算体系和票据交换中心结算体系两个清算机构的建立也对国际债券市场的发展起到了极大的推动作用。

20 世纪 60 年代初，扬基债券（在美国市场上发行的以美元标明面值的外国债券）风行一时。1963 年，为防止国内美元外流，美国对本国居民购买扬基债券征收利息平衡税。1965 年，美国政府又颁布条例，要求金融机构限制对国外借款人的贷款限额，从而使外国的借款人很难在美国市场上借到美元。此外，在 20 世纪 60 年代，许多国家（尤其是石油输出国组织成员国）有大量的盈余美元需要投入市场生息。因此，美元资金的借贷转向欧洲市场，欧洲债券市场得以发展。20 世纪 60 年代末，美国市场利率急剧上升。美国政府颁布了旨在限制利率的 Q 条例。为逃避 Q 条例的管制，大量美元存款逃出国内市场，欧洲债券市场得以进一步发展。

20 世纪 70 年代初，受中东战争、石油危机以及美国取消利息平衡税的影响，欧洲债券增势减缓，扬基债券则卷土重来。20 世纪 70 年代中期之后，市场开始复苏，欧洲债券市场又迅速发展起来，并且债券币种越来越多元化。20 世纪 70 年代末期，石油价格再次上涨，引起西方各国利率大幅度波动。长期、固定收入的欧洲债券市场再次受到打击。

20 世纪 80 年代，欧洲债券品种不断创新。80 年代初期，由于利率急剧上升，浮动利率的债券成为欧洲债券市场的主要部分。80 年代中期，美、日、西德等国对外国债券市场采取了自由化政策，加大了本国债券市场对外国人的开放度，从而又使外国债券市场得到了较大的发展。1985—1986 年，由于利率下降和美元的贬值使非美元欧洲债券增长而欧洲美元债券减少。浮动利率欧洲债券在经过一段时期的快速发展后于 1986 年年末走向衰退。其根本原因包括：①浮动利率债券经理人之间的竞争加剧，收益大大减少；②出现过早赎回浮动利率票据的现象；③利率不断下浮使发行人更趋向于固定利率债券或欧洲商业票据市场。自此以后，欧洲债券市场开始走下坡路。1987 年 10 月的世界股市大崩溃对欧洲债券市场产生了极大的负面影响，促使欧洲债券价格下跌，投资者遭受了很大损失。

20 世纪 90 年代以来，世界经济逐步复苏，世界经济一体化的趋势越来越明显，证券的国际化是大势所趋。在此客观环境下，国际债券市场尤其是欧洲债券市场也随之复苏并得到了进一步的发展。1992 年欧洲债券的发行量为 2 761 亿美元，1996 年欧洲债券的发行量为 5 916 亿美元。在国际债券市上，欧洲债券所占的比重已远远超过了外国债券。

三、国际债券市场的交易工具

债券的传统形式是面值固定，并附有固定的利息率和付息还本日期。在国际债券市场上，除了传统形式的债券外，还存在许多新型的债券工具。主要包括：

（一）可转换债券

这种债券可以在指定的日期，以约定的价格转换成债券发行公司的普通股股票或其他可以流通转让的金融工具。

（二）选择债券

这种债券的持有人有权按自己的意愿，在指定的时期内，以事先约定的汇率将债券的面值货币转换成其他货币，但是仍按照原货币的利率收取利息。这种债券大大降低了债券持有人的汇率风险。

（三）浮动利率票据

在票据的有效期限内，利率随市场利率波动而波动，通常是三个月或三个半月或半年按 LIBOR（伦敦银行间同业拆借利率）或其他基准利率进行调整。这种投资工具可使投资者免受利率波动带来的损失，在利率动荡时期特别有吸引力。

（四）零息债券

这是一种贴现发行的长期债券。由于期限长，因而在发行时折扣率较高，到期有很大的增值。

（五）附有金融资产认购权的债券

这种债券的利率稍低，筹资者可以借此降低筹资成本，而投资者则可以持有认购权，保留将来继续投资的权利。认购权可以与债券分离，在市场上单独出售，其价格依市场利率水平或股票价格行情而定。

以上简单介绍了几种国际债券市场上的典型交易工具。实际上，国际债券市场的交易品种随时都在推陈出新，各种创新债券工具不断涌现。总之，国际债券市场是一个交易品种十分丰富的市场。

四、国际债券市场的发行和流通

（一）国际债券的发行

通常各国对他国在本国债券市场上发行外国债券的条件都有一定的要求，而且这些要求一般会比其他国内债券发行的要求更为严格。债券发行者只有在符合这些要求且按规定办理了各项手续后方可获准发行。但发行欧洲债券则通常不受发行市场所在国金融管制的干扰，债券上市的要求相当宽松，手续简便，纳税条件也优惠。

国际债券的发行方式可分为公募和私募两种。在欧洲债券市场上，这两种发行方式的区别并不十分明显。但在发行外国债券时，这两种方式的区别就十分明确了。

73

例如，在美国发行公募债券必须向联邦证券交易委员会呈报申请书，非经批准不得在市场上发行和公开出售。日本也规定必须根据证券交易法提交有价证券呈报书。债券发行后，按统计年度提交有价证券报告书。这种制度被称为公开制度或称"披露"。外国借款人未经披露的债券公开发行属非法行为。当然，私募债券的发行一般不采用上述公开制度。

国际债券的发行程序与国内债券基本相同，通常也要经过承购、批发销售、零售等环节。外国债券发行时，通常要寻找当地的证券商做承销商。欧洲债券的发行一般要经过辛迪加集团的承购包销。辛迪加成员有牵头经理、经理机构、包销机构和代理机构等。这些机构通常由商业银行、信托公司等非银行金融机构以及证券经纪人、自营商等证券投资机构充当。债券发行人先要找到一家投资银行机构，作为其债券发行的牵头经理机构。牵头机构再找到数家银行和非银行金融机构组成经理集团。经理集团的职责是与借款人共同商定债券发行条件，同时负责承购包销并将债券推向市场等。此外，牵头经理还需请更多的机构参加辛迪加，作为包销商或零售商。在宣告发行某种欧洲债券之前的两个星期中，牵头经理和借款人之间要事先进行磋商，内容包括债券的利率、数额和报价等所有条件。但是，在正式报价之前，商定的所有条款都只是非正式的。双方还要起草辛迪加集团和借款人之间以及辛迪加成员之间需要签署的法律文件，同时还需要起草债券发行说明书。牵头经理在发布债券发行的新闻之前，就已经开始组建经理集团管理债券发行，并向经理集团提供能够作为包销商和零售商的金融机构的名单。之后，即进行初步的债券包销分配，并等待各个包销商和代理销售商签署的各项合同。经理集团和借款人最后要共同确定债券的定价条款。各包销商和代理销售商通常有一天的时间决定是否接受。定价条款最终确定后，经理集团同代理款人即签署认购协定，此时债券即被正式提供到市场。牵头经理通知各包销商和代理销售商各自的销售份额。包销商和代理销售商自行安排在二级市场销售或调往其国内金融市场销售。债券发行结束后，各辛迪加成员即将购买债券的款项存入牵头经理所设的账户，借款人也根据认购协定获得借款资金，随即辛迪加包销集团即告解散。

（二）国际债券的流通

国际债券在二级市场上的流通通常是通过国际金融中心的证券交易所、证券公司或银行的柜台交易来进行的。其具体的交易方式和程序与国内债券并无明显差异。不同的只是国际债券在一国市场发行却可以在不同的国家二级市场上交易。因此，国际债券的流动性或变现力更优于国内债券。

第三章
投资基金

- -

第一节　投资基金概述

一、投资基金的含义

"基金"一般是指具有专门用途的资金。目前，我们所能接触到的基金有很多，如各种基金会所拥有的专门用于资助或鼓励某项事业的资金、财政后备基金、国家管理基金、职工福利基金、保险基金等。这些基金为了实现保值增值的目的，一般都要被用于投资，尤其是用于金融投资。但本章所指的投资基金，则是区别于上述基金的一种特殊的基金形式。它是一种面向社会大众，将零散、众多的社会闲置资金聚集起来，再由专业人员将其进行组合投资，获得的投资收益，按出资比例在出资人之间进行分配的集合投资制度。

投资基金的上述定义表明了投资基金的资金来源、资金运用以及盈利分配等方面的情况。从资金来源来看，投资基金所筹集的资金来源于社会大众手中的闲置资金，其出资人可以是个人，也可以是机构。其中，机构投资者主要包括投资银行和投资管理公司、保险公司、社会保险基金、基金会基金等。从世界各国的情况来看，机构投资者是投资基金最主要的资金来源。从资金运用来看，投资基金的投资范围是非常广泛的。它可以投资于股票、债券、外汇、基金券等金融商品，也可以投资于衍生金融工具，还可以进行各种实业投资。投资基金一般具有相当的资金规模，可以按照投资组合的方式进行分散投资，以降低风险。有些基金种类规定了较为严格的投资方向，如证券投资基金是指专门以证券作为投资对象的投资基金，但是，基金经理者同样可以在不同的证券之间进行分散投资。从盈利分配来看，一般来说，投资基金的收益来源主要包括：①股息和红利。这是投资于股票的基金资金所取得的收益。②利息收入。基金若投资于国债、国库券、公司债券、大额可转让存单或其他一些有息金融工具，则可能获得一定的利息收入。另外，基金在其运作过程中，可能沉淀出一部分现金，将这部分现金存入银行，可以获得一定的利息收入。③资本利得。资本利得是通过基金经理人在证券市场上低买高卖赚取的差价。④资金增值。资金增值是指由于资金所投资的证券、房地产等项目价值的上涨所导致的基金净资产价值的增加。⑤其他收入。其他投入是指基金参与其他领域的投资，如高科技项目的开发等而获得的收入。基金的各项收益扣减费用（开办费、固定资产购置费、基本操作费、行政开支）后形成的基金利润即可用于分配。各国对利润分配的具体方式和原则有不同的规定。有的国家要求基金将全部利润分配给投资者，有的国家则不然。尽管各国对利润分配的原则和具体方式千差万别，但有一条原则是基本不变的，即所有的利润都是根据出资人出资额的多少（即所持基金单位的多少）来进行分配的，每一基金单位所分得的利润是相同的。

目前投资基金已成了一种国际性的投资制度，但由于各国的国情不同，投资基金在各国的发展模式也不尽相同，因此，投资基金具有各种不同的称谓。例如，在美国，投资基金一般被称为"投资公司"或"共同基金""互惠基金"。这是因为，美国的投资基金基本上都是公司型的，在公司型的投资基金中，绝大部分属于开放式的，而开放式的投资公司则被称为共同基金或互惠基金。在日本、中国台湾地区，因为投资基金的投资对象仅限于各类证券，所以投资基金被称为"证券投资信托基金"。在英国和中国香港特别行政区，投资基金被称为"单位信托基金"。其目的是强调基金的信托性质及划分等额基金单位的特征。

二、投资基金的特征

投资基金在其诞生的一百多年里，尤其是在第二次世界大战后的几十年里获得了迅猛发展。如今，无论是在西方发达国家，还是在金融市场不够发达甚至较为落后的发展中国家，投资基金都有相当规模的发展。之所以会如此，是因为投资基金与其他投资方式相比，具有不可替代的独特优势。这种优势主要体现在以下几个方面：

（一）投资基金使中小投资者参与大规模投资成为可能

投资基金最主要的功能就在于能集腋成裘，即将中小投资者的有限资金汇聚成巨额资金，进行规模投资。对中小投资者来说，投资于投资基金可以使他们进入一些因其资金少而不能进入的领域。例如，美国的政府公债风险极低，收益率相对较高，但其最低面额是10 000美元，对只有少量闲置资金的投资者来说，只能望之兴叹。至于对一些回报率甚高，需巨额资金投入的开发项目来说，则更不是中小投资者所能染指的。但投资基金每张基金券的面额一般都很小，而其最终聚集起来的资金量却很大。因此，中小投资者便可以通过投资基金这种间接投资方式参与大额投资。

（二）组合投资、分散风险

一般来说，投资基金较其他的投资方式更有助于风险的分散。一方面，是因为投资基金具有巨大的资金规模，从而使其有可能同时在几十种乃至数百种不同的行业和有价证券上进行分散投资，甚至可以同时在不同的国家或地区进行投资，从而将风险控制到最低程度。在某个行业或某种证券上投资失利，甚至某个国家或地区经济的暂时不景气，都不至于对基金的整体收益造成太大的影响。因此，中小投资者只需要具有少量的资金，就可获得非常好的分散投资、降低风险的效果。另一方面，许多国家对投资基金投资分散的程度都有所要求。例如，有的国家规定投资基金的投资组合不得少于20个品种等，这就为投资基金投资风险的分散提供了制度上的保障。

（三）规模经营、降低成本

由于投资基金的资金规模大，因此在运营当中，它可以实现规模效应，从而降低单位资金的运营成本。例如，买卖股票时需要向券商支付佣金，但如果买卖的金额巨大，券商一般都会在佣金方面给予一定的优惠，从而可以减少投资成本。另外，为提高投资收益，有时需向投资专家或投资顾问机构进行咨询，这就需要支付一定的咨询费用。显然，由中小投资者进行这种咨询是不合算的，有时甚至是不可能的。但如果是通过投资基金来进行咨询，则无疑会使每个投资者都可以很小的代价来共同享受专家咨询服务。从此意义上讲，这也是一种节约成本的方式。

（四）专家经营、专业管理

投资基金的实际运营由专门的基金管理公司负责。基金管理公司是专门从事基金投资管理的机构。基金管理公司里聘有专门的投资专家或顾问。这些专家和顾问都是以投资分析为职业，具有相当丰富的专业知识和经验，而且他们可以通过通信网络与国内外的证券市场和经纪人保持密切的联系，从而随时可以获取各种信息，这些优势都是个人投资者所无法具备的。

（五）专门保管、安全性高

投资基金资产的保管由专门的金融机构负责。担任保管者的金融机构必须是信誉卓著的大银行或非银行金融机构，保管者与管理公司之间没有利害关系。基金在保管机构中单设账户，与保管机构和管理公司的资产严格分离，独立核算。此外，保管机构对管理公司还负有制约监督的职责。若管理公司的指令违背基金章程或有损投资者的利益，保管机构有权拒绝执行。上述规定，无疑提高了基金投资的安全性。

当然，投资基金也具有一些不太有利的特征，主要体现在以下两方面：

（一）投资基金收益相对较低且缺乏灵活性

投资基金在较大范围内采用投资组合的方式进行投资，这样做在减低风险的同时也可能使其收益低于直接投资方式。此外，由于基金的投资目标、投资策略及具体的投资组合都是事先确定的，具有法律约束力，基金管理人不能随着改变，这在一定程度上限制了投资基金的灵活性，有可能坐失一些获取高收益的良机。

（二）投资基金不太适合短线投资

由于投资基金的优势在于大规模、长时间的多元化经营，以整体收益的稳定来保证投资者个别利益的实现，因此，投资基金一般都适宜中长线投资，不太适合短线投资。

三、投资基金的类型

从不同的角度可以将投资基金划分为不同的类型。以下介绍几种主要的分类方式。

（一）公司型投资基金与契约型投资基金

1. 公司型投资基金

公司型投资基金是指具有共同投资目标的投资者，依据《公司法》组成以营利为目的的股份制投资公司。投资基金本身是一家股份公司，是具有法人资格的经济实体。投资基金对外发行股份，投资者通过购买股份成为该投资基金的股东。公司型投资基金也要通过股东大会产生董事会、监事会。其基本的运作方式与一般的股份有限公司大致相同。不同的是，公司型投资基金通常要委托特定的基金管理公司来负责投资的经营、运作。另外，还要委托一家与管理公司没有利害关系的金融机构专门来负责基金资产的保管。此外，同普通的股份有限公司相比，持有投资基金股份的股东对公司的经营监督权受到了一定的限制。

2. 契约型投资基金

契约型投资基金是由委托者、受托者和受益人三方通过订立信托契约而建立的基金形态。其中，委托者即基金管理公司。它是投资基金的创立者（或发起人），它负责投资基金的设立、受益凭证的发行（也可委托承销机构发行）以及投资基金的具体投资运用等。受托者即投资基金保管公司（一般由信托公司或银行充当）。它负责为基金注册并设立独立的基金账户，依据基金管理公司的指示保管和处分投资基金的资产，并监督基金管理公司的投资工作。受益人则为基金的投资者。

归纳起来，公司型投资基金和契约型投资基金主要有以下不同：

（1）公司型投资基金设立的法律基础是各国的公司法，其运作受公司法以及公司章程的制约。契约型投资基金设立的法律基础是各国的信托法规，其运作受信托契约的保障和制约。

（2）公司型投资基金具有法人资格。而契约型投资基金则不具备法人的权利和义务。

（3）公司型投资基金的投资者为公司股东，股东有权选举董事会。基金管理公司和保管机构由董事会委任。董事会和股东对基金具有形式上的控制权。而契约型投资基金则完全按照信托契约的规定来处理，其投资者为受益人。

（4）公司型投资基金除发行普通股外，还可以通过发行优先股和公司债券筹资，甚至可以以公司的名义向银行借款。但契约型投资基金一般只能通过发行受益凭证筹资。

（二）开放式投资基金与封闭式投资基金

1. 开放式投资基金

开放式投资基金的特点：

（1）开放式投资基金发行在外的基金单位或受益凭证没有规模限制。投资者可以随时退回基金单位（要求基金管理公司赎回投资者手中持有的基金单位），或增加基金单位（向基金管理公司或推销商购进基金单位）。基金管理公司则随时准备按照招募说明书中的规定以资产净值向投资者出售或从投资者那里赎回基金单位。因此，开放式投资基金又被称为追加型或不定额型投资基金。

（2）开放式投资基金没有期限的限制。

（3）开放式投资基金通常不上市交易。由于开放式投资基金的投资者可以随时向管理公司退回基金或购买基金，保障了基金券的流动性，因而开放式投资基金没有上市的必要。

（4）开放式投资基金的交易价格取决于基金每单位的净资产值。开放式投资基金必须每天（有些基金限于条件，规定每周）计算并公布一次每基金单位的净资产价值，以作为买卖基金单位的价格依据。开放式投资基金的申购价一般是基金单位净资产值加上一定的购买费，赎回价是基金单位净资产值减去一定的赎回费。

（5）开放式投资基金通常要将所募集资金的一部分（如我国台湾地区规定为10%）以现金形式存在，以备投资者随时要求赎回发行的基金券。此外，在基金的投资组合中，还要有一部分可以随时变现的金融商品，以应付大规模的赎回。由于开放式投资基金的资金不能全部用于投资，这会对投资基金的收益造成一定程度的影响。

投资基金在产生初期大多是封闭式的，但目前各国的大部分投资基金是开放式的。这主要是因为：①开放式投资基金的投资者在购入或退回基金单位时所交纳的手续费通常比通过市场买卖交给经纪商的佣金低；②对中小投资者来说，能按基金单位资产净值退回基金单位，则既保证了投资基金的流动性，又保证了投资基金的安全性；③对基金管理公司来说，它们可以从卖出基金受益凭证中收取一定的手续费，基金资产越大，单位基金额交易次数越多，其收取的手续费也越多，这对基金管理者非常有利。因此，基金管理公司也比较喜欢经营开放式投资基金。

2. 封闭式投资基金

封闭式投资基金的特点：

（1）封闭式投资基金发行在外的基金单位或基金股份的数额是固定的。该类基金在发行之前就确定了基金规模，待发行期满或认购结束后就封闭起来，除非经特殊批准，基金券总额将不再增加或减少。如果新的投资者想要购买基金券，他只能向基金券的持有者购买，而不能向基金管理公司购买。如果原来的投资者想把手中的基金券变现，他也不能要求基金管理公司赎回，而只能转让给第三者。

（2）封闭式投资基金的期限固定。封闭式投资基金一般事先规定有一定的运作期限（如10年），期满后基金解散，投资者可按资产净值收回其所持基金单位代表的金额。

（3）为解决基金券的流动性问题，封闭式基金一般都要到二级市场上去挂牌上市。

（4）封闭式基金券的价格随着市场供求状况的变动而变动，它通常并不等于基金每单位资产净值，它与基金投资的证券价格也没有对应关系。封闭式投资基金的投资者可能从基金证券市场价格的波动中获取一定的价差收益，或承担一定的价差损失。

（5）由于不受理基金券的赎回，封闭式投资基金可以将资金全部用于投资，而不必像开放式投资基金那样保留一部分现金。并且封闭式投资基金可以投资于长期的项目以及开放程度比较低的市场。因此，从长期绩效来看，封闭式投资基金应优于开放式投资基金。

目前，在有些投资基金刚刚起步的发展中国家，由于各项金融制度还不健全以及为了防止国际游资对国内资本市场的冲击，通常首先采用封闭式投资基金的形式。

封闭式投资基金也可以在一定条件下转变成开放式投资基金。例如，有的国家规定，如果封闭式投资基金的受益凭证上市已满三年，经受益人大会讨论通过和董事会批准终止上市，这时封闭式投资基金就可以转变为开放式投资基金。

（三）成长型投资基金、收益型投资基金与平衡型投资基金

1. 成长型投资基金

成长型投资基金是指主要投资于成长股票，以资产长期稳定增长为目标的投资基金。成长型股票是指某些企业（一般是中小型企业）发行的，具有良好前景的股票。其价格预期增长速度要快于一般公司的股票或快于股票价格综合指数。发行这类股票的企业往往由于有新产品、新管理层或整个产业类型趋于兴旺，并且把收入用于再投资，因而其资本增长速度呈现出快于国民经济和同行业增长速度的势头。成长型投资基金试图通过投资于这类企业的股票而获得长期稳定的收益。但这类股票损失本金的风险比较高，因此，成长型投资基金被认为是风险程度较高的基金类型。总之，成长型投资基金注重的是追求收益的长期、最大的增长，而不注重股份的本期收益或短期收益。

2. 收益型投资基金

收益型投资基金追求稳定的、最大的当期收入，而不强调资本的长期利得和成长。收益型投资基金通常选择能够带来现金定息的投资对象，如利息较高的债券、优先股和收益较稳定的普通股以及某些货币市场上的证券等。总体来看，收益型投资基金安全性好，风险性较低，但获得巨额资本利得的可能性较小，适合较保守的投资者。

3. 平衡型投资基金

平衡型投资基金的投资目标是既要获得当期收入，又要追求长期增值，通常是把资金分散投资于股票和债券，以保证资金的安全性和营利性。

（四）股票基金、债券基金、货币市场基金与混合基金

股票基金是指以股票为主要投资对象的基金。中国证监会要求，基金资产的60%以上投资于股票的为股票基金。

债券基金的投资对象主要是债券，根据中国证监会的要求，基金资产的80%以上投资于债券的为债券基金。

货币市场基金以货币市场工具为投资对象且投资于货币市场工具的比例非常高，通常在100%左右。

混合基金同时以股票、债券等为投资对象，若某基金在股票、债券以及货币市场工具上的投资比例，不符合股票基金、债券基金、货币市场基金等任何一种基金的要求，则归为混合基金。

（五）公募基金和私募基金

1. 公募基金

公募基金面向全社会不特定的社会公众发售，是普通投资者都可以参与的基金。

公募基金具有以下特点：

（1）向不特定的社会公众发售且可以向社会公众进行宣传推广；

（2）投资门槛低，中小投资者都可参与；

（3）受到证券监管部门的严格监管。

2. 私募基金

私募基金面向特定的投资者，非公开发售。

私募基金通常不能进行公开的面向社会公众的发售和宣传。私募基金的投资门槛较高，投资者的资格和人数受到严格控制。同时，较之于公募基金，私募基金在运作上受到的监管和限制较少，能投资于一些风险较高的金融工具，如金融衍生品，也可以进行信用交易。这也意味着私募基金相比于公募基金具有较高的风险，适合资产量较大且风险承受能力较高的投资者。

（六）特殊型基金

1. ETF 和 ETF 联接基金

ETF（exchange traded funds），中文名称为交易所交易基金。它是一种在交易所上市交易的开放式的指数基金。而所谓指数基金，则是指按照某一市场指数来被动确定自身投资组合的基金。假如计算某指数使用了 100 种样本股，则该指数基金也将则买这 100 种股票，并且每种股票在组合中所占比例与其在计算指数时所占权重相同。

ETF 结合了开放式基金和封闭式基金的特点，既可以像封闭式基金那样在证券交易所交易又可以像开放式基金那样可以申购和赎回。只不过，ETF 的申购需用一揽子股票交换 ETF 份额，赎回时得到的也是一揽子股票，而不是现金。因此，没有证券账户的投资者无法申购 ETF。为此，一类新的基金被创造出来。这类基金将其绝大部分资产投资于某种 ETF 且采用开放式运作方式，可以在场外用现金进行申购或赎回。这类基金被称为 ETF 联接基金。

2. LOF

LOF（listed open-ended fund），中文名称为上市型开放式基金。对于这种基金，投资者既可以在指定网点申购与赎回基金份额，也可以在证券交易所买卖基金份额。不过，投资者在网点申购的基金份额，想要在证券交易所卖出，必须办理一定的转托管手续。如果在证券交易所购买的份额想要在网点赎回，同样需要办理转托管手续。LOF 结合了代理网点销售和交易所网上销售的优势，拓宽了开放式基金的销售途径。

四、投资基金的产生及发展

投资基金的起源最早可以追溯到 18 世纪末 19 世纪初的荷兰。1774 年和 1776 年，荷兰人亚伯尔罕·冯·凯特维希分别创立了"联合就是力量"与"偏好和谨慎"两种基金。这可以看作是最早期的投资基金。尽管从形式上来看，它们尚不具备管理公司、保管公司等形式，但从性质上来看，它们已经与现有的投资基金基本相同。

投资基金真正成为为大众投资者服务的社会化理财工具，则发生在 19 世纪的英国。当时的英国尽管已完成了产业革命，生产力得到了极大提高，国内资本充裕，但国内缺乏投资机会，投资收益也差强人意。为了谋求更高利润，资本家迫切希望将资本投向能带来巨额利润的海外市场。但是，他们本身缺乏国际投资知识，对海外情况也不甚了解，难以进行有效管理。因此，便有了众人集资、委托专人经营管理的想法。这一想法得到了政府的支持。1868 年，由英国政府出面组建了"海外和殖民地政府信托组织"，公开向社会发售受益凭证，这是被公认为世界上最早的基金机构。该基金类似于股票，不能退股，也不能兑现，认购者的权益仅限于分红和派息。早期的英国投资基金并非公司组织，只是在投资者与代理人之间订立的信托合约的基础上，采用合作方式经营。1899 年，英国颁布了公司法，投资基金也依法由契约形态发展成为股份有限公司组织。最初这些基金都是封闭型的。后来，随着基金制度的不断发展和完善，英国的投资基金逐渐过渡到以开放式基金为主的阶段。与此同时，各种基金管理公司纷纷成立。截至 2018 年年底，欧洲受监管开放式基金的净资产规模为 16.5 万亿美元。

投资基金真正盛行是在美国。第一次世界大战以后，美国经济空前繁荣，国内外投资活动非常活跃。在这种情况下，英国的投资基金制度被引进了美国，并被发扬光大。美国的投资基金绝大部分属于公司型，因此，在美国，投资基金被称为投资公司。1940 年，美国针对投资基金制定了投资公司法和投资顾问法，对投资公司进行了严格的规范。美国的投资公司从此走上了一条健康发展的道路。20 世纪 60年代，美国的投资基金逐步从储蓄保值型走向增长型，人们开始重视对各种成长型股票的投资。进入 70 年代以后，美国的投资基金迅速增长，并且从封闭型走向开放型。这一时期，美国还产生了一种短期市场基金，即货币市场基金。基金的投资策略由原来的以长期投资为主转向以长期投资和短期投资并重。90 年代初，美国投资基金资产总值已达 1 万多亿美元，共有 2 700 多万个人投资者，300 多万机构投资者。投资基金已成了美国最普遍的投资方式。截至 2018 年年底，全球受监管开放式基金有 11.9 万只，净资产规模为 46.7 万亿美元。其中，美国注册投资公司有 1.7万家，注册 ETF 投资公司有 2 057 家，注册投资公司净资产为 21.4 万亿美元，注册ETF 投资公司净资产规模为 3.37 万亿美元。

与此同时，投资基金也在逐步向世界其他国家扩散。尤其是第二次世界大战以后，这种趋势更为明显。在短短的几十年内，这种投资方式就已扩散到了世界各地，并深受各国投资者的欢迎。1951 年，加拿大的投资基金只有 2 万多投资者，资产总额只有 5 700 万美元。到 1982 年，投资基金资产总额已增至 50 亿美元。而到了1992 年，投资基金资产总额已增加到 700 多亿美元，同时，投资基金品种也有 600多个。

日本在 20 世纪 30 年代就出现了证券信托投资业务，但在 50 年代以前发展很不规范。第二次世界大战后，为了解决企业发展的融资问题，促进经济恢复，日本政府试图利用投资基金制度将大众的投资引进证券市场。于是，1951 年 6 月，日本政府公布实行了《证券投资信托法》，确立了以战前的投资信托制度为参考的契约型投资基金制度。日本的四大证券公司率先开展了投资基金业务。1959 年 12 月，投资基金业务从证券公司分离，从而产生了四大投资信托公司。80 年代末，日本泡沫经济崩溃，投资基金资产迅速减少，投资基金行业面临严峻考验，从而导致了1994年的投资基金制度的改革。该改革措施包括加强对投资者保护，放宽对基金资产运用的限制，以及允许基金管理公司兼营专项代理投资业务等，借以促进投资基金的复兴。

此外，新加坡、马来西亚、韩国、泰国以及我国的香港和台湾地区也纷纷在20世纪六七十年代先后引进了投资基金制度，建立了为数众多、形式多样的投资基金。在南美的一些国家如智利、巴西等国，投资基金制度在70年代末80年代初也开始有了一定程度的发展。截至2018年年底，亚太地区受监管开放式基金的净资产规模为6.403亿美元。可见，投资基金正在成为一种世界性的投资制度。

五、投资基金对证券市场发展的意义

（一）发展投资基金，有利于证券市场的稳定

1. 投资基金理性的行为有利于证券市场的稳定

投资基金是由专家来进行投资管理的。这些专家通常都精通专业知识并且具有丰富的投资经验、先进的分析手段和较为完备的信息搜寻系统。他们的投资决策都是在深入进行基本面分析和技术分析的基础上做出的，投资行为非常理性，不会盲目跟风，客观上起到了稳定市场的作用。

2. 投资基金长远的投资战略有利于证券市场的稳定

绝大多数投资基金注重资本的长期增长，因此，大多采用长期投资策略，而不会频繁进行短线炒作。这在一定程度上有利于证券市场的稳定。另外，作为长期的战略投资者，投资基金往往会在行情低迷时购进而在行情高涨时抛出，从而起到了市场稳定器的作用。以美国为例，在1990—1994年股市下降期间，甚至在股价剧跌的几个月内，投资基金都是股票的净购入者。

3. 发展投资基金有利于改善投资者结构，防范操纵

引起证券市场行情异常波动的一个重要因素就是操纵。投资者结构的不合理是导致操纵的一个重要原因。尤其是在新兴证券市场上，散户投资者占了相当大的比重。散户投资者无论从资金实力、专业知识还是从投资经验、信息占有量来看，都远远不及机构投资者。因此，散户投资者的投资决策往往缺乏理性，容易被机构投资者操纵，产生跟风行为，导致行情异常波动。如果市场上的绝大部分投资者是势均力敌的机构投资者，这无疑极大地增加了操纵的难度。因此，发展投资基金，培育机构投资者，有利于防范操纵。

（二）发展投资基金，有利于证券市场规模的发展

一方面，投资基金本身就是一种投资工具，它的发展壮大可以丰富证券市场的交易品种，增大证券市场的交易规模；另一方面，投资基金主要投资于证券市场，是证券市场重要的资金来源，它的发展壮大可以极大地推动证券市场的发展。以美国为例，20世纪90年代，新注入股票市场的资金中约有80%来自投资基金。

（三）发展投资基金，有利于促进证券市场的国际化

许多发展中国家都希望通过证券市场的国际化来促进对外资的引进。同时，他们又担心本国证券市场难以承受国际资本的冲击。在这种情况下，可以先采用和外

国合作组建投资基金管理公司的方式，逐步、有序地引进外资投资于本国证券市场。和直接向外国投资者开放证券市场相比，这种方式使监管当局能够控制利用外资的规模和市场开放的程度，有利于一国证券市场循序渐进地实现国际化。

第二节　投资基金的经营机构

一、投资基金的管理人

投资基金管理人是专门负责基金资产的投资决策和日常管理的机构。一家投资基金管理人可以同时管理若干只投资基金。基金管理人在不同的国家和地区有不同的名称。例如，基金管理人，在英国称投资管理公司，在美国和我国大陆称基金管理公司，在日本称投资信托公司，在我国台湾地区称证券投资信托事业。但其职责都是基本一致的。

（一）投资基金管理人的职责

各国投资基金管理人的基本职责都是对基金资产进行日常管理。《中华人民共和国证券投资基金法》（简称《证券投资基金法》）规定，基金管理人的主要职责有：

（1）依法募集资金，办理基金份额的发售和登记事宜；

（2）办理基金备案手续；

（3）对所管理的不同基金财产分别管理、分别记账，进行证券投资；

（4）按照基金合同的约定确立基金收益分配方案，及时向基金份额持有人分配收益；

（5）进行基金会计核算并编制基金财务会计报告；

（6）编制中期和年度基金报告；

（7）计算并公告基金资产净值，确定基金份额申购，赎回价格；

（8）办理与基金财产管理业务活动有关的信息披露事项；

（9）按照规定召集基金份额持有人大会；

（10）保存基金财产管理业务活动的记录、账册、报表和其他相关资料；

（11）以基金管理人名义，代表基金份额持有人利益行使诉讼权利或实施其他法律行为。

（二）基金管理公司的设立

申请设立基金管理公司一般应向证券管理部门提交有关文件，由证券管理部门审核，对符合条件的基金管理公司，由证券管理部门予以批准、注册后，基金管理公司才能开业。例如，在美国，基金管理公司的审查批准是由美国证券与交易委员会（SEC）来进行。在日本，基金管理公司（投资信托公司）必须经过大藏省审批并获得许可证后才可从事基金业务。

在我国，根据《证券投资基金管理公司管理办法》以及中国证监会《关于申请设立基金管理公司有关问题的通知》的规定，申请设立基金管理公司的条件包括：

（1）有符合《证券投资基金法》和《公司法》规定的章程；

（2）注册资本不低于一亿元且必须为实缴货币资本；

（3）主要股东应当具有经营金融业务或者管理金融机构的良好业绩、良好的财务状况和社会信誉，资产规模达到法定标准，最近三年没有违法记录；

（4）取得基金从业资格的人员达到法定人数；

（5）董事、监事、高级管理人员具备相应的任职条件；

（6）有符合要求的营业场所、安全防范设施及其他与基金业务相关设施；

（7）有良好的内部治理结构、完善的内部稽核监控制度、风险控制制度。

二、投资基金的托管人

为了保证基金资产的安全，投资基金应按照资产管理和资产保管分开的原则进行运作。投资基金托管人是指根据此项原则监督投资基金管理人的经营活动，并保管基金资产的机构。作为基金财产的保管人，投资基金托管机构自身的资产账户必须与投资基金的资产账户严格分离。投资基金托管人不得挪用基金资产。这在一定程度上保障了基金资产的安全性。即使基金托管人破产了，也不会危及基金资产。因此，设立基金托管人是防止基金资产挪作他用，充分保障基金受益人的合法权益的必要措施。

（一）投资基金托管人的职责

根据《证券投资基金法》的规定，基金托管人应当履行下列职责：

（1）安全保管基金财产；

（2）按照规定开设基金财产的资金账户和证券账户；

（3）对所托管的不同基金财产分别设置账户，确保基金财产的完整与独立；

（4）保存基金托管业务活动的记录、账册、报表和其他相关资料；

（5）按照基金合同的约定，根据基金管理人的投资指令及时办理清算交割事宜；

（6）办理与基金托管业务活动有关的信息披露事项；

（7）对基金财务会计报告、中期和年度基金报告出具意见；

（8）复核、审查基金管理人计算的基金资产净值和基金份额申购、赎回价格；

（9）按照规定召集基金份额持有人大会；

（10）按照规定监督基金管理人的投资运作。

（二）投资基金托管人的资格

投资基金的托管人一般由一些信誉卓著的兼营信托业务的金融机构来充当，包括商业银行、储蓄银行以及信托投资公司等。充当投资基金托管人的金融机构必须具备一定的条件，对此，各国的规定不尽相同，但一般都包括了对该金融机构本身的合法性以及资金实力的规定。此外，还规定投资基金保管机构不得与投资基金管理公司有利害关系（如规定保管机构与管理公司之间相互持股不得超过对方股本总数的一定比例等）。

在我国，担当托管人的均为商业银行。商业银行从事托管业务，应当经证监会和银保监会批准，依法取得基金托管资格。

申请基金托管资格的商业银行，一般应当具备下列条件：

（1）最近3个会计年度的年末净资产均不低于20亿元，资本充足率符合监管部门的有关规定；

（2）设有专门的基金托管部门，并与其他业务部门保持独立；

（3）基金托管部门拟任高级经理人员符合法定条件，拟从事基金清算、核算、投资监督、信息披露、内部稽核监控等业务的执业人员不少于5人，并具有基金从业资格；

（4）有安全保管基金财产的条件；

（5）有安全高效的清算、交割系统；

（6）有满足要求的固定营业场所、安全监控系统以及独立的托管业务技术系统；

（7）有完善的内部稽核监控制度和风险控制制度；

（8）最近3年无重大违法违纪记录。

（三）投资基金管理人和托管人的关系

投资基金管理人和托管人之间是一种既相互合作，又相互制衡、相互监督的关系。

投资基金管理人和托管人均对基金持有人负责。其权利和义务在有关的法律法规中以及基金契约或基金公司章程中都有明确的界定。按照规定，基金托管人应为基金开设独立的银行存款账户，并负责基金和银行账户款项收付及资金划拨等事项的处理。基金投资于证券后，有关证券交易的资金清算也由基金托管人负责。基金管理人的主要职责是负责投资分析和决策，并向基金托管人发出买卖证券以及其他相关指令。可见，基金托管人是具体接触基金资产并对其进行账务处理的机构，但它的每一次账务处理都必须依照基金管理人的指令来进行，而不能自行其是。基金管理人是发出指令的机构，但它的每一条指令都必须由基金托管人来执行。在此过程中，投资基金托管人必须对投资基金管理人的各项指令是否符合基金信托契约或公司章程的规定进行监督。所以，投资基金管理公司和投资基金保管机构之间存在一种权力制衡的关系，可以相互监督、相互制约。这种权力制衡的关系极大地保证了基金财产的安全性。但是，要使这种制度的作用得到有效的发挥，必须保证基金管理人和基金托管人之间没有任何关联关系，并且两者在财务、人事以及法律地位上应该完全独立、平等。各国有关投资基金的法律法规在这方面都有严格的规定。

三、投资基金的承销公司

投资基金管理公司和投资基金保管机构是投资基金最基本的经营机构。除此之外，投资基金承销公司在投资基金的经营运作过程当中也发挥着重要的作用。投资基金设立以后，需要通过向投资者发行受益凭证或基金股份（统称基金券）的方式来募集资金。尽管基金管理公司和保管公司负有基金券的发行、交易、赎回和分红派息等日常行政工作的责任，但实际上，此项工作一般都委托承销公司来完成。投资基金的承销公司一般都由证券公司、证券经纪商、投资银行、投资咨询公司等机构担任。担任承销公司一般需要具备下列条件：

（1）必须是主管机关核发执照的合法金融机构；

（2）必须具有一定的资本金；

（3）必须有足够的具有承销业务经验的专业人才；

（4）必须有利于金融证券业的发展；

（5）必须具有固定的场所和必要的设施。

投资基金承销公司的主要职责除了办理受益凭证的募集和销售以外，通常还应包括向受益人发放基金投资利润以及代基金管理公司办理基金受益凭证的交易、赎回和收益的支付等。

第三节　投资基金的运作

一、投资基金的设立

（一）投资基金的设立程序

1. 准备阶段

在准备阶段，①应在广泛调查研究的基础上，对基金运营的可行性进行论证；②由基金发起人拟订基金的总体方案；③由基金发起人根据基金的总体方案起草各种基金设立文件，同时，还要同基金托管人签订信托契约（保管协议）。

2. 向证券主管部门提出设立申请

在向证券主管部门提出设立申请时，除了要填写正式的申请书外，还要提交其他相关文件。如发起人名单及协议书、募集说明书、公司型投资基金的投资基金公司章程或契约型投资基金的信托契约、委托保管协议书等。

3. 申请的审核批准

基金发起人提出设立申请后，主管机关要对其申请进行审核，对符合要求的予以批准，否则予以驳回。审核的内容主要包括两部分：①对基金发起人提交的文件进行书面审查，以确定其是否符合国家的有关规定；②对基金申请单位进行实地审查，以便确保申请文件内容和实际情况是否相符。

4. 基金募集

设立申请获得批准后，基金发起人可以开始进行募集工作。根据《证券投资基金法》的规定，基金的募集期限为自该基金批准之日起三个月内有效。募集未结束，基金管理人不得动用已募集的资金进行投资。封闭式投资基金募集期满时，其所募集的资金小于该基金规模的80%时，或开放式投资基金募集期满时，其所募集的资金规模小于两亿元时，该基金不能成立。基金发起人须承担募集费用，所募集的资金连同同档次的银行活期存款利息须在30天内退还给基金认购者。基金在募足其设定的规模并经主管机关指定的部门验资证明后，报主管机关核准，方可正式成立。

（二）投资基金设立的文件

基金设立时，基金发起人必须向主管机关提交一系列规范基金设立、运作方面的重要文件。主要包括：

1. 申请报告

其主要内容包括：设立基金的背景、意义和重要性；基金设立的基本原则（一般包括收益性原则、流动性原则、专家管理原则、投资组合原则等内容）；基金的名称、注册地址与设立方式；基金性质（是开放式还是封闭式，是公司型还是契约型）、规模与存续期限；基金券的发行与转让；基金管理人与托管人；基金的运营结构（基金托管人、管理人之间的业务往来，基金持有人大会、董事会的产生方式和地位）；投资政策和投资限制；费用、收益分配和清盘处理。

2. 发起人协议

其主要内容包括：基金名称；基金发起人介绍；基金性质；基金筹集方式；基金期限；投资政策和投资限制；基金管理体制；发起人的权利和义务；基金筹备组（介绍筹备组成员、筹备组召集人以及筹备组主要从事的事务）；其他有关事项。

3. 募集说明书

募集说明书是基金公开发行时向社会提供的有关基金的各项详细资料。其内容主要包括：序言；基金的设立与管理；发行与转让；投资（说明投资政策、投资范围、投资限制及资产估值方法）；费用与分配；会计与税务；基金募集的处理办法；终止与清算；公告内容与方式（说明基金年中和年末公告的内容及登载的媒体）。

4. 信托契约和公司章程

信托契约和公司章程是基金的说明性文件，它们既是推销基金券的工具，又是保护投资者利益的依据。其中，信托契约是契约型投资基金的文件，而公司章程是公司型投资基金的文件。其主要内容包括：总则（介绍基金的概况）；基金与基金管理；基金券的发行与转让；投资政策和投资限制；资产估值和经营状况分布（说明基金资产估值的内容和方法，以及有关财务信息披露的内容、时间和方式等）；费用和收益分配；基金券持有人大会和基金公司董事会；会计与税收；终止与清算；附则（说明该契约或章程的解释权和生效日期等）。

5. 委托管理协议

这是规模基金与基金管理人双方权利、义务的契约。其主要内容包括：释义；说明协议双方的基本情况并确立协议双方的委托关系；受托方即基金管理人应履行的职责及其在业务活动中应遵循的原则和禁止行为；受托方的收费标准和计算方法以及管理费的提取方式；委托方应当通知受托方的有关事项和委托方终止委托协议的条件；附则（说明协议生效日期以及纠纷调解方式等）。

6. 委托保管协议

委托保管协议又称托管协议，是规范基金与基金托管人双方权利、义务的契约。其主要内容包括：释义；说明协议双方的基本情况并确立协议双方的委托关系；说明委托方委托受托方保管的基金资产的范围和受托方应当遵循的原则；说明受托方应当履行的义务、违约责任和免责条款；说明受托方的收费标准、计算方法和提取方式；协议终止条款和受托方退任条款；受托方与基金管理人之间的业务细则生效方法；附则。

二、投资基金的发行

投资基金的发行也叫作投资基金的募集，是指投资基金发起人在其设立或扩募基金的申请获得国家主管部门批准之后，向投资者推销基金单位、募集资金的行为。

基金的发行方式有两种：①由基金管理公司直接对外发行；②通过一家或几家承销公司代理发行。封闭型投资基金在发行时需要规定基金的发行总额和发行期限。只要发行总额认购满了，不管是否到期，基金就封闭起来，不再继续发行。如果在规定的发行期限内基金总额未被全部认购，基金管理公司就会相对延长发行期限。此后仍然无法完成发行计划的，则基金不能成立，应退还投资人的认购款。开放型投资基金的总额虽然是变动的，但在初次发行时也要规定一定的发行总额和发行期限。基金完成发行正式设立三个月后，投资者才能要求基金管理公司赎回基金受益凭证。

目前，我国证券投资基金的发行主要采用上网发行方式。上网发行方式是指将所发行的基金单位通过与证券交易所的交易系统联网的全国各地的证券营业部，向广大的社会公众发售基金单位的发行方式。上网发行时，投资者申购基金单位的方法与申购股票类似。

三、投资基金的运营

投资基金正式设立以后，投资基金管理公司就可按照投资基金章程所规定的投资项目和投资组合进行投资。同时，基金保管机构也应按照信托契约的规定承担起保管基金财产和监督基金管理公司的投资活动的职责。其间，为便于投资者了解和监督基金的营运状况，基金管理公司通常要在每年的年中和年终分两次编写投资基金报告，真实、完整地向投资者公开该期内所有信息。报告的主要内容包括投资结果报告和基金账目报告。投资结果报告的内容包括：①本期资金的营运进展状况；②上期及本期末基金资产组合的名称、数量及各类资产所占比例；③本期末基金证券资产的市价总额；④本期间证券资产买卖的品种、总数量和总金额；⑤预测投资市场的未来趋势等。基金账目报告的内容主要包括：资产报告表（反映基金资产在年末的构成）、资产负债表、基金管理人财务报告（列举一年中受理该基金的各项收入和支出）、投资组合表、投资组合变动表、业绩记录、会计政策附注说明、会计师报告、基金保管机构报告、投资顾问报告等。

四、投资基金的收益、费用及投资基金资产的估值

（一）投资基金的收益

投资基金的投资对象不同，其收益来源也会有所差异。但总体来说，投资基金的收益来源应主要包括以下几个方面：

1. 股息和红利

股息是指股份有限公司按照固定的股息率根据股份金额分配给股东的利息。红利是指在股息以外按股份金额分配给股东的权益。

2. 利息收入

利息收入的来源有三个：①开放型投资基金必须保留一部分现款，这部分现款以银行存款的形式存在，因而可带来利息收入；②基金在收回一项投资并等待新的投资机会的间隙中，会形成一部分银行存款并可带来利息收入；③基金投资于国债、国库券、公司债券、商业票据、可转让定期存单或其他一些带息信用工具时，会获得利息收入。

3. 资本利得

投资基金通过在证券市场上低价买进、高价卖出所获得的价差收益则为资本利得。这是基金的一项风险大、收益率高的收入来源。

4. 其他收入

其他收入包括基金参与其他领域的投资，如高科技项目开发、房地产项目投资等所获得的收入。

（二）投资基金的费用

投资基金在设立和经营过程中发生的费用主要包括以下几个方面：

1. 开办费用

开办费用是指投资基金在设立时所发生的各项费用，包括可行性研究费用、注册费、印花税、各种文件印刷费、律师费、注册会计师验资费等。

2. 基金管理费

基金管理费是指支付给基金管理人的管理报酬。基金管理费从基金资产中直接提取，不再另外向投资者收取。基金管理费通常按照每个估值日基金净资产的一定比例（年率），逐日计算，按月支付。费率通常与基金规模成反比，与风险成正比。不同国家及不同种类的基金，管理费率也不完全相同。为了激励基金管理公司更有效地运用基金资产，有的基金还规定可向基金管理人支付基金业绩报酬。基金业绩报酬，通常是根据所管理的基金资产的增长情况规定一定的提取比例。基金管理费是基金管理人的主要收入来源，基金管理人的各项开支不能另外向基金摊销，更不能另外向投资者收取。

3. 基金托管费

基金托管费是指支付给基金托管人的费用。基金托管费从基金资产中直接提取，不再向投资者另外收取。它按照基金资产净值的一定比例提取，逐日计算，按月支付。托管费率会因国家及基金种类的不同而不同。一般来说，基金规模越大，托管费率越低。新兴市场的国家和地区的托管费率相对较高。

4. 运作费

运作费包括：广告宣传支出；基金进行各项交易时所需支付的佣金、税项、手续费、法律费、稽核监督费用；注册会计师费；律师费；召开年会费用；中期和年度报告的印刷费以及其他杂项费用等。运作费占基金资产净值的比例较小，通常要在基金契约或章程中事先确定，并按有关规定支付。运作费率是投资者衡量基金运作效率及表现的依据。

（三）投资基金资产的估值

投资基金资产的估值是指按照一定的价格计算基金的净资产值。定期估算并公布基金的净资产值是基金管理人向基金投资者表明基金运作情况的一种方式。在开放型投资基金中，对基金资产的估值还是投资者购买基金单位和要求赎回基金单位的价格依据。

投资基金资产的估值的核心是计算基金单位的资产净值。其一般计算公式为：

基金单位的资产净值＝（基金资产总额−基金负债总额）÷已售出的基金单位总数

其中，在计算基金资产总额时，根据资产种类的不同，其价格的确定方法也有所不同。

（1）对于上市股票和认股权证，以计算日集中交易的市场收盘价格为准，计算日没有收盘价的，以上一交易日的收盘价为准；未上市的股票和认股权证，由有资格的会计师事务所或资产评估机构测算。

（2）已上市的债券，以计算日的收盘价为准，计算日没有收盘价的，以上一交易日的收盘价为准；未上市的债券，一般以其面值加上至计算日止的应计利息为准。

（3）对于短期票据，以买进成本加上自买进日起至计算日止的应计利息为准。

投资基金的资产还可能包括现金、提留的准备金以及实物资产等。

基金的负债主要包括：

（1）至计算日止对积极托管人或管理人应付未付的报酬；

（2）其他应付款，包括应付税金等。

第四章
经典的金融理论

第一节　资产组合选择

一、投资风险与组合投资

（一）风险与不确定性

人们进行任何一项投资最直接的动机是获得收益。然而，投入资金与取得收益在时间上并不是同步的，收益的取得总是在投入资金的一段时间之后。时间上的这种不同步使得投资收益受到许多未来不确定因素的影响。投资者在进行投资决策时只能根据经验和所掌握的资料对未来形势进行分析判断与预测，形成对收益的估计（预期）。受未来不确定因素的影响，实际的收益可能会偏离预期，使投资者可能得不到预期的收益甚至面临亏损的可能，这就是风险的含义。可见，风险与不确定性具有几乎相同的含义，投资风险就是投资收益的不确定性。

（二）组合投资与现代资产组合理论

对风险的关注和研究导致了现代资产组合理论的产生和发展。1952 年，美国经济学家哈里·马科维茨发表了一篇题为《资产组合选择》的论文。该论文的发表标志着现代资产组合理论的开端。马科维茨注意到，一个理性的投资者不仅希望收益率尽可能高，而且希望收益率尽可能是确定的。也就是说，他同时追求收益最大化和风险最小化。由于这两个目标是相互制约的，因此，投资者只能力求使两个目标达到某种平衡，从而加以兼顾。要做到这一点，投资者应该同时购买多种证券而不是一种证券，即进行分散化投资。投资者所购买的多种证券构成一个资产组合（portfolio）。为了使上述两个目标达到最佳平衡状态（令投资者最满意），投资者在期初决策时就必须从一系列可能的资产组合中选择一个最优的组合，这就是组合投资。马科维茨利用期望收益率来衡量某种证券或组合的预期收益水平，利用收益率的方差来衡量投资收益的不确定性（风险）。在此基础上建立所谓的均值方差模型，即资产组合选择模型，以阐述如何通过资产组合的选择来实现收益与风险之间的最佳平衡。

二、马科维茨资产组合选择模型

（一）模型的假设

马科维茨资产组合选择模型通过两个假设来简化所研究的问题：①投资者以期望收益率来衡量未来的实际收益水平，以收益率的方差来衡量未来实际收益的不确定性。也就是说，投资者在决策中只关心投资的期望收益率和方差。②投资者是不知足和厌恶风险的，即总是希望收益率越高越好，方差（风险）越小越好。

期望收益率和方差是马科维茨的均值-方差模型中最基本、最核心的两个概念。下面我们给出这两个概念的具体表述。

如前所述，未来不确定因素的影响使得投资者不可能对未来一定时期内的收益率做出准确判断，但投资者可以对收益率介于某个范围（或者简单地说成取某个值）的可能性有多大做出估计。如果对未来收益率的各种取值所对应的可能性都做出定量估计，比如取值为 r_1 的可能性为 p_1，取值 r_2 的可能性为 p_2，以此类推就得到一个关于收益率的概率分布，如表 4-1 所示。

表 4-1　收益率的概率分布

收益率（r）/%	r_1	r_2	…	r_n
概率（p）	p_1	p_2	…	p_n

显然，$\sum_{i=1}^{n} p_i = 1$。

在得到这样的概率分布后，期望收益率就定义为未来收益率的所有可能取值的加权平均。其中，权重为相应的概率值。所以，期望收益率也称为收益率的均值。记期望收益率为 $E(r)$，即有：

$$E(r) = \sum_{i=1}^{n} p_i r_i \tag{4-1}$$

方差定义为未来收益率的所有可能取值对期望收益率的偏离的加权平均。其中，权重仍然为相应的概率值。记方差为 $\sigma^2(r)$，即有：

$$\sigma^2(r) = \sum_{i=1}^{n} p_i [r_i - E(r)]^2 \tag{4-2}$$

式中，$\sigma(r)$ 被称为标准差。它和方差一样，表明未来收益率的所有可能取值对期望收益率的偏离程度。

在明确了期望收益率和标准差（或方差）的概念后，我们来看看上述两个假设意味着什么。根据假设①，一种证券或资产组合的特征可以由期望收益率和标准差（或方差）提供完整描述，即如果建立一个以期望收益率为纵坐标、标准差（或方差）为横坐标的坐标系，那么任何一种证券或证券组合都可由坐标系中的一个点来表示。根据假设②，当给定期望收益率时，投资者会选择标准差（或方差）最小的组合；而当给定标准差（或方差）时，投资者会选择期望收益率最高的组合，这种选择规则被称为投资者共同偏好规则。

（二）投资者偏好与有效组合

投资者共同偏好规则会导致所谓有效边界的产生。根据假设①，任何一种证券或证券组合都可由 $E(r)-\sigma$ 坐标系中的一个点来表示。如果任意给定 n 种证券，那么所有这些证券及由这些证券构成的组合将在坐标平面上构成一个区域，被称为可行域。为了说明可行域的形状及确定方法，我们先来看看市场中只存在两种证券的情形。

给定证券 A 和证券 B，如果某投资者将一笔资金以 x_A 的比例投资于证券 A，以 x_B 的比例投资于证券 B，且 $x_A+x_B=1$，则称该投资者拥有一个资产组合 P (x_A, x_B)，x_A 和 x_B 分别称为资产组合 P 中证券 A 和证券 B 的权重。如果在一定时期后，证券 A 的收益率为 r_A，证券 B 的收益率为 r_B，则显然资产组合 P 的收益率为：

$$r_P = x_A r_A + x_B r_B \tag{4-3}$$

故有

$$E(r_P) = x_A E(r_A) + x_B E(r_B) = x_A E(r_A) + (1 - x_A) E(r_B) \tag{4-4}$$

$$\begin{aligned}
\sigma_P^2 &= \mathrm{Cov}(r_P, r_P) \\
&= \mathrm{Cov}(x_A r_A + x_B r_B, x_A r_A + x_B r_B) \\
&= x_A^2 \sigma_A^2 + x_B^2 \sigma_B^2 + 2 x_A x_B \mathrm{Cov}(r_A, r_B) \\
&= x_A^2 \sigma_A^2 + x_B^2 \sigma_B^2 + 2 x_A x_B \rho_{AB} \sigma_A \sigma_B
\end{aligned} \tag{4-5}$$

式中，Cov 表示两种证券收益率的协方差，ρ_{AB} 为两种证券的收益率的相关系数。

需要指出的是，组合中各种证券的权重可以为负。比如 $x_A<0$，则由 $x_A+x_B=1$ 得 $x_B=1-x_A>1$，表示该投资者不仅将全部资金买入证券 B，而且还做了证券 A 的卖空，并将卖空所得资金也买入证券 B。

由公式（4-4）和公式（4-5）联立可以得到关于 $E(r_P)$ 和 σ_P 的方程式，该方程在 $E(r)-\sigma$ 坐标系中确定了一条经过 A 点和 B 点的曲线，这条曲线被称为证券 A 与证券 B 的结合线，由证券 A 和证券 B 构成的所有组合都位于这条曲线上，如图 4-1 所示。

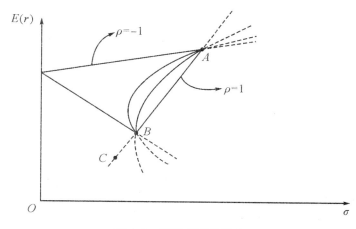

图 4-1　两种证券的组合

证券 A 与证券 B 的结合线在一般情况下是一条曲线，其弯曲程度决定于这两种证券之间的相关性。证券间的相关性是指证券的收益率之间相互影响的程度，由相

关系数 ρ 来描述，ρ 总是介于 -1 和 1 之间。$\rho_{AB} > 0$，表明证券 A、B 的收益有同向变动倾向，被称为正相关；$\rho_{AB} < 0$，表明证券 A、B 的收益有反向变动倾向，被称为负相关；$\rho_{AB} = 0$，表明两种证券的收益之间没有联动倾向，被称为不相关；$\rho_{AB} = 1$ 和 $\rho_{AB} = -1$ 是两种极端情形，分别被称为完全正相关和完全负相关。如图 4-1 所示，结合线的弯曲程度随 ρ 值的下降而加大，$\rho = 1$ 时为一条直线，而 $\rho = -1$ 时为一条折线。如果允许卖空，则由证券 A、B 构成的组合有可能位于 A、B 连线的延长线上，如图中 C 点就是卖空证券 A 后得到的组合。

由上述分析可知，当市场上只存在两种证券时，可行域就是这两种证券的结合线。如果存在两种以上的证券，则可行域将不再是一条线而是一个平面区域。如图 4-2 所示，给定三种证券 A、B、C，那么不允许卖空时由所有可能的组合构成的可行域就是 AB、AC、BC 三条结合线围成的区域。因为区域中的任何一点都可以通过三种证券的组合得到（如 K 点，总有一条结合线经过它，而决定这条结合线的组合 D、E 可以分别由 A 与 C、B 与 C 组合得到）。当允许卖空时，A、B、C 三种证券对应的可行域便不再是一个有限区域，而是一个包含该有限区域的无限区域，如图 4-3 所示。

根据假设②，投资者只会在可行域的左上边界上进行资产组合的选择。为什么呢？如图 4-4 所示，A 点为所有可行组合中的最小方差组合。对于可行域中的任何一个组合，都可以在以 A 点为分界点的左上边界上找到更优的。如 B 点优于 D 点，C 点优于 E 点，而位于左上边界上的组合相互之间则是无法区分好坏的。我们把可行域的左上边界称为有效边界，有效边界上的点所对应的组合被称为有效组合。因此，任意给定 n 种证券，必然唯一地对应着一条有效边界。所有投资者都只会选择有效边界上的组合，即有效组合。显然，作为所有可行组合中的最小方差组合，组合 A 也是有效组合。可以证明，有效边界一定是向外凸的，不会有凹陷。

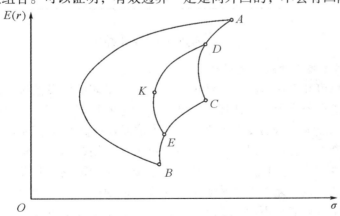

图 4-2　不允许卖空时三种证券的组合的可行域

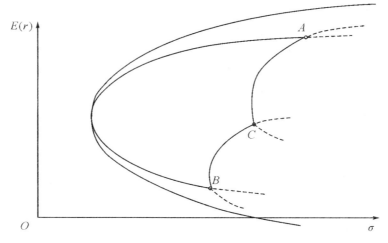

图4-3 允许卖空时三种证券的组合的可行域

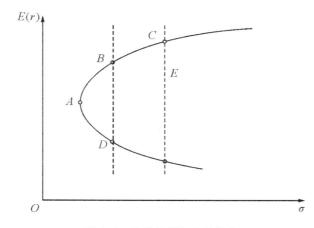

图4-4 有效边界与有效组合

（三）利用无差异曲线确定最优资产组合

由上述分析可知，任意给定 n 种证券，在马科维茨的假设条件下，投资者都将在有效边界上进行资产组合的选择。但就某个特定的投资者而言，他究竟会选择有效边界上的哪一点呢？这需要根据投资者个人的风险偏好程度来确定。

任何一个资产组合都可以给投资者带来一定的效用，而投资者也可以根据效用值对资产组合进行排序。根据前面所述，一个资产组合的期望收益率越高，其效用值越大，而波动性或方差越大，其效用值越小。但即便是同一个组合，它给不同投资者带来的效用也可能会不同。也就是说，对一个特定投资者而言，在评判一个资产组合的效用值时还需要考虑投资者自身的风险厌恶程度。以下是金融领域研究者广泛使用的用以计算资产组合效用值的一个函数：

$$U = E(r) - 0.5A\sigma^2 \tag{4-6}$$

式中，U 为效用值，$E(r)$ 和 σ 为资产组合的期望收益率和标准差（用小数表示），A 为投资者的风险厌恶指数。风险厌恶指数可以通过对投资者的风险承受能力和风险态度的测试得到。

对于一个特定的投资者来说，当任意给定一个资产组合 P 时，根据公式（4-6），可以得到一系列与组合 P 效用值相同的组合。所有这些组合在 E（r）-σ 坐标系中形成一条经过 P 点的曲线，被称为该投资者的一条无差异曲线，如图 4-5 所示。

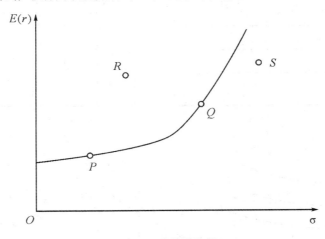

图 4-5　无差异曲线

对该投资者来说，另有一系列组合与组合 R 无差异，也另有一系列组合与组合 S 无差异，即经过 R 点和 S 点分别有一条无差异曲线。事实上，对于一个特定的投资者来说，任何一个资产组合都将落在某一条无差异曲线上，我们把这些无差异曲线称为该投资者的无差异曲线族，如图 4-6 所示。容易证明，无差异曲线族中的任意两条曲线之间都是平行的而不可能相交。

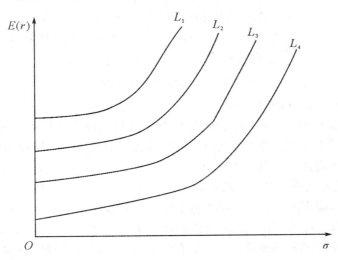

图 4-6　无差异曲线族

无差异曲线反映了投资者的个人偏好。图 4-7 提供了几种不同偏好的投资者的无差异曲线。图（a）和图（b）显示了两种极端情况，图（a）的投资者对风险毫不在意，图（b）的投资者则只关心风险。图（c）和图（d）表示更为一般的情况，图（d）的投资者比图（c）的投资者保守一些，即对相同的风险增加要求较多的期望收益率作为补偿。

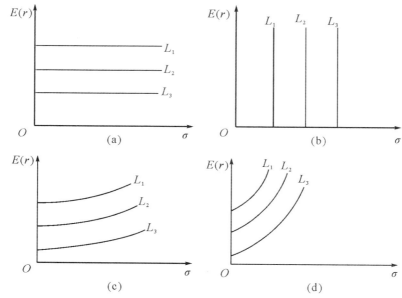

图 4-7　不同风险厌恶程度的无差异曲线

对于任意给定的一组证券（对应一条有效边界），一个特定投资者的最优资产组合由其无差异曲线族与有效边界共同决定。下面以只有两种风险资产的情况为例：

将公式（4-4）和公式（4-5）代入公式（4-6），得到：

$$U = x_A E(r_A) + (1 - x_A)E(r_B) - 0.5A[x_A^2 \sigma_A^2 + (1 - x_A)^2 \sigma_B^2 + 2x_A(1 - x_A)\rho_{AB}\sigma_A\sigma_B]$$

为了找出使得 U 最大的 x_A，求 U 对 x_A 的一阶导数并令其为 0，最后得到：

$$x_A = \frac{E(r_A) - E(r_B) + A(\sigma_B^2 - \rho_{AB}\sigma_A\sigma_B)}{A(\sigma_A^2 + \sigma_B^2 - 2\rho_{AB}\sigma_A\sigma_B)} \tag{4-7}$$

$$x_B = 1 - x_A$$

这个组合在 E（r）-σ 坐标系中是有效边界与该投资者的无差异曲线的切点，它相对其他有效组合落在处于最高位置的一条无差异曲线上，所以对该投资者来说是一个最优资产组合，如图 4-8 所示。

（四）考虑无风险资产时的最优资产组合

当考虑无风险资产时，有效边界将发生变化。如图 4-9 所示，F 代表无风险资产，位于 E（r）坐标轴上，r_f 为无风险利率。无风险资产与任意一种风险资产所构成的组合都落在连接 F 与该风险资产所在点的直线上，这条直线被称为资本配置线（CAL）。新的有效边界是所有可能的资本配置线中斜率最大的一条，即最优资本配置线，它与原来的有效边界相切于 Z 点。资产组合 Z 被称为最优风险组合。

对于某一个特定的投资者，其最优资产组合由其无差异曲线族与有效边界共同决定，如图 4-10 所示。

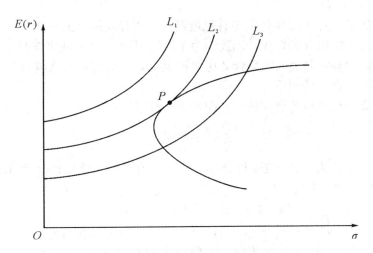

图 4-8　根据无差异曲线确定最优资产组合

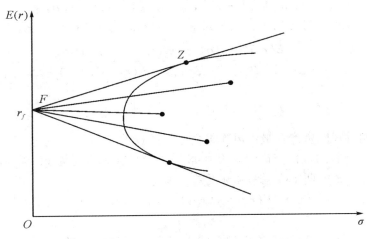

图 4-9　无风险资产与风险资产的组合

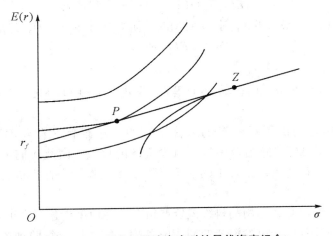

图 4-10　考虑无风险资产时的最优资产组合

投资者的最优资产组合 P 位于有效边界上，而有效边界上的任意组合都由无风险资产和最优风险组合 Z 构成，因此，为了确定组合 P 中无风险资产和每种风险资产的权重，需要确定最优风险组合 Z 中每种风险资产的权重以及组合 P 中无风险资产和最优风险组合 Z 的权重。

无风险资产与组合 Z 所在的资本配置线的斜率为：

$$S = \frac{E(r_Z) - r_f}{\sigma_Z} \tag{4-8}$$

这个比率也称为收益-波动性比率。假定只有两种风险资产 A 和 B，则根据公式（4-4）和公式（4-5）有：

$$E(r_Z) = x_A E(r_A) + (1 - x_A) E(r_B) \tag{4-9}$$

$$\sigma_Z^2 = x_A^2 \sigma_A^2 + (1 - x_A)^2 \sigma_B^2 + 2x_A(1 - x_A)\rho_{AB}\sigma_A\sigma_B \tag{4-10}$$

$$S = \frac{x_A E(r_A) + (1 - x_A) E(r_B) - r_f}{\sqrt{x_A^2 \sigma_A^2 + (1 - x_A)^2 \sigma_B^2 + 2x_A(1 - x_A)\rho_{AB}\sigma_A\sigma_B}}$$

为了找出使得 S 最大的 x_A，求 S 对 x_A 的一阶导数并令其为 0，最后得到：

$$x_A = \frac{[E(r_A) - r_f]\sigma_B^2 - [E(r_B) - r_f]\rho_{AB}\sigma_A\sigma_B}{[E(r_A) - r_f]\sigma_B^2 + [E(r_B) - r_f]\sigma_A^2 - [E(r_A) + E(r_B) - 2r_f]\rho_{AB}\sigma_A\sigma_B}$$

$$x_B = 1 - x_A$$

$$\tag{4-11}$$

这就是两种风险资产在最优风险组合 Z 中的权重。

假定在投资者的最优资产组合 P 中最优风险组合 Z 占比为 y、无风险资产占比为 $1-y$，则组合 P 的期望收益率和标准差分别为：

$$E(r_P) = y E(r_Z) + (1 - y) r_f \tag{4-12}$$

$$\sigma_P = y\sigma_Z \tag{4-13}$$

将公式（4-12）和公式（4-13）代入公式（4-6），得到：

$$U = y E(r_Z) + (1 - y) r_f - 0.5 A y^2 \sigma_Z^2$$

为了找出使得 U 最大的 y，求 U 对 y 的一阶导数并令其为 0，最后得到：

$$y = \frac{E(r_Z) - r_f}{A\sigma_Z^2} \tag{4-14}$$

其中，$E(r_Z)$ 和 σ_Z^2 由公式（4-9）、公式（4-10）和公式（4-11）计算得到。

公式（4-14）给出了投资者的最优资产组合中最优风险组合的权重，公式（4-11）则给出了最优风险组合中每种风险资产的权重，由此我们可以得到每种风险资产在投资者的最优资产组合中的权重，以及无风险资产在投资者的最优资产组合中的权重。

由上面的讨论可知，运用马科维茨资产组合选择模型构建资产组合的步骤包括：

第一步，估计各单个风险资产的期望收益率、方差以及每两种风险资产之间的相关系数，这可以根据历史数据或通过对未来前景的分析来确定；

第二步，根据无风险资产和各个风险资产计算出最优风险组合的期望收益率与方差；

第三步，根据特定的投资者的风险收益偏好（无差异曲线）计算出最优资产组合中无风险资产和各个风险资产的权重。

当存在数量众多的风险资产时，上述过程的计算量十分巨大，所以，在实际中马科维茨资产组合选择模型很少被应用于同类资产（如普通股）中不同品种之间的资金分配问题，而主要应用于不同类型的资产（如普通股与债券）之间的资金分配问题，这相当于对为数很少的几种风险资产使用该模型，从而使计算量大大减少。

第二节 资本资产定价

一、资本资产定价模型

假定所有投资者都运用马科维茨资产组合选择方法，在有效边界上寻求并最终投资于一个最优资产组合（这也是资本资产定价模型的基本假设），那么如何测定资产组合及单个资产的期望收益与风险之间的关系？或者说，衡量一个资产组合或一种资产的风险的尺度是什么？这就是资本资产定价模型所要解决的问题，由此可以根据资本资产的风险程度对它们进行定价。

（一）模型的假设

资本资产定价模型通过三个假设来简化所研究的问题：①投资者对证券的收益和风险及证券间的关联性具有完全相同的预期；②所有投资者都运用马科维茨资产组合选择模型进行最优资产组合的选择；③资本市场没有摩擦。

假设①意味着任何一种证券或资产组合都可以用 $E(r)-\sigma$ 坐标系中的一个点来表示；假设②意味着在任意给定 n 种证券后，投资者都将在同一条有效边界上选择各自的最优资产组合；假设③中的"摩擦"是指对整个市场资本和信息自由流通的阻碍，所以该假设意味着不考虑交易成本及对红利、股息和资本利得的征税，信息向市场中的每个人自由流动，在借贷和卖空上没有限制以及市场只有一个无风险利率。

（二）市场资产组合与资本市场线

图 4-9 中的最优风险组合 Z 同时也是市场组合，如图 4-11 所示。市场组合是指该组合中的每一种资产在组合中所占的权重等于这种资产的市值在整个市场总市值中所占的权重。

为什么最优风险组合 Z 同时也是市场组合？由假设②可知，所有投资者都会在有效边界 FZ 上选择自己的最优资产组合，或者说，沿着资本配置线 FZ 配置自己的资产，最后的结果是，每个投资者持有的组合都由无风险资产和最优风险组合 Z 构成。又由于所有投资者持有的风险资产的总和必定等于市场上全部风险资产的总和，所以，最优风险组合 Z 同时也是市场组合。

在图 4-11 中，资本配置线 FM 被称为资本市场线（CML），它描述了由无风险

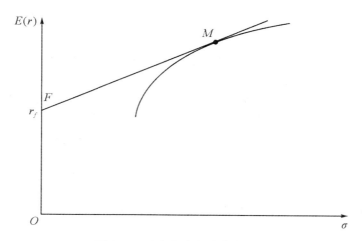

图 4-11　市场组合与资本市场线

资产 F 和市场组合 M 构成的所有组合。

由点 $F(0, r_f)$ 和 $M(\sigma_M, E_M)$ 容易得到资本市场线的方程：

$$E(r_P) = r_f + \frac{E(r_M) - r_f}{\sigma_M}\sigma_P \tag{4-15}$$

式中：$E(r_P)$、σ_P 分别为有效组合 P 的期望收益率和标准差，r_f 为无风险利率，$E(r_M)$、σ_M 分别为市场组合 M 的期望收益率和标准差。

公式（4-15）表明，有效组合的期望收益率 $E(r_P)$ 由两部分构成：一部分 r_f 是无风险利率，另一部分是 $\dfrac{E(r_M) - r_f}{\sigma_M}\sigma_P$。

（三）证券市场线

资本市场线完整地描述了均衡状态下有效组合的期望收益率与风险之间的关系，但这种关系对非有效组合（或单个证券）而言并不成立，必须寻求其他的衡量方法。

如图 4-12 所示，i 为任意的单个证券，K 为证券 i 与市场资产组合 M 的再组合。显然，组合 K 将落在证券 i 与市场组合 M 的结合线上，用公式表示为：

$$E(r_K) = x_i E(r_i) + x_M E(r_M) \tag{4-16}$$

$$\sigma_K^2 = x_i^2 \sigma_i^2 + x_M^2 \sigma_M^2 + 2x_i x_M \mathrm{Cov}(r_i, r_M) \tag{4-17}$$

式中，x_i 为组合 K 中证券 i 的权重，x_M 为组合 K 中市场资产组合 M 的权重。显然，证券 i 与市场组合 M 的结合线仍将落在原来的可行域中。

用反证法可以证明，结合线在 M 点与资本市场线 FM 相切（否则就会出现可行域之外的组合，而这是不可能的），亦即在 M 点的斜率等于资本市场线的斜率 $\dfrac{E(r_M) - r_f}{\sigma_M}$。

由式（4-16）和式（4-17）求 $E(r_K)$ 对 σ_K 的偏导数，可得：

$$\frac{\partial E(r_K)}{\partial \sigma_K} = \frac{\sigma_K[E(r_i) - E(r_M)]}{x_i[\sigma_i^2 + \sigma_M^2 - 2\mathrm{Cov}(r_i, r_M)] + \mathrm{Cov}(r_i, r_M) - \sigma_M^2}$$

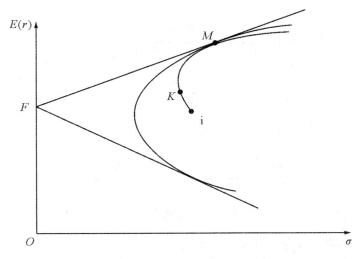

图 4-12 证券 i 与市场组合的结合线

由于在 M 点，$x_i = 0$，$\sigma_K = \sigma_M$，因此可得结合线在 M 点的斜率：

$$\frac{\partial E(r_K)}{\partial \sigma_K}\bigg|_{x_i = 0} = \frac{E(r_i) - E(r_M)}{\mathrm{Cov}(r_i, \ r_M) - \sigma_M^2}\sigma_M$$

该斜率等于资本市场线的斜率，即

$$\frac{E(r_i) - E(r_M)}{\mathrm{Cov}(r_i, \ r_M) - \sigma_M^2}\sigma_M = \frac{E(r_M) - r_f}{\sigma_M}$$

化简得

$$E(r_i) - r_f = \frac{\mathrm{Cov}(r_i, \ r_M)}{\sigma_M^2}[E(r_M) - r_f] \tag{4-18}$$

令

$$\beta_i = \frac{\mathrm{Cov}(r_i, \ r_M)}{\sigma_M^2} \tag{4-19}$$

式 (4-18) 可以写为：

$$E(r_i) = r_f + \beta_i[E(r_M) - r_f] \tag{4-20}$$

这个期望收益-贝塔关系就是资本资产定价模型的一般表达式，式中 β_i 被称为证券 i 的 β 系数，从式 (4-19) 可以看出，它实际上是证券 i 对市场组合 M 的方差的贡献率，因此反映了证券 i 的风险程度。式 (4-19) 表明，市场组合的 β 值为 1。

公式 (4-20) 在 $E(r)$-β 坐标系中确定了一条直线，这条直线被称为证券市场线 (SML)，如图 4-13 所示。在资本资产定价模型的假设下，所有证券及其组合都位于这条直线上。

二、因素模型与资本资产定价模型的应用

根据证券市场线的方程 (4-20)，只要我们获得市场组合 M 的期望收益率的估计值和任意证券 i 的 β 系数的估计值，就可定出在市场达到均衡时该证券的期望收

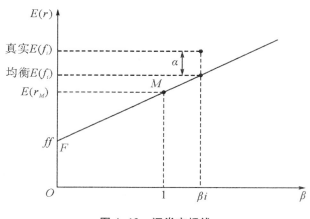

图 4-13 证券市场线

益率 $E(r_i)$。如果该证券在真实市场中的期望收益率与 $E(r_i)$ 不相等，则说明该证券的价格被误定。某种证券的真实期望收益率与均衡期望收益率之间的差被称为 α，如图 4-13 所示。资本资产定价模型最核心的应用正是在于寻找市场中价格被误定的证券，即 α 不为 0 的证券。

为了得到资本资产定价模型假设下的某种证券的均衡期望收益率，需首先估计出该证券的 β 值，然后根据证券市场线确定期望收益。为了估计某种证券的 β 值，我们引入因素模型。

（一）单因素模型与证券特征线

对于市场上任意一种证券 i，我们可以假设其收益率在持有期间只受到两方面因素的影响：一是宏观因素，二是公司特有事件。这样，该证券的持有期收益率就可以写为：

$$r_i = \alpha_i + \beta_i F + \varepsilon_i \tag{4-21}$$

式中，α_i 为期初的期望收益率，F 表示宏观因素的变动，β_i 为证券 i 对宏观因素变动的敏感度，因而 $\beta_i F$ 就代表了 r_i 中受宏观因素影响的成分，ε_i 则是 r_i 中受公司特有事件影响的成分。

公式（4-21）被称为证券收益率的单因素模型。如果用某种证券指数来代表宏观因素，则由单因素模型可以引出单指数模型：

$$r_i - r_f = \alpha_i + \beta_i(r_M - r_f) + \varepsilon_i \tag{4-22}$$

公式（4-22）表明，每一种证券都有两种风险来源：市场整体的变动和公司特有事件。前者对几乎所有的证券都有影响，被称为系统风险，后者只影响单个证券而与市场整体变动和其他证券无关，被称为非系统风险。公司特有事件独立于市场整体变动意味着 $r_M - r_f$ 和 ε_i 的协方差为零，因此对公式（4-22）两边求方差得到：

$$\sigma_i^2 = \beta_i^2 \sigma_M^2 + \sigma^2(\varepsilon_i) \tag{4-23}$$

可见，证券 i 的方差可以分解为两部分：$\beta_i^2 \sigma_M^2$ 为证券 i 的源于市场整体变动的方差（σ_M^2 为市场组合的方差），$\sigma^2(\varepsilon_i)$ 为源于公司特有事件的方差。

对公式（4-22）进行线性回归分析，得到的回归直线被称为证券特征线，如图

4-14所示。这条斜率为 β_i、纵截距为 α_i 的直线描述了证券 i 的超额收益与市场超额收益之间的函数关系。

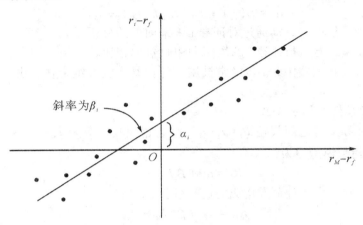

图 4-14　证券特征线

（二）利用证券特征线测度证券的风险与收益

1. β 系数

根据式公式（4-22），可以导出证券 i 的超额收益与市场超额收益的协方差：
$$\mathrm{Cov}(r_i - r_f,\ r_M - r_f) = \mathrm{Cov}[\alpha_i + \beta_i(r_M - r_f) + \varepsilon_i,\ r_M - r_f]$$
注意到非系统成分独立于系统成分的假设，即 $\mathrm{Cov}(\varepsilon_i,\ r_M - r_f) = 0$。同时，$\alpha_i$ 为常数，它与所有变量的协方差为零。因此有
$$\mathrm{Cov}(r_i - r_f,\ r_M - r_f) = \beta_i \mathrm{Cov}(r_M - r_f,\ r_M - r_f) + \mathrm{Cov}(\varepsilon_i,\ r_M - r_f) = \beta_i \sigma_M^2$$
由此得
$$\beta_i = \frac{\mathrm{Cov}(r_i - r_f,\ r_M - r_f)}{\sigma_M^2} = \frac{\mathrm{Cov}(r_i,\ r_M)}{\sigma_M^2} \tag{4-24}$$

可见，证券特征线的斜率 β_i 与资本资产定价模型中证券 i 的 β 系数相同。因此，利用上述回归分析得到证券特征线，也就给出了证券 i 的 β 系数的估计。

β 系数刻画了证券的收益率对市场组合的敏感程度。当 $\beta > 0$ 时，证券的收益率变动与市场组合同向，即该证券的价格与市场总体行情同涨同跌；当 $\beta < 0$ 时，证券的收益率变动与市场组合反向，即在市场总体行情上涨时，该证券反而下跌，在市场总体行情下跌时，该证券反而上涨。$|\beta| > 1$ 的证券通常被称为进取型证券，市场组合的收益率变动一个百分点会导致该证券一个百分点以上的收益率变动。$|\beta| < 1$ 的证券通常被称为保守型证券，市场组合的收益率变动一个百分点会导致该证券低于一个百分点的收益率变动。

2. α 系数

对公式（4-22）两边取期望值，可得：
$$E(r_i) - r_f = \alpha_i + \beta_i[E(r_M) - r_f] \tag{4-25}$$
与公式（4-20）比较可知，证券 i 如果按照资本资产定价模型定价，则 α_i 必定为零。因此，α_i 反映了证券 i 相对于其公平定价（资本资产定价模型假设下的均衡

期望收益率）而言被误定的程度，被称为证券 i 的 α 系数。

由公式（4-25）可得：

$$\alpha_i = E(r_i) - r_f - \beta_i[E(r_M) - r_f] \qquad (4-26)$$

可见，为了估计 α_i，需通过对证券 i 未来前景的分析得到隐含于当前市价中的真实期望收益率，然后与证券 i 的均衡期望收益率相比较。利用证券特征线也可以给出 α_i 的估计。在实践中，α 也经常被用来评价某个资产组合在过去一段时间的表现好坏。

（三）指数模型与分散化

如果记证券 i 的超额收益 $R_i = r_i - r_f$，市场超额收益 $R_M = r_M - r_f$，则可以将公式（4-22）的单指数模型写为：

$$R_i = \alpha_i + \beta_i R_M + \varepsilon_i$$

类似地，对于由 n 种证券构成的资产组合 P，可以有：

$$R_P = \alpha_P + \beta_P R_M + \varepsilon_P \qquad (4-27)$$

类似于公式（4-23），组合 P 的方差为：

$$\sigma_P^2 = \beta_P^2 \sigma_M^2 + \sigma^2(\varepsilon_P) \qquad (4-28)$$

公式（4-28）中的 $\beta_P^2 \sigma_M^2$ 为资产组合方差的系统风险成分，它不会因为分散化程度的提高而减小。资产组合方差的非系统风险成分 $\sigma^2(\varepsilon_P)$ 则相反，由于公司特有事件 ε_i 相互之间是独立的，因而随着越来越多的证券加入资产组合中，该值将会越来越小，以致最终被消除掉。也就是说，随着分散化程度的提高，资产组合的方差越来越接近其系统风险成分 $\beta_P^2 \sigma_M^2$。

（四）多因素模型

相比于单因素或单指数模型，带有更多因素的模型——多因素模型能够对证券收益给出更好的描述。在公式（4-21）中加入更多的因素就得到多因素模型：

$$r_i = \alpha_i + \beta_{i1} F_1 + \beta_{i2} F_2 + \cdots + \beta_{ik} F_k + \varepsilon_i \qquad (4-29)$$

一个具有代表性并且被广泛应用的多因素模型是由 Fama 和 French 建立的三因素模型：

$$r_i - r_f = \alpha_i + \beta_i(r_M - r_f) + \beta_{ismb}\text{SMB} + \beta_{ihml}\text{HML} + \varepsilon_i \qquad (4-30)$$

式中，$r_M - r_f$ 是市场超额收益，SMB 和 HML 是两个公司特征变量，SMB 表示"小减去大"，即小市值股票组合超出大市值股票组合的收益；HML 表示"高减去低"，即高账市比股票组合超出低账市比股票组合的收益。公式（4-30）中包含 $r_M - r_f$、SMB、HML 三个风险因素，从而较单因素模型更好地描述了证券收益与风险之间的关系。

第三节　套利定价

一、套利与套利组合

套利是指投资者通过构造一个零投资资产组合以获取无风险利润。要构造零投资资产组合，投资者必须卖空至少一项资产，然后用所得资金购买（做多）一项资产或多项资产。

最明显的套利机会莫过于一价法则被违反的时候。

下面来看一个存在于不同资产组合之间的套利机会及套利组合的构造。

根据单因素模型（4-21），对于任意一个资产组合 P，其收益率可以写为：

$$r_P = E(r_P) + \beta_P F + \varepsilon_P \tag{4-31}$$

如果资产组合 P 是充分分散化的，则有：

$$r_P = E(r_P) + \beta_P F$$

现在假定有两个充分分散化的资产组合 A 和 B，它们的因素敏感度分别为 $\beta_A = 1.2$，$\beta_B = 0.6$，期望收益分别为 $E(r_A) = 10\%$，$E(r_B) = 6\%$。因此 A、B 两个组合的收益为：

$$r_A = 0.1E + 1.2F$$
$$r_B = 0.06 + 0.6F$$

假定无风险利率 $r_f = 4\%$。这里是否存在套利机会？

构造这样一个新的资产组合 C，它由组合 A 和无风险资产各占一半组成。这样，

$$\beta_C = 0.5 \times 1.2 + 0.5 \times 0 = 0.6$$
$$E(r_C) = 0.5 \times 0.1 + 0.5 \times 0.4 = 0.07$$

因此，资产组合 C 的收益为：

$$r_C = 0.07 + 0.6F$$

与组合 B 相比，组合 C 具有相等的 β 值和较高的期望收益。这就构成了一个套利机会，可以通过构造一个套利组合获取无风险利润：卖空资产组合 B 获得资金 X，用它买入资产组合 C。该套利组合锁定的无风险利润为：

$$(0.07 + 0.6F)X - (0.06 + 0.6F)X = 0.01X$$

可见，套利组合具有三个特性，或者说满足三个条件：①零投资；②无风险；③正的期望收益。

二、套利定价理论

在上面的例子中，当任何一个投资者了解到这一套利机会时，无论这个投资者有多么厌恶风险，他都愿意对这个零投资组合拥有尽可能多的头寸。因此，哪怕只有一个投资者了解到这一套利机会，市场也会对买卖压力做出反应：对组合 C 的需求会导致组合 A 的价格上升，期望收益下降，组合 A 的期望收益下降意味着组合 C 的期望收益也下降，买卖压力则促使资产组合 B 的价格下跌，期望收益上升，直至 $E(r_B) = E(r_C)$，即 $E(r_B) = 0.5r_f + 0.5E(r_A)$。又由于 $\beta_A = 2\beta_B$，因而两式联立可得：

$$\frac{E(r_A) - r_f}{\beta_A} = \frac{E(r_B) - r_f}{\beta_B} \tag{4-32}$$

由此引出的结论是，充分分散化的资产组合的期望超额收益与 β 值成比例。在应用时，需估计出各种充分分散化的资产组合的 β 值，并通过对未来前景的分析得

到这些组合的真实期望收益率。

由于将影响证券收益的系统因素限定为单一变量的假设过于简化,我们将公式(4-31)的单因素模型一般化为两因素模型:

$$r_P = E(r_P) + \beta_{P1}F_1 + \beta_{P2}F_2 + \varepsilon_P \qquad (4-33)$$

引入因素资产组合的概念,即构造一个充分分散化的资产组合,它对其中一个因素的敏感度为1,对另一个因素的敏感度为0。

现在假定我们构造出了两个因素资产组合1和2,另有一个充分分散化的资产组合P。它们的因素敏感度如表4-2所示。

表4-2 资产组合1和2及资产组合P的因素敏感度

资产组合	因素（F_1）	因素（F_2）
1	1	0
2	0	1
P	β_{P1}	β_{P2}

进一步假定无风险利率为r_f。利用因素资产组合1和2构造这样一个资产组合,在该组合中因素资产组合1的权重为β_{P1},因素资产组合2的权重为β_{P2},无风险资产的权重为$1-\beta_{P1}-\beta_{P2}$。这样,该组合对因素F_1的敏感度为β_{P1},对因素F_2的敏感度为β_{P2},与组合P相同,因此应当具有与组合P相同的期望收益,否则将引发套利机会。所以有

$$\begin{aligned} E(r_P) &= \beta_{P1}E(r_1) + \beta_{P2}E(r_2) + (1 - \beta_{P1} - \beta_{P2})r_f \\ &= r_f + \beta_{P1}[E(r_1) - r_f] + \beta_{P2}[(E(r_2) - r_f)] \end{aligned} \qquad (4-34)$$

或者写成:

$$E(r_P) - r_f = \beta_{P1}[E(r_1) - r_f] + \beta_{P2}[(E(r_2) - r_f)]$$

如果将式(4-34)扩展为带有k个因素的多因素模型,则对于任意的充分分散化的资产组合P,通过类似的过程可以得到:

$$E(r_P) = r_f + \beta_{P1}[E(r_1) - r_f] + \beta_{P2}[(E(r_2) - r_f)] + \cdots + \beta_{PK}[E(r_K) - r_f]$$

$$(4-35)$$

式(4-35)表明,在无套利条件下,充分分散化的资产组合的期望收益与因素敏感度之间呈线性关系。式中的$E(r_j) - r_f$($j=1, 2, \cdots, k$)是对因素F_j敏感度为1而对其他因素敏感度为0的因素资产组合的期望收益率溢价(期望收益率中高出无风险利率的部分)。

那么,对于单个证券,是否也存在期望收益与β之间的线性关系呢?

假定以下关系

$$E(r_i) = r_f + \beta_{i1}[E(r_1) - r_f] + \beta_{i2}[(E(r_2) - r_f)] + \cdots + \beta_{iK}[E(r_K) - r_f]$$

$$(4-36)$$

对所有单个证券都不成立,那么很显然,由这些证券构造出的充分分散化的资产组合满足式(4-35)的可能性将很小。然而,我们已经证明,式(4-35)对任

意一个充分分散化的资产组合都是成立的，这就意味着大多数单个证券都满足式（4-36）。

实际上，式（4-36）正是套利定价模型的一般形式。它表明，在无套利条件下，所有充分分散化的资产组合及单个证券（除可能的一小部分外）的期望收益与因素敏感度之间呈线性关系。

三、套利定价理论与资本资产定价模型

市场组合是一个充分分散化的组合。现在考虑市场组合 M 和另一个充分分散化的资产组合 P。根据式（4-32），并注意到 $\beta_M = 1$，有：

$$\frac{E(r_P) - r_f}{\beta_P} = E(r_M) - r_f$$

即

$$E(r_P) = r_f + \beta_P[E(r_M) - r_f]$$

这正是资本资产定价模型的证券市场线方程。

这就是说，无须资本资产定价模型的严格假设，在无套利条件下也可以得出资本资产定价模型的主要结论。这也说明了两个理论的内在一致性。

就实证检验而言，由于不要求期望收益-β 关系的基准资产组合为真实的（难以观测的）市场组合，而只需是一个与某个系统因素高度相关的充分分散化的资产组合，因而套利定价理论相对于资本资产定价模型而言是一个容易检验的模型。当然，相比于套利定价理论，资本资产定价模型的优势在于：它对所有的资产给出了严格清晰明确的期望收益-β 关系描述，而套利定价理论只对除了可能的一小部分外的所有资产给出了这一描述。

第五章
证券投资分析

第一节 基本分析

基本分析是通过对公司盈利前景等影响股票价值的基本因素进行分析来估算股票价值。从根本上讲，股票价值决定于公司的经营业绩，但公司的经营业绩与宏观经济状况和行业前景密切相关，所以，基本分析通常包括宏观经济分析、行业分析和公司分析三个方面。

一、宏观经济分析

（一）经济政策分析

经济政策分析是指对政府实施的财政政策、货币政策、收入政策、对外经济政策等宏观经济政策进行分析。一方面，分析这些政策对股票市场的影响；另一方面，根据宏观经济运行状况来分析预测这些政策的未来走向。

1. 财政政策分析

（1）财政政策对股票市场的影响分析

财政政策分为松的财政政策、紧的财政政策和中性财政政策。松的财政政策手段主要包括减税、增加财政支出、减少国债发行、增加财政补贴等。这些手段作用于宏观经济和股票市场的机制：减税可以增加企业和家庭个人等经济主体的收入，刺激其投资需求和消费需求，从而引起股票市场价格上涨；增加财政支出，扩大财政赤字，会刺激企业的投资需求，尤其是那些与政府购买和支出直接相关的企业，其股票价格将受到迅速刺激而上涨；减少国债发行，政府吸纳的货币量减少而社会货币流通量增加，这可能会导致股票市场需求增加从而使股票价格上涨（这个问题需要辩证地看待，因为政府也可以通过增加发行国债以吸收社会闲散资金，集中投放刺激投资需求，从而引起股票价格上涨）；增加财政补贴也会刺激企业的投资需求，从而引起股票市场价格上涨。紧的财政政策正好相反，主要手段包括增税、减少财政支出、增加国债发行、减少或取消财政补贴等。中性财政政策则介于两者之间，这里不再赘述。

（2）政府如何根据宏观经济运行状况选用不同的财政政策手段

从短期财政政策的运用来看，政府主要是根据经济运行状况相机抉择选用松的财政政策、紧的财政政策或松紧搭配的财政政策来对社会总供求加以调控。比如，当总供给大于总需求时，一方面可以采取增加财政支出等松的财政政策手段刺激需求，另一方面可以采取提高税率等手段适当抑制总供给。从中长期财政政策的运用来看，政府主要是对财政支出的结构进行中长期的调整，以及对税收制度进行改革和调整，以实现中长期的财政政策目标。

2. 货币政策分析

（1）货币政策对股票市场的影响分析

货币政策也有松紧之分。松的货币政策就是中央银行通过再贴现政策、存款准备金政策、公开市场业务等政策手段增加社会的货币供应量，即放松银根。另外，货币政策的内容除了包括信贷政策和利率政策外，还包括汇率政策。松的汇率政策一般是使本币适度贬值以刺激出口。显然，这些政策手段会通过刺激投资需求和消费需求对经济运行产生扩张作用，从而促使股票市场需求增加、价格上涨。紧的货币政策对经济运行和股票市场的影响则正好相反。

（2）政府如何根据宏观经济运行状况选用不同的货币政策手段

相对于财政政策而言，货币政策对社会总需求的作用大于对总供给的作用。一般来讲，当存在社会总需求不足时，政府会选择实施松的货币政策，以刺激需求、促进经济增长；反之，则实施紧的货币政策，以抑制经济过热。需要指出的是，相对于财政政策而言，货币政策对宏观经济运行发挥调节作用存在较强的时滞性，即从政策实施到产生效果有一个较长的过程，因此，政府在根据宏观经济运行状况实施和调整货币政策时通常着眼于中长期的经济发展。也就是说，相对于财政政策而言，货币政策的稳定性较强。

3. 收入政策分析

（1）收入政策对股票市场的影响分析

收入政策通过对各经济主体的收入总量和收入结构的调节来影响宏观经济运行。总量调节即对各个经济主体的收入水平进行调节，其手段有超分配政策与紧分配政策之分。超分配政策通过提高各个经济主体的收入水平，以刺激其投资和消费水平，从而对经济运行产生扩张效应，也将刺激股票市场价格上涨。紧分配政策则相反。收入结构调节主要是指对积累与消费、公共消费与个人消费、各种收入的比例、个人收入差距等关系进行调节，以实现产业结构的优化和经济与社会的协调发展。这种结构调节会对股票市场产生结构性的影响，比如当提高积累在收入中的比例而相应减少消费所占比例时，可能会导致生产资料类企业的股票价格上涨、消费资料类企业的股票价格下跌。

（2）政府如何根据宏观经济运行状况选用不同的收入政策手段

当存在需求不足时，政府将选择实施超分配的收入政策；而当存在需求过旺、经济过热时，政府将选择实施紧分配的收入政策。当然，政府还会针对导致需求不足或过旺的具体原因，比如是投资需求还是消费需求，是公共需求还是个人需求，以及是哪一个收入阶层的需求等，而采取相应的措施对收入结构进行调整。

4. 对外经济政策分析

（1）对外经济政策对股票市场的影响分析

对外经济政策是指在开放经济条件下，国家为实现国际收支平衡与国内经济稳定相互协调而制定实施的方针、政策，其内容主要包括汇率政策、对外贸易政策、国际资本政策和外汇管制政策。一个国家的对外经济政策对其股票市场的影响可以从两个角度加以分析。一是从国内投资者的角度，主要考虑的是当前的国际收支状况如何，政府的汇率政策可能会做什么样的调整，对股票市场中的外向型企业会产生什么样的影响，以及哪些企业会在政府的贸易政策中受到出口扶持或进口保护，哪些企业会在政府扩大利用外资的政策下受到冲击或在鼓励对外投资的政策下受到扶持；二是从国外投资者的角度，除了对上述影响进行分析之外，很重要的一点是必须对外汇管制政策及其调整加以分析，以确定投资的本金和利润能否安全地兑换为国际通用货币或本国货币，从而获得现实的收益。

（2）政府如何根据宏观经济运行状况选用不同的对外经济政策手段

国际收支状况是宏观经济运行状况的重要方面，而实现国际收支平衡的一个关键因素是汇率的稳定，所以一个国家的汇率政策通常以减小汇率波动为主要目标。在贸易政策方面，大多数国家在一定程度上采取鼓励出口和限制进口的政策。比如，对出口和进口实行差别汇率，对出口企业给予补贴或出口退税，提高进口关税，实行进口配额限制等。发展中国家对资金的需求较大，所以一般都实行积极引进外资的政策，尤其是在经济不景气的时期，更加希望获得外部资金以推动经济增长。当然，对外资在投资领域、出资比例等方面有一定的限制，同时为维持汇率稳定、防止国际收支状况恶化，通常都存在一定程度的外汇管制。

（二）经济运行状况分析

经济运行状况分析是指通过某些重要的经济变量或指标对宏观经济运行的状况和未来趋势进行分析预测，据此对股票市场的运行状况和未来趋势做出判断与预测。

1. 经济运行状况分析所依据的主要经济指标

（1）国内生产总值（GDP）与经济增长率

GDP 是指一定时期内在一国领土范围内所生产的最终产品和劳务的价值。这方面的分析主要是对 GDP 的增长率进行分析预测，将增长率的变化及对经济运行带来的影响作为证券投资的依据之一。

（2）失业率

高失业率意味着社会资源被浪费，人们收入减少。这不仅是经济萧条的表现，而且会引发一系列社会问题。所以，失业率是经济运行状况分析的一个重要指标。

（3）通货膨胀率

高通货膨胀给经济发展带来负面效应是众所周知的，抑制高通货膨胀常常又要以失业率的上升和 GDP 的低增长甚至负增长为代价。因此，在进行经济运行状况分析时，需要对通货膨胀率是否过度做出客观的评价。应该说，适度的通货膨胀具有刺激股票市场价格上涨的作用。因为在适度的通货膨胀条件下，一方面企业的经营业绩增长情况普遍较好，另一方面存在一定程度的货币贬值，所以人们为追求资产的保值增值而倾向于投资股票市场。当然，如果出现过度甚至恶性通货膨胀，那么人们首先考虑的是抢购商品，自然不会有多少资金流向股票市场，从而会导致股票市场价格下跌。

（4）利率

利率指标与经济运行状况有着非常密切的关系。利率可以分为市场利率和管理利率。市场利率由资金供求状况决定，但它反过来又作为一种市场信号作用于资金供求；管理利率则主要作为金融当局调控资金供求的一种重要工具。当然，金融当局在制定和调整管理利率时也会参考市场利率水平。根据利率指标进行经济运行状况分析，就是在分析判断当前利率水平是高还是低的基础上，对利率的未来变动趋势进行预测。

（5）汇率

汇率水平及其变动决定于外汇市场的供求状况，一国的国际收支状况、通货膨胀水平、利率水平、经济增长率等都会对汇率产生影响。而汇率波动反过来又会影响这些变量。正因为如此，汇率政策已成为各国中央银行货币政策的重要内容，通过在外汇市场上买卖外汇，影响外汇供求，从而影响汇率，作用于经济运行。

（6）财政收支

财政收支状况在很大程度上体现了政府调控经济的政策意图，因而对整个经济运行有着直接的影响。通过分析财政收支状况，可以对当前的经济运行状况和政府的政策意图进行较好的把握与判断。

（7）国际收支

对外贸易和资本的流入、流出对一国的宏观经济运行有着重大的影响，这种影响体现在国际收支状况的变动上。比如，当经常项目逆差增加时，表明出口减少，即国外居民对本国产品和劳务的需求减少，这会在一定程度上影响经济增长率；当资本项目逆差增加时，表明外资流入减少，这可能会在一定程度上减小国内投资需求，从而对经济增长产生一定的抑制作用。

（8）固定资产投资规模

固定资产投资规模是指一定时期在国民经济各部门、各行业固定资产再生产中投入资金的数量。投资规模是否适度，是影响经济稳定与增长的一个决定性因素。投资规模过小，不利于为经济的进一步发展奠定物质技术基础；投资规模过大，又会引发能源、建材等生产资料价格上涨，从而导致物价上涨，影响经济的健康稳定发展。

2. 经济运行状况分析的主要内容

（1）当前经济运行于经济周期的哪一个阶段

周期性的波动是经济运行的内在规律，通常将一个经济周期划分为繁荣、衰退、萧条和复苏四个阶段。显然，经济运行所处的不同阶段对股票市场的价格变动有着不同的影响。当经济处于衰退和萧条阶段时，由于企业的盈利状况普遍不佳，因而股票市场的价格变动的总体趋势是向下的。但在经过长期的低谷徘徊之后，投资者对经济复苏的预期会促使股票市场逐步走出低谷，形成上升趋势。这种上升趋势会在经济复苏和繁荣阶段得到延续，而在经济出现过度繁荣时达到顶点，从而又开始下一轮经济周期。

（2）当前的通货膨胀状况如何

通货膨胀因素对股票市场的影响我们在前面已经做了论述，在分析经济运行状况时，重要的是对当前的通货膨胀状况进行客观的分析和判断。

（3）当前的利率水平如何

利率水平反映了资金使用的成本。利率的变动，一方面会对企业的经营成本和收益产生影响，从而导致股票市场价格的波动；另一方面也会影响到投资者投资于股票市场的机会成本，从而通过影响股票投资需求对股票价格的变动产生作用。

（4）股票市场本身的运行状况如何

首先是市场技术因素。这是指决定证券市场走势的内生性因素。从长期来看，证券市场的运行必然遵循上涨趋势与下降趋势交替出现的周期循环规律，这种规律从根本上讲取决于实体经济的运行状况，短期内则可能会因为受到一些突发因素的影响而产生波动。从市场技术因素的角度分析，就是要认清市场所处的大趋势及决定因素，以及这个大趋势中的反向波动的性质和原因。

其次是市场管理因素。证券监管机构和其他管理部门会根据证券市场运行状况采取相应的措施对市场供求加以调控，如适时调整信用交易保证金比率、抵押证券的抵押率、证券信用贷款限额等，以避免市场因过度投机而出现剧烈波动，或者陷入长期低迷的状态。从市场管理因素的角度分析，就是要对监管机构推出的管理或调控措施如何影响市场运行加以分析判断。

再次是市场心理因素。影响证券市场价格变动的无论是内因还是外因，最终都要通过投资者的买卖行为发生作用，而投资者的买卖行为又决定于他们的心理特征。所以，投资者的心理特征及变化对证券市场的运行状况有着直接的影响。行为金融学致力于这方面的研究，得出了许多重要结论。譬如，基于过度自信（overconfidence）和典型启示（representativeness heuristic）的心理特征，投资者通常以股价变动的历史趋势作为预测未来趋势的指示器；基于损失厌恶（loss aversion）和后悔厌恶（regret aversion）的心理特征，投资者倾向于卖出盈利组合而持有亏损组合，这可以解释证券市场上所谓的"处置效应"（disposition effect）；同样，基于后悔厌恶的心理特征，投资者倾向于持有已经买入的组合，而不愿换成哪怕是更好的组合，这就是所谓的"禀赋效应"（endowment effect）；基于从众心理，投资者倾向于跟随那些流行的或权威的选择，由此可以解释证券市场上普遍存在的"羊群效应"（herd behavior）。从市场心理因素的角度分析，就是要对投资者的心理和行为特征进行分析，据此寻找获利机会或规避风险。

最后是市场效率因素。市场效率取决于市场信息披露是否全面、准确、及时，通信条件是否先进，市场流动性如何，投资主体的专业化程度如何等。市场效率的高低决定了不同的分析方法和投资策略的有效性。例如，根据有效市场假说（EMH），在一个弱式有效市场中，由于股价已经反映了全部能从市场交易数据中获得的信息，所以技术分析是无用的；在一个半强式有效市场中，由于股价已经反映了所有与公司前景有关的已知信息，所以技术分析和基本分析都是无用的；在一个强式有效市场中，由于股价已经反映了全部与市场相关的信息，包括仅公司内部人员知道的信息，所以即便内幕交易也不可能获得异常收益。因此，从市场效率因素的角度来分析，就是要对市场的有效性做出大致评判，基于此来选择适当的分析方法和投资策略。

（三）国际环境分析

在开放经济条件下，一国的经济发展和股票市场运行必然受到国际经济政治环境的影响，所以在进行股票投资时也需要对这一因素加以分析。

1. 国际经济环境分析

国际经济环境分析主要包括以下两个方面的内容：

（1）世界经济运行状况分析

这一分析主要从以下几个方面来进行：①当前世界经济整体上运行于经济周期中的哪一个阶段。显然，世界经济整体的繁荣与否对一个国家国内经济的运行会产生相当程度的影响。②当前世界各国尤其是主要经济体的通货膨胀状况如何。当世界各国尤其是主要经济体普遍出现高通货膨胀时，将会通过贸易和资本流动的传导机制导致本国发生通货膨胀，从而对本国经济运行产生不利影响。③当前国际金融市场和世界主要经济体的利率水平如何。如果国内市场利率水平明显低于国外，就会导致汇率不稳定，发生资本外流，从而对本国的国际收支状况产生影响。④当前世界主要经济体和国际金融中心的股票市场运行状况如何。在国际化和一体化的趋势下，各国证股票市场相互影响、相互制约的程度日益提高，其中主要经济体和国际金融中心的证股票市场运行状况又影响着世界各国股票市场运行。在分析这一因素时，除了考虑各国经济运行和政策的影响外，还应当看到，国际投机资本的流动对各国股票市场也起着直接和重要的作用。

（2）世界各国及国际机构的经济政策分析

各国政府都会根据本国经济运行状况制定和实施相应的财政、货币、收入和对外经济政策并适时地进行调整。当与本国有着密切经济关系的国家做出经济政策的重大调整时，必然会对本国经济运行产生一定程度的影响。因此，在对一个国家的股票市场进行投资时，需要密切注视与该国有关的其他国家的国内经济运行状况，并对这些国家经济政策可能发生的调整变动做出分析预测。

国际机构主要指国际货币基金组织、世界银行集团等全球性的国际金融机构和诸如亚洲开发银行、非洲开发银行等区域性的国际金融机构。由于这些国际机构的职能在于促进国际货币合作和国际贸易发展、为会员国生产事业提供长期贷款与投资以促进其生产资源开发、促进外国直接投资资本向发展中国家流动等，所以，当它们根据自己对国际经济金融形势和各国经济运行状况的分析判断对其在资金运用安排等方面的方针、政策加以调整时，必然会对各国经济运行产生不同程度的影响。比如，当一国发生金融危机时，这些国际机构会向该国提供紧急援助贷款，以防止危机蔓延造成国内经济进一步恶化并累及其他国家。再比如，当世界银行或其他国际机构认为某国在某方面的资源有大力开发的必要性和可能性时，就会在贷款安排上做出相应的调整，从而对该国的相关产业和企业产生有利的影响。

2. 国际政治环境分析

国际政治环境分析的内容主要包括国际政治形势的稳定性、世界主要经济体的对外政策和政策连续性以及战争风险等。国际政治形势的稳定性主要取决于世界政治格局的发展变化，如世界政治多极化格局的逐步形成将有利于国际政治形势的长期稳定。世界各国尤其是主要经济体的对外政策及政策连续性都会对他国经济运行产生或多或少的影响，而战争的发生必然会对相关国家或地区的经济和社会发展造成巨大破坏，战争风险的存在也会对投资者的心理和预期造成巨大的负面影响。

二、行业分析

属于不同行业的企业，其经营业绩和成长性可能存在天壤之别，原因就在于不同的行业面临不同的市场需求和发展前景。所以，对企业所属的行业进行分析是基本分析的重要内容。

（一）行业景气周期分析

行业的景气周期与宏观经济周期有着密切关系，但这种关系因不同的行业而存在较大差异，由此可以将行业划分为周期性行业、防御性行业和增长性行业等类型。

1. 周期性行业

周期性行业的产品需求弹性大，因而与宏观经济运行的周期具有较强的相关性。具体又可以分为几种类型：①石油、化工、煤炭、钢铁、建材等基础能源、原材料行业；②工程机械、机床等生产设备制造行业；③房地产、轿车、旅游、珠宝等高档消费品行业。

2. 防御性行业

防御性行业受经济周期波动的影响较小，表现为经济回升时抗涨，经济下滑时抗跌，这是因为其产品的需求弹性较小，或者说需求具有刚性。公用事业、食品、医药等行业属于典型的防御性行业。

3. 增长性行业

与防御性行业类似，增长性行业与经济周期波动的关系也不大，但与防御性行业不同的是，增长性行业无论是在经济回升还是在经济下滑时都表现出较为明显的增长性。这是由于增长性行业具有增长的内生动力，即技术进步和新产品的推出，使得其需求在经济下滑时几乎不会受到影响。大多数新兴行业和一些传统行业中的新兴细分行业都表现出增长性行业的特征，如过去的家电、计算机、手机行业，现在的智能电子、生物医药、物联网行业等。

4. 部门转换

部门转换是指根据经济周期的情况预测未来前景好的行业或部门，并使投资组合向这些行业或部门投资倾斜。一般而言，当经济进入复苏阶段时，可以向技术、非必需消费品、材料、工业、能源等部门转换，当经济进入衰退阶段时，可以向健康医疗、日常消费品、公共产品、金融等部门转换。

（二）行业生命周期分析

每个行业都有一个由成长到衰退的发展演变过程，这个过程是行业的生命周期。行业的生命周期一般可分为初创、成长、成熟和衰退四个阶段。

1. 初创阶段

初创阶段的特点是投资的企业数量少，并且由于产品的研究开发费用高、市场需求狭小（公众对产品缺乏了解），因而企业普遍处于亏损状态。但同时初创阶段也蕴藏巨大的投资机会。因为一旦某种新产品研发成功并得到广大公众的认同，给投资企业带来的收益和市场需求将是无可限量的。所以，在初创阶段进入某个行业的企业，其股票价格的变动通常比较频繁和剧烈。

2. 成长阶段

一个行业在经历了初创阶段后，随着产品逐渐被公众接受，市场需求增加，企业开始普遍转为盈利，这就表明该行业进入了成长阶段。由于此时行业前景看好，投资利润率高，因而会吸引越来越多的企业进入，形成相互竞争的格局。竞争促使技术进步、产品创新和成本降低，同时需求也具备进一步增加的潜力，从而使整个行业处于增长态势。与初创阶段行业增长的不确定性不同，成长阶段行业的增长具有较强的可测性，因而使企业能够比较稳定地分享行业增长所带来的收益。

3. 成熟阶段

成熟阶段行业的主要特点是垄断的形成，使新的企业很难进入。由于垄断的存在，已经进入的企业可以获得较稳定的收入，但整个行业的增长因缺乏需求的外部拉动和竞争的内在推动而趋于停滞。所以，行业在进入这一阶段后，企业大多不再增加投资，甚至开始回收资金，转向其他行业。

4. 衰退阶段

一个行业在经历了较长的成熟阶段后，由于新产品和大量替代品的出现，其市场需求开始逐渐减少，产品销售量也开始下降。尽管许多企业开始向其他更有利可图的行业转移资金，但仍不能改变原行业供给过剩的局面，因而使原行业呈现出企业数目减少、利润率不断下降甚至无利可图的萧条景象，直至逐渐停产消亡。

（三）行业类型分析

微观经济学的市场理论根据市场上企业的数量、产品的差别程度、单个企业对市场价格的控制程度等因素，将市场划分为完全竞争市场、不完全竞争市场和完全垄断市场三种类型。行业也可以按照其所对应的市场类型划分为以下三种类型：完全竞争型行业、不完全竞争型行业和完全垄断型行业。

1. 完全竞争型行业

完全竞争型行业所形成或面临的市场属于完全竞争市场，即不存在任何垄断因素、竞争可以不受任何阻碍地在（企业）供给之间进行的市场。完全竞争型行业具有以下特征：①大量的供给者或生产者，即企业。由于企业众多，每个企业的产量在行业总供给中所占的份额都很有限，因而不可能通过自身产量的调整影响产品供求状况，从而影响市场价格。也就是说，所有企业都只能是价格的接受者而非制定者，因而其盈利大小主要取决于产品的市场需求。当然，企业可以通过技术创新、降低成本获取超额利润。②同质的产品，即在经济上和技术上不存在任何差别，具有完全的替代性，需求者可以在众多企业的产品之间任意选择。③充分的市场信息。企业和消费者如若能对产品的价格、成本和收益等市场情况做到充分了解，就可以据此做出理性决策，并自由地进入或退出市场。④资源的自由流动。各种生产要素具有完全的流动性，每个企业都能够获得需要的生产要素。应该说，完全具备上述特征的市场在实际当中是不存在的，但通常可以把一些初级产品市场如农产品、小五金市场作为完全竞争市场来分析。

2. 不完全竞争型行业

不完全竞争型行业对应的是不完全竞争市场。不完全竞争市场是介于完全竞争和完全垄断之间的市场，现实当中的市场大多属于这种类型。按照垄断程度的高低，这种市场又分为接近于完全竞争的垄断竞争市场和接近于完全垄断的寡头市场。垄断竞争市场的特征与完全竞争市场相似，不同之处是垄断竞争市场的产品同种不同质，即种类相同，但在质量、品牌、款式、包装、售后服务以及企业信誉等方面存在差别。无论这些差别是实际存在的还是消费者的主观感受，都会影响消费者的选择，从而使企业可以凭此在竞争中获得一定的控制份额。可见，产品的差别性是垄断竞争市场的基本特征，由于这种差别性，企业可以获得相对独立的市场份额，在一定范围内可以自行定价，即不是完全的价格接受者。寡头市场是指少数几个企业控制了某种产品的大部分或全部供给的市场，这些企业被称为寡头。由于每个寡头的产量调整都会对该产品的总供给产生影响，所以他们对市场都具有一定的控制力和影响力。正因为如此，任何一个寡头在价格、产量等方面的决策都会引起其他寡头的强烈反应，这些反应又会反过来影响最初决策者的市场条件，迫使其调整最初的决策。寡头之间的这种相互依存、相互影响成为寡头市场的基本特征。寡头市场是现实当中大量存在的一种类型，那些资本密集型产品、技术密集型产品以及一些储量集中的矿产品市场都属于这种类型。因为这些产品生产所必需的巨额投资、复杂的技术或产品储量的分布限制了其他企业的进入。

3. 完全垄断型行业

完全垄断型行业形成或面临的是完全垄断市场。完全垄断市场与完全竞争市场刚好相反，是指由独家企业供给全部产品的市场。独家供给使产品成为一种特质产品，即不存在直接或相近的替代品的产品，这使得垄断者完全可以根据市场供求状况制定理想的价格，在高价少销和低价多销之间进行选择，以谋求利润的最大化。完全垄断市场在实际当中也是极为少见的。因为绝大多数产品有现实的或潜在的替代品存在。但通常可以把一些垄断程度极高的行业如铁路、邮电、城市供水等行业的市场视为完全垄断市场。

（四）产业政策分析

产业政策是由一国政府制定和实施的旨在提高资源在产业及企业间的配置效率，促进并优化本国产业发展及经济增长的经济政策。按照产业政策所包含的内容，产业政策分析可以从以下几个方面来展开。

1. 产业结构政策分析

产业结构政策通常是指调节产业之间的结构比例关系、推进产业结构转换的产业政策。在进行产业结构政策分析时，应重点关注政府对主导产业的选择以及对幼小产业的扶持。

一般来讲，政府在确定主导产业时，都要从本国实际情况出发，综合考虑产业的需求收入弹性、生产率上升幅度、与其他产业的关联度（尤其是对纵向联系部门的增长带动效应）、增长后劲和瓶颈效应等因素。所以，某个产业被确定为主导产业，一方面，表明它已经符合上述几个方面的条件；另一方面，政府为充分发挥该产业对其他产业的增长带动作用，必然会采取各种政策措施支持其发展。

幼小产业是指对一个国家的经济增长有着重要作用但在国际贸易和分工中暂时处于劣势的产业。对这类产业，政府通常采取贸易保护和国内生产扶持相结合的政策加以保护和扶持。贸易保护政策主要包括保护性进口关税、非关税壁垒、外汇管制等。国内生产扶持政策则包括财政政策、货币政策、技术政策和直接管制政策等。这些政策措施会在一定时期内起到保护和促进幼小产业发展的作用，但其中的贸易保护政策在实施过程中往往会招致贸易伙伴国的反对和报复。因此，在分析时应当密切关注政府的幼小产业扶持政策在国内外因素影响下可能发生的变化，以及幼小产业在保护期内的发展状况，一旦取消保护能否抵御来自国外的冲击，并参与国际竞争。

2. 产业组织政策分析

产业组织政策是指由政府制定的通过干预和调整产业的市场结构与市场行为，从而获得理想市场绩效的产业政策。产业组织政策的核心在于处理好规模经济与竞争活力之间的矛盾，包括两个方面的内容：①为企业创造平等竞争环境以增强企业活力；②促进企业达到合理规模以获得规模经济。具体的政策手段包括反垄断政策、反不正当竞争政策、保护中小企业政策和直接管制政策等。其中，直接管制政策适用于具有垄断性质的产业，旨在防止出现资源的低效配置和确保使用者的公平利用。可见，产业组织政策将对那些规模较大、具有行业垄断倾向的企业产生不利影响，使其不能任意操纵价格获取垄断利润，而对一些规模暂时较小、资本实力较弱但经营有活力、产品有市场的企业则是有利的。

3. 产业布局政策分析

产业布局政策是指政府为实现产业空间分布和组合的优化，以促进经济增长和社会福利而制定和实施的产业政策。其主要内容包括地区发展重点的选择和产业集中发展策略的制定等。从政策手段上看，产业布局政策主要是规划性的，同时也包括一定意义上的政府直接干预。具体来讲，有政府财政投资、间接诱导、信息疏导、直接干预和限制等。通过对产业布局政策的分析，可以清楚地了解政府的产业布局战略和战略期内国家重点支持发展的地区，以及这些地区的经济发展模式和基本思路，从而据此对各类相关企业的发展前景进行分析预测。此外，在分析中应当注意的是，产业布局政策往往与特定的国家经济发展程度相关联。在经济较不发达阶段，政府通常更强调产业布局的非均衡性，即强调优先发展某些地区经济，通过这些地区经济的超常增长，带动其他地区以及整个国家经济的增长。当经济较为发达之后，政府则从公平角度出发，偏重于强调产业布局的均衡性，从而可能对不发达地区经济给予较多的支持。显然，产业布局政策的这种特点将使有关企业在不同时期内所受到的政策影响不同。

4. 产业技术政策分析

产业技术政策是指政府所制定的用以引导和干预产业技术进步的政策。由于其几乎涉及国民经济的所有产业，所以产业技术政策也往往被看作整个国家的技术政策。产业技术政策可以分为以下几种：

（1）产业技术进步的指导性政策

产业技术进步的指导性政策主要由政府通过各种途径对产业技术进步的目标和各技术进步主体的行为进行指导。其涉及的产业主要是那些产业结构政策所规定的重点发展产业。

（2）产业技术进步的组织政策

产业技术进步的组织政策主要通过由政府主持或参与的各种组织形式推进产业技术进步乃至加速有关产业或产品的技术进程。

（3）产业技术进步的激励性政策

通过健全和完善有关知识产权保护与交易制度、政府直接或间接的经济刺激，对民间科研机构和企业的研究开发与技术引进工作进行诱导。

在产业技术政策实施的影响下，企业技术创新的积极性得到增强，这将使那些本身蕴含着较强的技术进步动因的产业得到更快速的发展。

三、公司分析

在对股票市场所处的宏观经济环境和企业所属的产业进行分析之后，要最终决定投资于哪种证券，还必须对发行证券的公司本身的经营状况进行分析，这就是公司分析。公司分析包括公司基本素质分析和公司财务分析两个方面。前者是指对公司的行业竞争地位、经营管理水平和盈利能力等进行考察，这里我们着重对后者加以介绍。

（一）偿债能力分析

公司的偿债能力包括短期偿债能力和长期偿债能力两个方面。其中，长期偿债能力由公司的资本结构体现，我们将在下面的"资本结构分析"中讨论。短期偿债能力则是指公司以流动资产偿还流动负债的能力，可以通过以下几个指标加以分析。

1. 流动比率

流动比率的计算公式为：

$$流动比率=\frac{流动资产}{流动负债}$$

它表示每一元钱的流动负债有多少元钱的流动资产可用于抵偿。

一般认为流动比率应不低于2，这主要是基于流动资产中有一半左右不易变现的假设。但这只是一个经验性的法则，因为影响流动比率的因素很多，要为各种行业确定一个共同的评价标准非常困难。比如，营业周期较短的某些服务行业的流动比率远远低于2，而营业周期较长的制造业的流动比率则通常高于2。总体来看，在进行流动比率分析时应注意下列因素的影响：①公司所属行业的平均流动比率水平；②公司历年的流动比率变动趋势；③流动资产和流动负债的构成及变化；④公司运营的季节性因素。

2. 速动比率

速动比率的计算公式为：

$$速动比率 = \frac{速动资产}{流动负债}$$

其中

$$速动资产 = 流动资产 - 存货$$

由于从流动资产中扣除了变现速度较慢的存货，所以速动比率比流动比率更能真实地反映企业的短期偿债能力。

一般认为，速动比率应不低于1，这主要是基于即便存货全部损失也不会影响短期偿债能力的假设。但这也只是一个经验数据，因为速动比率也与行业特点密切相关。此外，在进行速动比率分析时，还应注意公司历年的速动比率变动趋势以及应收账款的变现能力和应收账款数额的真实性（受季节性因素的影响）。实际上，在考虑了上述影响因素后，可以用更为保守的两个指标来衡量短期偿债能力：①保守速动比率，又称超速动比率；②现金比率。

$$保守速动比率 = \frac{货币资金+短期投资+应收票据+应收账款净额}{流动负债}$$

$$现金比率 = \frac{货币资金+现金等价物}{流动负债}$$

其中，应收账款净额等于应收账款减去坏账准备，现金等价物为短期投资中变现能力极强的短期证券。

3. 利息保障倍数

利息保障倍数的计算公式为：

$$利息保障倍数 = \frac{税息前利润}{利息费用}$$

其中，

$$税息前利润 = 利润总额 + 利息费用$$

利息保障倍数反映了企业用其业务收益支付借款利息的能力。

在实际当中，分析企业的短期偿债能力，除了分析上述比率外，还需要结合应收账款周转率和存货周转率分析。由于应收款周转率和存货周转率同时反映了企业的经营效率，所以我们将在下面的"经营效率分析"中讨论。

（二）资本结构分析

资本结构是指公司的资金来源总额中各项来源的构成比例。对资本结构进行分析可以衡量企业的长期偿债能力。

1. 资产负债率

资产负债率的计算公式为：

$$资产负债率 = \frac{负债总额}{资产总额} \times 100\%$$

资产负债率反映公司的全部资产中有多大一部分是由债权人提供的资金形成的。就债权人的立场而言，资产负债率越低越好。因为资产负债率越低，表明公司偿还本金及支付利息的负担越轻，债权人利益的保护程度越高。根据一般经验，资产负债率应低于70%。但在具体分析时也不能一概而论，因为不同行业的特点对资产负债率水平有较大影响。此外，资产负债率反映了公司负债经营的程度。在资金利润率较高的条件下，较高的资产负债率可使公司借助财务杠杆作用获取更多收益。

2. 所有者权益比率

所有者权益比率的计算公式为：

$$所有者权益比率 = \frac{所有者权益总额}{资产总额} \times 100\%$$

$$= 1 - 资产负债率$$

所有者权益比率反映公司的全部资产中有多大一部分是属于所有者的。由于属于所有者权益的资金来源是最稳定的，所以所有者权益比率越高，表明公司的资本结构越稳定。但在实际分析中，也应注意结合行业特点和资金利润率水平等因素加以衡量。

3. 负债对所有者权益比率

负债对所有者权益比率又称为产权比率。其计算公式为：

$$负债对所有者权益比率 = \frac{负债总额}{所有者权益总额} \times 100\%$$

负债对所有者权益比率可以衡量一旦公司发生财务困难时，债权人利益受保障的程度。

4. 长期负债比率

长期负债比率的计算公式为：

$$长期负债比率 = \frac{长期负债}{资产总额} \times 100\%$$

长期负债比率反映公司的全部资产中有多大一部分由长期借款形成。在分析长期负债比率时，应注意结合其他指标如流动比率、资产负债率等加以衡量。比如，在资产负债率处于合理范围的条件下，长期负债率越高越好。因为长期借款属于较为稳定的资金来源。

5. 所有者权益对固定资产比率

所有者权益对固定资产比率的计算公式为：

$$所有者权益对固定资产比率 = \frac{所有者权益总额}{固定资产总额} \times 100\%$$

所有者权益对固定资产比率反映公司用于购置固定资产的资金有多大比例来自所有者权益。由于固定资产购置属于长期资金占用，而所有者权益是最稳定的资金来源，因此该比率越高，表明资本结构越稳定。

（三）经营效率分析

公司的经营效率主要由各项资产的周转速度体现出来。

1. 应收账款周转率

应收账款周转率的计算公式为：

$$应收账款周转率 = \frac{赊销收入}{平均应收账款}$$

其中

$$赊销收入 = 赊销收入 - 销售退回、折扣及折让$$

$$平均应收账款 = \frac{期初应收账款 + 期末应收账款}{2}$$

应收账款周转率反映公司应收账款的周转速度，从而体现公司对货款的回收能力和运用效率。

由于赊销资料作为公司的商业秘密不对外公布，所以实际当中一般采用下面的计算公式：

$$应收账款周转率 = \frac{销售收入净额}{平均应收账款}$$

这样就使应收账款周转率的计算受到公司销售方式的影响。

应收账款周转速度也可由应收账款周转天数来反映。其计算公式为：

$$应收账款周转天数 = \frac{360}{应收账款周转率}$$

在分析应收账款周转速度时，需注意行业特点及公司销售季节性因素的影响，并对公司历年的应收账款周转率和周转天数的变动趋势进行分析。

2. 存货周转率

存货周转率的计算公式为：

$$存货周转率 = \frac{销货成本}{平均存货}$$

其中

$$平均存货 = \frac{期初存货 + 期末存货}{2}$$

存货周转率反映公司存货的周转速度，由此反映购、产、销之间的平衡协调程度及对存货资金的利用效率。

存货周转速度也可由存货周转天数来反映。其计算公式为：

$$存货周转天数 = \frac{360}{存货周转率}$$

在进行存货周转速度分析时，应通过与行业平均水平和公司历年平均水平的比较来判断公司产品是否出现滞销。此外，需注意某些因素对存货周转率或周转天数的影响。如公司经营的季节性因素，不同会计处理方法对存货计价和销货成本的影响等。

123

3. 固定资产周转率

固定资产周转率的计算公式为:

$$固定资产周转率 = \frac{销售收入净额}{平均固定资产}$$

固定资产周转率反映固定资产的运用效率。一般而言,公司所拥有的固定资产代表一定的设计生产能力,因此较高的固定资产周转率显示公司生产能力得以充分利用,单位产品负担的固定成本较低。

4. 总资产周转率

总资产周转率的计算公式为:

$$总资产周转率 = \frac{销售收入净额}{平均总资产}$$

总资产周转率反映公司全部资产的运用效率,即利用所拥有的全部资源创造收入的能力。

(四) 盈利能力分析

公司盈利能力,一方面体现为对成本费用的控制能力,另一方面体现为利用各项资产获取利润的能力。

1. 销售利润率

销售利润率的计算公式为:

$$销售利润率 = \frac{利润总额}{销售收入净额} \times 100\%$$

销售利润率可反映销售收入的获利水平。

2. 毛利率

毛利率的计算公式为:

$$毛利率 = \frac{销售收入净额 - 销售成本}{销售收入净额} \times 100\%$$

毛利率反映公司销售产品收回成本的能力,从而反映获利潜力。

结合毛利率和销售利润率,可以分析影响利润水平的因素。比如,当销售利润率和毛利率均较低时,表明影响利润的因素主要来自成本方面;如果销售利润率低而毛利率较高,表明影响利润的因素主要来自费用方面。

3. 总资产收益率

总资产收益率的计算公式为:

$$总资产收益率 = \frac{净利润}{平均总资产} \times 100\%$$

总资产收益率反映公司利用全部资产获取利润的能力。

4. 所有者权益收益率

所有者权益收益率也称为净资产收益率。其计算公式为:

$$所有者权益收益率 = \frac{净利润}{平均所有者权益} \times 100\%$$

所有者权益收益率反映公司的所有者每元钱的投资所能获得的收益。一般而言,债权人更看重总资产收益率，而投资者更关心所有者权益收益率。

5. 投资收益率

投资收益率的计算公式为：

$$投资收益率 = \frac{投资收益}{平均长、短期投资} \times 100\%$$

其中

$$平均长、短期投资 = \frac{期初长、短期投资 + 期末长、短期投资}{2}$$

投资收益率反映公司进行各种投资的收益状况。对于经常性开展投资业务的公司而言，这是反映其盈利能力的一个重要方面。

（五）现金流量分析

现金流量分析是指利用现金流量表追踪和分析公司的财务状况变动。由于现金是企业最具活力的经济资源，是最可靠的还款保证，因而通过现金流量分析能够更客观、更深入地评价公司的财务状况。现金流量分析主要包括以下几个方面的内容：

1. 销售现金收入对销售收入比率

该比率反映公司的销售收入停留于应收账款之中的程度。若该比率过低，则会严重影响公司的债务偿还和经营活动的顺利进行。

2. 经营活动现金流入对现金流出比率

利用该比率可衡量公司的销售现金收入等经营性现金流入能否维持和补偿最低生产经营成本，能否保证缴纳税金及各种费用的现金需求。

3. 经营活动现金净流量对当年到期债务比率

经营活动现金净流量对当年到期债务比率的计算公式为：

$$经营活动现金净流量对当年到期债务比率 = \frac{经营活动现金净流量}{年初短期借款 + 当年到期长期借款}$$

该比率是现金流量分析中衡量短期偿债能力的重要指标。

4. 经营活动现金净流量对当年到期债务及应付利润比率

该比率反映公司利用现金偿还到期债务及支付利润的能力。

5. 经营活动现金净流量对年末负债总额比率

该比率反映公司利用现金偿还当年全部债务的能力。

（六）投资价值分析

投资价值分析是指站在普通股股东的角度对公司股票的投资价值进行分析评价。

1. 每股收益

每股收益的计算公式为：

$$每股收益 = \frac{净利润 - 优先股股利}{普通股发行股数}$$

每股收益反映公司的每一普通股所能获得的收益。

2. 股利发放率

股利发放率的计算公式为：

$$股利发放率 = \frac{每股股利}{每股收益} \times 100\%$$

股利发放率反映公司的净利润有多大一部分用于分配给普通股股东。对该指标进行分析评价时，应考虑到公司经营及发展的资金需求和财务状况等因素。

3. 市盈率

市盈率又称本益比。其计算公式为：

$$市盈率 = \frac{每股市价}{每股收益}$$

市盈率一方面反映投资者对公司的单位净利润的评价，另一方面反映投资者的风险状况。一般而言，市盈率越高，表明投资者对公司利润增长的预期越高，但同时投资风险也可能越大。

类似的指标还有本利比。其计算公式为：

$$本利比 = \frac{每股市价}{每股股利}$$

4. 每股净资产

每股净资产的计算公式为：

$$每股净资产 = \frac{净资产}{普通股发行股数}$$

每股净资产反映了每一普通股所包含的内在价值。

5. 净资产倍率

净资产倍率的计算公式为：

$$净资产倍率 = \frac{每股市价}{每股净资产}$$

净资产倍率与市盈率类似，一方面反映投资者对公司的单位净资产的评价，另一方面反映投资者的风险状况。

第二节　技术分析

技术分析不关心影响股票价值的基本面因素，而是试图通过对股票的市场价格、交易量等市场交易信息的分析来预测股票价格的未来走势。

一、技术分析概述

（一）技术分析的假设前提

从逻辑上讲，技术分析是以三大假设前提为基础的。

1. 假设之一——市场反映一切

任何与股价有关的因素，包括内在和外在的因素，其影响都会反映在价格和成交量的变化当中。因此，只需运用某些方法对价格和成交量的变动规律进行分析就足够了，没有必要去了解具体是什么因素导致了股价的变动。

2. 假设之二——股价沿趋势运动

股价对影响因素的反映不会在瞬间完成，而是需要一个过程，在这个过程中股价将沿着趋势运行一段时间。

3. 假设之三——历史会重演

任何影响股价的因素都是通过人的行为发生作用的，如果某些因素在过去某个时候通过投资者的行为使股价产生了某种变动，那么当这些因素再度发生作用时，同样会通过投资者的行为产生类似结果。

（二）技术分析的起源与发展

1. 技术分析的起源

一般认为，技术分析起源于道氏原理。道氏原理是由美国道-琼斯指数的创始人之一查尔斯·亨利·道提出来的，其观点归纳起来主要有四条：①股票价格的变动并非完全决定于其发行公司的基本情况，更主要的是受宏观经济运行状况和股票市场整体走势的影响，所以他和爱德华·琼斯一起创立了著名的道-琼斯指数，以此来反映股价变动的趋势。②股价变动的趋势有三种：一是主要趋势，二是次级趋势，三是短暂趋势。主要趋势持续的时间通常在一年以上，股价的变动幅度比较大。次级趋势是包含在主要趋势当中，持续的时间通常是数周至数月。值得注意的是，次级趋势虽然包含在主要趋势当中，但某一次的回档或反弹有可能突破原来的走势，从而改变主要趋势。至于短暂趋势，由于变动频繁不易把握，并且容易被做手操纵，所以道氏原理认为不必关注。③成交量在趋势的确认中有十分重要的作用。无论是主要趋势还是次级趋势，把握趋势的反转点是投资决策的关键所在。成交量的变化往往能够反映出这方面的信息。比如，在一个趋势即将结束时，成交量通常萎缩至极限；而当成交量又开始放大时，则往往意味着下一个趋势的开始。④在所有的交易价格中收盘价是最重要的。因为收盘价代表的是买卖双方经过一天的谈判后暂时达成的协议，或者说是对最新的市场信息加以反映的结果，第二天的交易也将以此价格为基础来展开。

2. 技术分析的发展

道氏原理的不足：①道氏原理虽然有助于把握长期趋势，但对较短期的股价波动则无能为力。因为一个趋势的形成往往是事后才发现的，对于较短期的趋势来讲，当投资者发现或者确认时，这个趋势可能马上就要结束了。这就使得道氏原理的可操作性比较差。②道氏原理只重视收盘价，而对开盘价、最高价和最低价等价格不予关注，这会导致分析者对市场信息掌握不全面。③道氏原理认为指数可以反映所有股票价格的走势，但在实际当中，走势与指数变动趋势相背离的股票并不在少数。

因此，在后来的实践中，人们在道氏原理的基础上又发展出了许多技术分析理论或方法，弥补了道氏原理的不足，从而增强了技术分析的可操作性。比如，K线理论注意了对开盘价、最高价、最低价、收盘价四种价格的利用，形态理论和切线理论注重对趋势转折点的把握，波浪理论注重对不同级别的股价运行趋势的把握等。

二、K线分析

如前所述，技术分析首先要对价格和成交量等市场交易信息进行记录，K线就是一种重要的图表记录工具。根据一枝 K 线的形状或几枝 K 线的组合，就可以对证券价格的走势进行分析和预测，这就是 K 线分析法。

（一）K 线的画法

K 线又称为阴阳烛，其产生可推溯至 1750 年，当时的日本人为了记录和分析米市交易行情而发明了 K 线，所以 K 线有时也称为日本线。K 线的画法非常简单：先把一天交易的开盘价、最高价、最低价、收盘价四个价格找出来，然后按照图5-1画出一枝 K 线。中间部分称为实体，实体上下方的线条称为上影线和下影线。如果把若干枝 K 线放到以时间为横轴、价格为纵轴的坐标上，就可以得到一张 K 线图。这是日 K 线。如果找出一周交易的开盘价、最高价、最低价、收盘价四个价格，则可以画出周 K 线。相应的还有月 K 线。

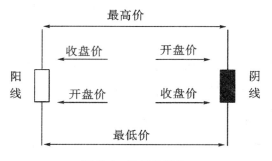

图 5-1　K 线的画法

（二）K 线形状分析

单枝 K 线有许多种不同的形状，每种形状都包含了一定的信息，所以可以用于对证券价格走势的分析预测。

1. 普通阳线和普通阴线

如图 5-2 所示，实体大小和影线长短都不是很突出。普通阳线反映出在当天的交易当中多方占上风，普通阴线则包含相反的信息。

图 5-2　普通阳线和普通阴线

2. 光头光脚阴线和光头光脚阴线

如图 5-3 所示，光头光脚阴线表示开盘价即为最低价，收盘价即为最高价，说明在当天的交易中多方气势强劲，第二天可能还会上涨。光头光脚阴线则刚好相反。但是要注意，如果这种形状的 K 线实体太小，则应看作普通阳线或普通阴线。

图 5-3　光头光脚阳线和光头光脚阴线

3. 带下影线的光头阳线和带上影线的光脚阴线

如图 5-4 所示，带下影线的光头阳线反映出在当天的交易中空方曾进行反击，下影线越长说明空方反击力度越大，但最终仍被多方收复失地并保持优势至交易结束；带上影线的光脚阴线所反映的信息则相反。

图 5-4 带下影线的光头阳线和带上影线的光脚阴线

4. 带上影线的光脚阳线和带下影线的光头阴线

如图 5-5 所示，带上影线的光脚阳线反映出多方在上攻到某一价格后受阻于空方的反击，这一带在今后几天内可能成为多空双方争夺的焦点；带下影线的光头阴线反映的信息，则相反。

图 5-5 带上影线的光脚阳线和带下影线的光头阴线

5. 十字星

如图 5-6 所示，十字星表示开盘价与收盘价相同。上下影线都很长的称为大十字星，反映出多空双方争夺激烈，力量相当，在今后几天中价格在目前区域还会有所反复。上下影线都较短的称为小十字星，表明价格窄幅波动，多空双方均处于观望当中。

图 5-6 十字星

6. T 字型和倒 T 字型

如图 5-7 所示，T 字型表明多方在经受住空方的打压之后最终占得优势，下影线越长，优势越大；倒 T 字型则正好相反。

图 5-7 T 字型和倒 T 字型

129

（三）K 线组合分析

由两枝或两枝以上的 K 线形成的组合较单枝 K 线包含了更多的信息。一方面，反映了多空双方一段时间以来实际争斗的力量对比和结果；另一方面，往往预示了双方斗争的未来变化趋势。因此，利用 K 线组合较之单枝 K 线能够更为准确地对股价的未来走势进行分析预测。K 线组合的类型很多，这里我们对一些比较典型的组合加以介绍。

1. 连续两阳和连续两阴（见图 5-8）

其特征为：两枝 K 线的实体相当，上下影线均较短。

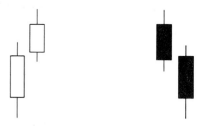

图 5-8　连续两阳和连续两阴

测市功能：连续两阳表明多方占据上风，后市将继续上涨。这种 K 线组合若出现在股价运行的底部区域，则很可能是市势见底反转的信号。若两阳之间出现向上跳空的缺口，则可靠性进一步增强。连续两阴正好相反。

2. 曙光初现和乌云盖顶（见图 5-9）

其特征为：一阳一阴两枝 K 线的实体相当且较大，上下影线均较短。曙光初现第二枝 K 线为跳低开盘，但收盘价切入头一天阴线实体的上半部分；乌云盖顶第二枝 K 线为跳高开盘，但收盘价切入头一天阳线实体的下半部分。

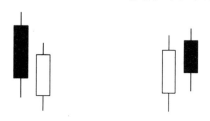

图 5-9　曙光初现和乌云盖顶

测市功能：曙光初现表明空方的打压受到多方的顽强反击，若在股价运行的底部区域出现，则是典型的见底反转信号。乌云盖顶正好相反。

3. 穿头破脚（见图 5-10）

其特征为：第一枝 K 线实体较大，但第二枝 K 线实体更大，将第一枝 K 线的实体及上下影线完全包容；两枝 K 线的上下影线都较短。

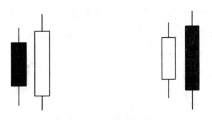

图 5-10　穿头破脚

测市功能：阳包阴的穿头破脚表明空方的打压受到多方的猛烈反击，若在股价运行的底部区域出现，则是典型的见底反转信号；阴包阳的穿头破脚正好相反。

4. 身怀六甲（见图 5-11）

其特征为：第二枝 K 线的实体远小于第一枝 K 线，且实体和上下影线都被第一枝 K 线包容。若第二枝 K 线是一个十字星，则被称为十字胎。

测市功能：这种 K 线组合表明多/空方进攻的力度减弱，若出现在高/低位，则是一种见顶/底反转的信号。

图 5-11　身怀六甲

5. 双飞乌鸦（见图 5-12）

其特征为：可以看作连续两阴的特例。第一枝 K 线在前一天的收盘价基础上跳高开盘，但最终以小阴线报收；第二枝 K 线也是跳高开盘，最终也以阴线报收，并且将第一枝小阴线完全包容。

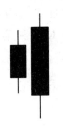

图 5-12　双飞乌鸦

测市功能：连续两日高开却不能贯彻始终，均以阴线报收，表明多方进攻信心不足，而空方抛压较为坚决。若出现在高位，则是见顶反转的信号。

6. 多方反攻和空方反攻（见图 5-13）

其特征为：一枝实体较长的阴/阳线之后紧接着出现一枝跳低/高开盘的阳/阴线。

测市功能：多方反攻——第一天的长阴线之后第二天大幅低开，但却以阳线报收，表明多方在较低的价位区获得优势，有可能展开反攻。空方反攻则相反。

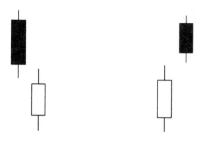

图 5-13　多方反攻和空方反攻

7. 早晨之星和黄昏之星（见图 5-14）

其特征为：一枝实体较长的阴/阳线之后紧接着出现一枝跳低/高开盘的小阳线或小阴线，第三天又出现一枝阳/阴线，且收盘价切入第一枝 K 线实体的上/下半部。

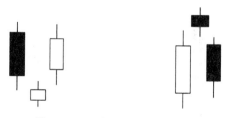

图 5-14　早晨之星和黄昏之星

测市功能：这两种组合若分别出现在股价运行的低位或高位，则是见底或见顶反转的信号。

8. 锤头和吊颈（见图 5-15）

其特征为：锤头是指一枝普通阴线之后出现一枝跳低开盘、下影线很长的小阳线或小阴线，且第三天又出现一枝普通阳线（若是跳高开盘则更可靠）；吊颈的第二枝 K 线形状与锤头相同，但第一枝 K 线和第三枝 K 线则与锤头相反。

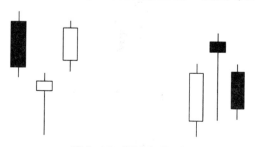

图 5-15　锤头和吊顶

测市功能：与早晨之星和黄昏之星相似，这两种组合若分别出现在股价运行的低位或高位，也是见底或见顶反转的信号。

9. 射箭之星（见图 5-16）

其特征为：有两种。第一种射箭之星是在一枝普通阴线之后出现一枝跳低开盘、上影线很长的小阳线或小阴线，且第三天出现一枝普通阳线（若是跳高开盘则更可靠）；第二种射箭之星的第二枝 K 线形状与第一种射箭之星相同，但第一枝和第三枝 K 线则与第一种射箭之星相反。

测市功能：这两种射箭之星组合若分别出现在股价运行的低位或高位，也是见底或见顶反转的信号。

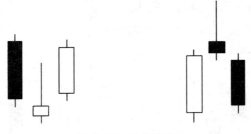

图 5-16　射箭之星

10. 三个白衣武士和三只乌鸦（见图 5-17）

其特征为：三个白衣武士为三枝实体相当、上下影线较短的阳线，若每枝阳线均为跳高开盘则更可靠；三只乌鸦则相反，且通常都是连续三日高开。

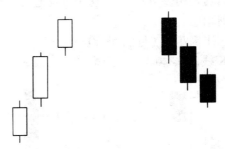

图 5-17　三个白衣武士和三只乌鸦

测市功能：这两种组合若分别出现在股价运行的低位或高位，通常都是见底或见顶反转的信号。

11. 神奇十字（见图 5-18）

其特征为：第一种是在一枝普通阴线之后出现一枝上下影线较长的十字星，接着第三天出现一枝普通阳线；第二种正好相反，是在一枝普通阳线之后出现一枝上下影线较长的十字星，接着第三天出现一枝普通阴线。

测市功能：低位出现的神奇十字显示空方力量开始减弱，而多方的反击力量开始加强，预示股价可能见底反转；高位出现的神奇十字则正好相反，是一种见顶回落信号。

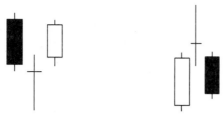

图 5-18　神奇十字

12. 一阳吃两阴和一阴吃两阳（见图 5-19）

其特征为：第三枝 K 线的实体吞吃前两枝 K 线，且收盘价通常高于/低于第一枝 K 线的最高价/最低价。

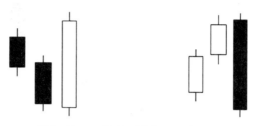

图 5-19　一阳吃两阴和一阴吃两阳

测市功能：一阳吃两阴表明多方在暂作退却后发起强有力的反攻，后市通常会继续上涨；一阴吃两阳则相反。

13. 一阳带两阴和一阴带两阳（见图 5-20）

其特征为：第二枝 K 线的实体明显大于第一、三枝 K 线，形似左提右扛。

图 5-20　一阳带两阴和一阴带两阳

测市功能：一阳带两阴表明在多方的强大攻势下空方只能进行比较微弱的抵抗，后市通常还会在多方的控制下继续上涨；一阴带两阳则相反。

14. 两阳夹一阴和两阴夹一阳（见图 5-21）

其特征为：与前一类 K 线组合相反，这类 K 线组合的第二枝 K 线的实体明显小于第一、三枝 K 线，被夹在当中。

测市功能：与前一类 K 线组合基本相同。

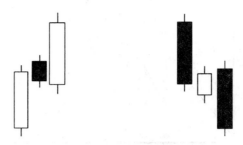

图 5-21　两阳夹一阴和两阴夹一阳

15. 两阳吃一阴和两阴吃一阳（见图 5-22）

其特征为：第一枝 K 线的实体通常较大，但仍然被后面连续的两枝 K 线吞吃。

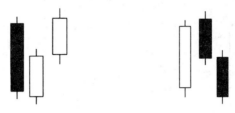

图 5-22　两阳吃一阴和两阴吃一阳

测市功能：两阳吃一阴表明多方在空方较强的攻势之后开始组织反攻，一枝阳线的实体虽小，但能够以连续两阳吞吃阴线，显示出多方反攻的坚决，后市通常会继续上涨；两阴吃一阳则相反。

三、切线分析

切线分析是指在技术图表上做出一些直线，被称为切线，利用这些切线来对股价变动趋势进行分析预测。技术分析的假设之二认为股价运行的某种趋势形成后会保持一段时间，切线分析正是为了把握这种趋势形成和改变的规律。

（一）趋势概述

1. 趋势的定义

简单地说，趋势就是股价运动的方向。趋势有两个特点：①要持续一定的时间；②不是直线运动，只是代表一种运动方向，股价在朝着这一方向运动的过程中会有反复。

2. 趋势的种类

股价运动的方向无非有三种：上升、下降和水平运动。相应地，趋势也有三种：上升趋势、下降趋势和水平趋势。趋势当中会有反复，每一反复都会形成一个波峰或波谷。

上升趋势就是指每一波的峰和谷都高于前一波的峰和谷，如图 5-23 所示。

图 5-23 上升趋势

下降趋势正好相反，是指每一波的峰和谷都低于前一波的峰和谷，如图 5-24 所示。

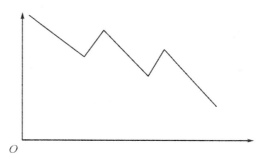

图 5-24 下降趋势

水平趋势则是指每一波的峰和谷大致相当，这实际上是一种无方向的运动，所以水平趋势又可以称为无趋势。

3. 趋势的级别

如前所述，按照道氏原理，趋势可分为三种级别：主要趋势、次级趋势和短暂趋势。主要趋势中包含次级趋势，次级趋势中包含短暂趋势，或者说次级趋势是主要趋势当中的反复，短暂趋势是次级趋势当中的反复。如图 5-25 所示，如果把1~4看作主要趋势，那么2~3就是一个次级趋势，而a~b就是该次级趋势当中的一个短暂趋势。

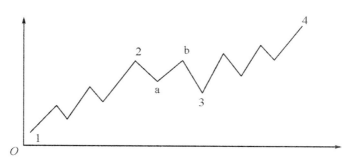

图 5-25 趋势的级别

（二）支撑与压力

1. 支撑与压力的含义

股价在上涨到某一价位后会暂时停止上涨或出现回落，这是因为卖的人开始增多，即空方力量增强，市场由供不应求转为供求平衡或供大于求，此时我们说股价的上升遇到了压力；股价在下跌到某一价位后会暂时停止下跌或出现反弹，这是因为买的人开始增多，即多方力量增强，市场由供大于求转为供求平衡或供不应求，此时我们说股价的下跌遇到了支撑。这就是支撑/压力的概念，相应的价位被称为支撑/压力位。所谓切线就是经过这些支撑/压力位所做的直线，也称为支撑/压力线。按照支撑/压力位的确定方法的不同，切线的种类包括水平支撑/压力线、趋势线、轨道线、黄金分割线、百分比线、扇形线和速度线等。

2. 支撑线和压力线的作用

顾名思义，支撑/压力线的作用就是对股价运行产生支撑或压力，即阻止股价沿原来的方向继续运行。但这种阻止可能是暂时的，因为股价有可能突破支撑/压力线而沿原来的方向继续运行。之所以股价在运行至支撑/压力线时会受阻，实际上是"历史会重演"这一假设的反映。以支撑线为例，股价在下跌过程中第一次碰到支撑线时出现反弹，是由于理性预期使得在该价位附近选择买入的人多于选择卖出的人。当股价第二次碰到支撑线时，如果影响股价的各种因素与前一次相比没有发生大的变化，则理性预期还会使每个人做出与前一次相同的选择，从而使股价受到支撑。

3. 支撑线和压力线的相互转化

支撑线和压力线是可以相互转化的。也就是说，当一条支撑线被有效突破之后，将转化为压力线；而当一条压力线被有效突破之后，将转化为支撑线。所谓"有效"，一般可用三条标准来衡量：①成交量是否足够大；②突破后的升跌幅是否达到3%；③收盘价是否连续两日位于支撑线下方或压力线上方。

（三）水平支撑/压力线

1. 水平支撑/压力线的定义

水平支撑/压力线是指经过某一个水平支撑/压力位所做的水平切线，如图5-26所示。符合下列条件之一的价位可能成为水平支撑/压力位：①在此价位附近形成了明显的波峰或波谷；②在此价位附近伴随有较大的成交量；③在此价位附近停留时间较长；④历史最高价或最低价；⑤整数价位。

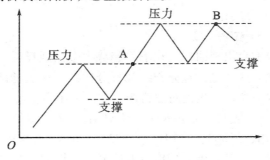

图5-26　水平支撑/压力线

2. 水平支撑/压力线的作用

水平支撑/压力线的作用是使股价产生反弹或回档，当然也有可能被突破。例如，在上升趋势中，如果水平压力线被突破（如图5-26中的A点），则股价将沿原来的趋势继续运行，否则上升趋势将被改变（如图5-26中的B点）。从图5-26可以看到，水平支撑/压力线一旦被突破，就将相互转化。

（四）趋势线和轨道线

1. 趋势线和轨道线的定义

将上升趋势中的两个波谷点或下降趋势中的两个波峰点连成一条直线，就得到一条趋势线，分别被称为上升趋势线和下降趋势线。在得到趋势线后，经过第一个波谷点或波峰点做该趋势线的平行线，就得到轨道线。如图5-27所示。一条趋势线和相应的轨道线形成一个轨道，或称为管道、通道。

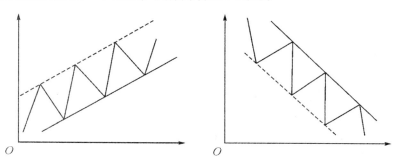

图5-27 趋势线和轨道线

2. 趋势线和轨道线的作用

上升趋势中的趋势线和轨道线分别对股价构成支撑和压力，从而将股价约束在上升通道之中。下降趋势中的趋势线和轨道线则相反。相对而言，趋势线的作用更为重要，一旦趋势线被突破，股价原来的运行趋势就很可能改变。但是，按照上述方法得到的趋势线是否真正具有支撑/压力作用，或者说是否真正反映了股价运行的趋势，还需要加以确认。确认的方法是看这条趋势线是否经过第三个波峰点或波谷点。一般来讲，一条趋势线经过的波峰/谷点越多，其有效性就越高，利用它进行预测的准确性就越高。

与水平支撑/压力线一样，趋势线和轨道线也有可能被突破，一旦如此，它们的支撑/压力作用也将相互转化。

（五）黄金分割线和百分比线

股价在上升趋势中会出现回档，在下降趋势中会出现反弹，那么回档或反弹的目标位在什么地方呢？这就是黄金分割线和百分比线要解决的问题。黄金分割线和百分比线也是两种水平切线，也是对股价产生支撑和压力作用。

黄金分割线的支撑/压力位是根据黄金分割比率来确定的。主要的黄金比率有0.191、0.382、0.618、0.809、1.191、1.382、1.618、1.809、2.618、4.236等，其中以0.382、0.618、1.382和1.618最为重要。计算方法是：找到一段上升行情结束时达到的最高点，或一段下降行情结束时达到的最低点，用最高点或最低点的价位乘以上述黄金比率，就得到可能的回落支撑位或反弹阻力位。如图5-28所示，在图（a）中，股价升至15元出现回落，若以0.618来计算，则应在9.27（15×0.618＝9.27）元处获得支撑；在图（b）中，股价跌至5元出现反弹，若以1.618来计算，则应在8.09（5×1.618＝8.09）元处受到阻力。

百分比线采用一些比较特殊的百分比来确定回落的支撑位或反弹的阻力位。这些百分比包括12.5%（1/8），25%（1/4），37.5%（3/8），50%（1/2），62.5%（5/8），75%（3/4），87.5%（7/8），100%（1），33.3%（1/3）和66.6%（2/3）。其中，以37.5%、50%和62.5%最为重要。其计算方法是：用起涨点与最高点，或起跌点与最低点价位之差，乘以上述某个百分比，就得到回落或反弹的幅度。在图5-28（a）中，若股价从5元升至15元出现回落，考虑50%百分比线，则股价应在10〔15-（15-5）×50%＝10〕元处获得支撑。

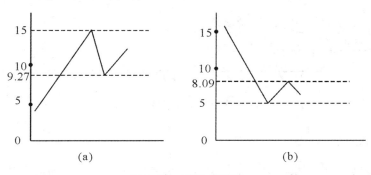

(a)   (b)

图5-28　黄金分割线

（六）扇形线和速度线

1. 扇形线

扇形线依据三次突破的原则来研判趋势的反转。如图5-29所示，以上升趋势为例。先画出趋势线，即切线1，如果股价突破该线，则以新出现的低点与趋势线的第一个低点相连做出切线2。如果切线3又被突破，则再用新低点与趋势线的第一个低点相连做出切线3。如果切线2也被突破，则确认趋势反转。三条切线组成一个扇形，此即扇形线之所以得名。每一条扇形线被突破之后，其作为支撑线和压力线的角色就会相互转化，这一点是符合上述支撑/压力线的一般规律的。

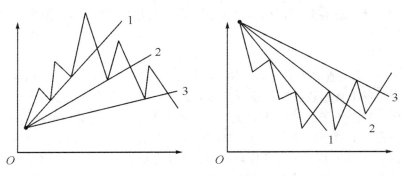

图5-29　扇形原理

2. 速度线

在上升趋势中，将最低点与最高点之间的距离三等分，然后过最低点和两个等分点做两条直线，这两条直线被称为速度线，如图 5-30 所示。类似地，在下降趋势中也可以做出两条速度线。速度线的作用也是研判趋势的反转。其基本原理是：如果股价突破第一条速度线，则将试探第二条速度线，如果第二条速度线也被突破，则确认趋势反转。速度线一旦被突破，其原来的支撑和压力作用也将相互转化。需要注意的是，速度线随时可能发生变化，即当股价在上升趋势中创出新高或在下降趋势中创出新低时，应按上述方法重新做出速度线，而将原来的速度线淘汰。

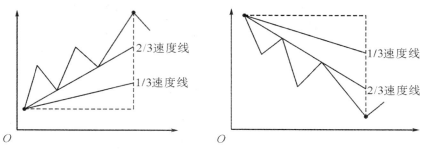

图 5-30　速度线

四、形态分析

在一个趋势即将结束、另一个趋势即将展开的期间，股价的运行轨迹常常会呈现出某种形态。形态分析法就是试图通过对某些典型形态的分析以把握股价未来运行趋势的方向。在这些形态当中，有些形态的出现预示着新趋势的方向与旧趋势的方向相反，这类形态被称为反转形态；另一些形态的出现则预示着新趋势将沿着旧趋势相同的方向继续运行，这类形态被称为整理形态。

（一）反转形态分析

反转形态通常具有以下特征：①反转形态的形成通常以突破一条重要的趋势线为警示。②反转形态的大小与后市的升跌幅度成正比。③顶部反转形态形成的时间通常较短，但波动幅度较大；而底部反转形态形成的时间通常较长，但波动幅度较小。

典型的反转形态有双重顶/底、头肩顶/底、上升/下降楔形、圆弧顶/底、喇叭形和钻石形。

1. 双重顶/底

双重顶/底就是通常所说的 M 头和 W 底。如图 5-31 所示，我们以 M 头为例来说明这种形态的形成过程。股价运行至 A 点遇阻回落，在 B 点受到趋势线支撑再度上升，但成交量却不予配合，升至 C 点时受到水平压力线的压力而回落，并跌破趋势线支撑，提示双重顶可能会形成。当股价向下有效跌破经过 B 点的水平直线（被称为双重顶的颈线）时，双重顶得以确认。与前面所述支撑/压力线的突破一样，突破颈线的有效性通常也是以百分比原则和时间原则为确认标准。双重顶形成之后，具有量度后市跌幅的功能：从突破点 D 算起，股价至少将产生相当于形态高度的跌幅。双重顶的形态高度是指 B 点与 AC 连线之间的垂直距离。双重底与双重顶正好相反。

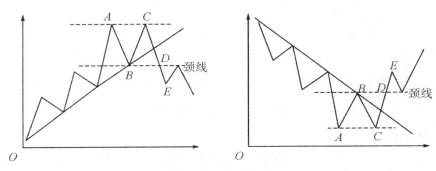

图 5-31　双重顶/底

2. 头肩顶/底

头肩顶/顶是可靠性最高的反转形态。如图 5-32 所示，以头肩顶为例，股价运行至 A 点遇阻回落，至 B 点受到上升趋势线支撑再度上升至 C 点，股价创出新高，但成交量却未予配合，再次回落并跌破趋势线支撑，提示原有趋势可能发生反转。回落至 D 点出现反弹，但成交量进一步萎缩，且反弹高点 E 明显低于 C 点，股价再度向下并跌破 BD 连线（被称为头肩顶的颈线）的支撑。颈线跌破确认有效后，头肩顶形成，此时可以量度后市跌幅：从突破点 F 算起，股价至少将产生相当于形态高度的跌幅。头肩顶的形态高度是指 C 点与 BD 连线之间的垂直距离。头肩底与头肩顶正好相反。

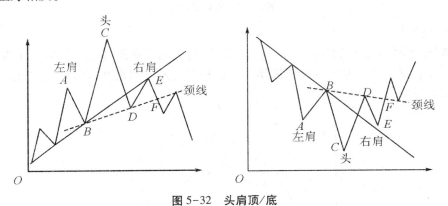

图 5-32　头肩顶/底

3. 上升/下降楔形

上升楔形的高点和低点都在抬高，但高点抬高的速度不及低点抬高的速度，使股价运行于两条向上逐渐汇合的直线之内，同时成交量通常也不予配合，显示股价上升力度渐弱。如图 5-33 所示，上升楔形是一种较为典型的见顶反转形态，其确认一般以下轨线被有效突破为标准；下降楔形则相反。

141

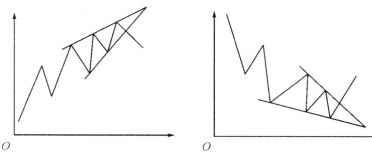

图 5-33　上升/下降楔形

4. 圆弧顶/底

股价在一段时间的运行中形成类似于圆弧的形状，如图5-34所示。圆弧顶/底通常有两个特征：①圆弧顶/底中央的成交量通常缩至最小；②圆弧顶/底形成后，有时会出现短时期的平台整理，然后向上或向下突破。

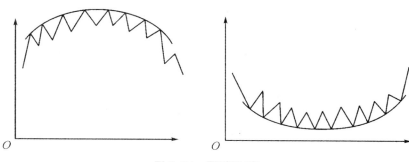

图 5-34　圆弧顶/底

5. 喇叭形

如图 5-35 所示，股价运行的高点逐渐抬高，低点逐渐降低，形成一个发散的喇叭形状，显示多空双方分歧越来越大。这种形态通常出现在股价高位区域，成为见顶反转的信号。

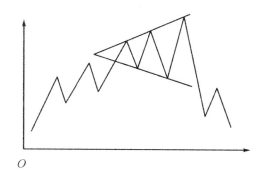

图 5-35　喇叭形

6. 钻石形

钻石形又称为菱形。如图 5-36 所示，股价运行呈先发散后收敛的形状，形成

一颗钻石，成交量在钻石的前半部分逐渐增加，对股价上升给予配合，但在后半部分则呈逐渐萎缩之势，显示上升力度减弱。钻石形通常出现在高位区，是可靠性较高的见顶反转形态。股价向下有效突破钻石形后，后市至少将产生相当于形态高度（钻石形内的最宽距离）的跌幅。

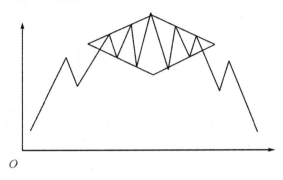

图 5-36　钻石形

（二）整理形态分析

与反转形态相反，整理形态形成的时间通常较短。常见的整理形态有三角形、旗形和矩形。

1. 三角形

三角形作为整理形态的可靠性并不高。因为当其出现在明显的高位或低位区域时，成为反转形态的可能性很大。所以，在利用三角形进行分析预测时尤其需要谨慎。三角形又分为对称三角形、上升三角形和下降三角形三种。

（1）对称三角形

图 5-37 是上升趋势中的一个对称三角形，高点逐渐降低，低点则几乎对称性地逐渐抬高，使波幅逐渐减小，成交量也随之萎缩，通常在第四次触及三角形上边时形成突破。下降趋势中的对称三角形则相反。三角形也具有量度升跌幅的功能，通常为三角形内的最宽距离。

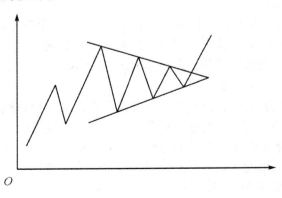

图 5-37　对称三角形

（2）上升三角形

图 5-38 是上升趋势中的一个上升三角形。与对称三角形基本类似，只是高点基本保持在同一水平位置，而低点逐渐抬高。上升三角形通常都是向上突破，所以当其出现在下降趋势中时，往往成为反转形态，如图 5-39 所示。

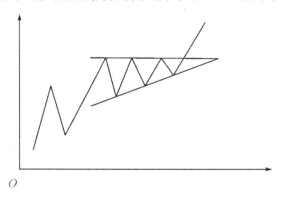

图 5-38　上升三角形

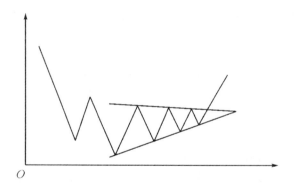

图 5-39　作为反转形态的上升三角形

（3）下降三角形

图 5-40 是下降趋势中的一个下降三角形。与上升三角形相反，高点逐渐降低，而低点基本保持在同一水平位置。下降三角形通常都是向下突破，所以当其出现在上升趋势中时，也往往成为反转形态，如图 5-41 所示。

2. 旗形

旗形具有以下特征：①在直线式的上升或下跌走势（形成旗杆）之后出现；②成交量在形态之内逐渐缩小，突破之后重新放大；③整理时间不能太长（通常不超过四周），否则股价将难以保持原来的趋势。上升旗形一般出现在下降趋势中，股价整理之后向下突破继续下行；下降旗形一般出现在上升趋势中，股价整理之后向上突破继续上行，如图 5-42 所示。

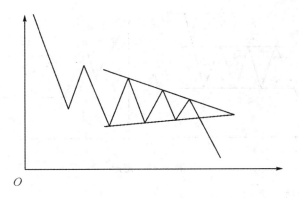

图 5-40 下降三角形

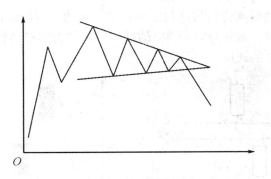

图 5-41 作为反转形态的下降三角形

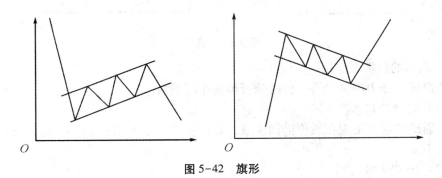

图 5-42 旗形

3. 矩形

矩形也称为箱形，是一种典型的整理形态。如图 5-43 所示，股价运行被规限在两条平行直线当中，这种走势也称为箱体运行。需要注意的是，矩形在形成过程中有可能演变为三重顶/底（头肩顶/底的一种变形），从而成为反转形态。所以，在对矩形进行分析时，通常要等突破之后才能做出判断。股价有效突破矩形后，后市至少将产生相当于形态高度（矩形上下边之间的距离）的升跌幅。

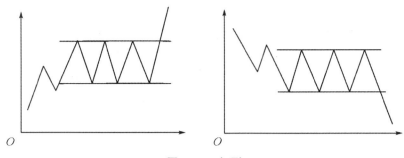

图 5-43 矩形

（三）缺口分析

1. 缺口的定义

缺口是指两天的最高价与最低价之间的差。如图 5-44 所示，第二天的最低价高于第一天的最高价，被称为向上跳空的缺口；第二天的最高价低于第一天的最低价，被称为向下跳空的缺口。

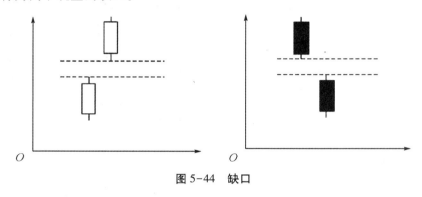

图 5-44 缺口

2. 缺口的种类及作用

缺口可以分为四种，每一种的分析预测作用不同。

（1）普通缺口

普通缺口通常出现在股价徘徊区域，并在 3~5 个交易日内回补。这类缺口的预测作用不大。

（2）突破缺口

突破缺口通常出现在反转形态完成之后，往往伴随有较大成交量，且不会在短期内回补。这类缺口的出现显示股价运行趋势反转成功，未来走势将会加速。

（3）量度缺口

量度缺口通常在中长期趋势的中途出现，所以又称为中途缺口。与突破缺口一样，量度缺口出现时通常也伴随有较大成交量，且不会在短期内回补。这类缺口具有量度升跌幅的功能，即一旦确认，则股价在未来走势中至少还会产生与趋势前半段升/跌幅相当的升/跌幅度。

（4）竭尽缺口

竭尽缺口通常出现在中长期上升/下跌趋势后的高/低位，显示原来的趋势即将走到尽头而出现反转。这种缺口通常也会在 3~5 个交易日内回补。

五、指标分析

运用数学方法对记录的市场原始数据（开盘、收盘、最高、最低四种价格以及成交量、成交金额和成交笔数）进行分析处理后可以得到一系列技术指标，利用这些技术指标可以对股价的后期走势进行分析预测，这就是指标分析法。技术指标的种类很多，其作用各有不同，投资者也往往根据自己的经验和喜好加以选用。以下我们仅对一些常用的技术指标加以介绍。

（一）移动平均线（MA）和平滑异同移动平均线（MACD）

1. 移动平均线（MA）

将连续若干天的收盘价进行算术平均，就得到一个 MA 值，将若干个 MA 值相连，就得到一条移动平均线，简称均线。计算天数为 n，就称为 n 日移动平均线。天数较多的被称为长期均线，天数较少的被称为短期均线。

移动平均线的测市法则：①买入信号。一是长期均线由下降开始走平，同时短期均线（收盘价连线可以看作 1 日均线）由下上穿长期均线形成所谓"黄金交叉"；二是股价连续上升远离均线后突然下跌，但在均线附近获得支撑再度上升；三是股价跌破均线并连续暴跌，远离均线。②卖出信号。一是长期均线由上升开始走平，同时短期均线由上下穿长期均线形成所谓"死亡交叉"；二是股价连续下跌远离均线后突然上升，但在均线附近获得支撑再度下跌；三是股价上穿均线并连续暴涨，远离均线。

需要注意的是，移动平均线有其局限性：①移动平均线的变化滞后于股价的变化，即当移动平均线发出买入/卖出信号时，股价往往已经上升/下降了相当幅度；②在股价盘整徘徊阶段，移动平均线几乎丧失测市功能。

2. 平滑异同移动平均线（MACD）

MACD 指标有正负差（DIF）和异同平均数（DEA）。DIF 是快速平滑移动平均线与慢速平滑移动平均线之差。所谓快速和慢速，指的是进行指数平滑时采用的参数的大小，大者为慢速，小者为快速。以现在最常用的参数 12 和 26 为例，DIF 的计算过程是：

$$当日 EMA（12）= \frac{2}{12+1} \times 当日收盘价 + \frac{11}{12+1} \times 昨日 EMA（12）$$

$$当日 EMA（26）= \frac{2}{26+1} \times 当日收盘价 \times \frac{25}{26+1} \times 昨日 EMA（26）$$

$$DIF = EMA（12）- EMA（26）$$

得到 DIF 后，对连续数日的 DIF 进行算术平均，就得到 DEA。

MACD 的测市法则：①买入信号。一是 DEA 由下降开始走平，同时 DIF 由下上穿 DEA 形成金叉；二是股价继续下行，但 DIF 不再下降甚至反而上升，此时称股价与技术指标之间出现底背离。②卖出信号。一是 DEA 由上升开始走平，同时 DIF 由上下穿 DEA 形成死叉；二是股价继续上行，但 DIF 不再上升甚至反而下降，此时称股价与技术指标之间出现顶背离。

与移动平均线一样，在股价盘整徘徊阶段，MACD 也几乎丧失测市功能。

（二）威廉指标（W%R）和随机指标（KDJ）

1. 威廉指标（W%R）

威廉指标由 Larry Williams 于 1973 年首创，最初应用于期货市场。其计算公式为：

$$n 日 W\%R = \frac{H_n - C_n}{H_n - L_n} \times 100\%$$

式中：C_n 为当日收盘价，L_n 和 H_n 分别为最近 n 日内（包括当日）的最低价和最高价。

由公式可知，W%R 反映的是当日收盘价在最近 n 日的股价波动范围内处于什么样的位置。W%R 值小，表明当日价格处于相对较高的位置，有可能回落；W%R 值大，则表明当日价格处于相对较低的位置，有可能反弹。

由于 W%R 的计算涉及最高价和最低价，所以在选取参数 n 时，应尽量与股价的循环周期相符。比如，当股价的平均循环周期大致为 20 天时，可选取 $n=10$，因为在半个循环周期中必然包含了一个最高价和一个最底价。

W%R 的测市法则：①买入信号。一是 W%R 高于 80%，此时称为处于超卖状态；二是股价继续下行，但 W%R 在 80%附近窄幅波动（称为"钝化"）或转升；三是 W%R 连续多次撞底（100%线）。②卖出信号一是 W%R 低于 20%，此时称为处于超买状态；二是股价继续上行，但 W%R 在 20%附近钝化或转降；三是 W%R 连续多次撞顶（0%线）。

2. 随机指标（KDJ）

KDJ 指标包括三个值：K 值、D 值和 J 值。K 值是对 1-W%R 值进行指数平滑的结果，而 D 值是对 K 值进行指标平滑的结果。其计算公式为：

$$当日 K 值 = \frac{2}{3} \times 昨日 K 值 + \frac{1}{3} \times 当日 1-W\%R$$

$$当日 D 值 = \frac{2}{3} \times 昨日 D 值 + \frac{1}{3} \times 当日 K 值$$

式中：3 为平滑因子，是约定俗成的。J 值是一个附带指标，$J=3D-2K$，实际中很少用到。

KDJ 指标的测市法则：①买入信号。一是 KD 值均低于 20%，即处于超卖区；二是 KD 指标线在超卖区钝化或形成头肩底、双底等底部反转形态；三是 D 线在低位走平或转升，同时 K 线由下上穿 D 线形成金叉；四是股价继续下行，但 KD 不再下降或反而上升，即出现底背离。②卖出信号。一是 KD 值均高于 80%，即处于超买区；二是 KD 指标线在超买区钝化或形成头肩顶、双顶等顶部反转形态；三是 D 线在高位走平或转降，同时 K 线由上下穿 D 线形成死叉；四是股价继续上行，但 KD 不再上升或反而下降，即出现顶背离。

（三）相对强弱指标（RSI）

RSI 的计算方法是：首先找出包括当天在内的 n 日的收盘价，然后用每一天的收盘价减去上一天的收盘价，得到 n 个数字，即每天的涨落价差。这 n 个数字有正（较前一天上涨）有负（较前一天下跌），用 A 表示 n 个数字中正数之和，B 表示 n 个数字中负数之和，则

$$当日\ RSI\ (n) = \frac{A}{A+B} \times 100\%$$

由公式可知，RSI 反映的是股价在 n 日的运行中上涨量占总波动量的比重，比重越大表示走势越强，这也是冠之以"相对强弱"的原因。

RSI 指标的测市法则：①买入信号。一是 RSI 处于超卖区（一般为 20% 以下）；二是 RSI 指标线在超卖区钝化或形成头肩底、双底等底部反转形态；三是长期 RSI 指标线在低位走平或转升，同时短期 RSI 指标线由下上穿长期 RSI 指标线形成金叉；四是股价继续下行，但 RSI 不再下降或反而上升，即出现底背离。②卖出信号。一是 RSI 处于超买区（一般为 80% 以上）；二是 RSI 指标线在超买区钝化或形成头肩顶、双顶等顶部反转形态；三是长期 RSI 指标线在高位走平或转降，同时短期 RSI 指标线由上下穿长期 RSI 指标线形成死叉；四是股价继续上行，但 RSI 不再上升或反而下降，即出现顶背离。

六、波浪分析

波浪分析法最早是由美国人 R. N. Elliott 于 20 世纪 30 年代提出来的，所以该理论又被称为艾略特波浪理论。波浪分析法可以说是所有技术分析方法中最为神奇的一种。运用这种方法得出的预测结论，有时连分析者本人都觉得难以置信，但事后却往往不可思议地得到印证。下面我们对波浪理论的基本内容做简要介绍。

（一）波浪分析的基本原理

波浪分析的基本信条是基于股价的上升和下跌交替进行这样一条规律，这实际上也是前面介绍的道氏原理的观点。道氏原理把股价运行的趋势划分为主要、次级和短暂三个级别；而波浪分析则用波浪来描述股价运行趋势，即把每一个上升或下降趋势称为一个浪，大的波浪中包含低一级别的波浪，低一级别的波浪中又包含更低级别的波浪。每个浪都会以一定的形态来展现，浪与浪之间存在某些关系，通过对浪的形态和浪与浪之间的关系进行分析计算，可以预测股价运行的每一个趋势可能到达的位置。这就是波浪分析的基本原理所在。

（二）数浪的基本规则

1. 神奇数字序列

要介绍数浪规则，必须先介绍一下神奇数字序列（也叫弗波纳奇数列），因为这些数字在波浪分析中出现的频率非常高。神奇数字序列是指由 1、2、3、5、8、13、21、34、55、89、144、233……数字组成的一个无限数列，该数列形成的方法是：从 3 开始，每个数字都是前面两个数字之和。之所以称为神奇数字，是因为这些数字相互之间通过数学运算存在一些神奇的关系，这里不展开介绍。

2. 数浪规则

正确地划分波浪是进行波浪分析的前提。数浪的基本规则有以下几条：

（1）每一个推动浪可分割为 5 个小浪，每一个调整浪只可分割为 3 个小浪。在确定了一个大的趋势（浪）之后，这个浪当中所包含的与其方向相同的浪被称为推动浪，与其方向相反的浪被称为调整浪。

（2）在 8 个波浪（推动 5 浪，调整 3 浪）完毕之后，一个小循环即告完成，可以将 1~5 浪合并为（1）浪，将 a~c 浪合并为（2）浪，作为高一级别波浪的两个小浪，如图 5-45 所示。

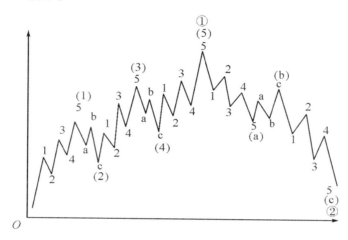

图 5-45　波浪的划分

（3）第三浪不可以是最短的推动浪。

（4）第四浪浪底不可以低于第一浪浪顶。

（5）第二浪与第四浪通常以不同形态出现，即如果第二浪以简单形态出现，则第四浪会以复杂形态出现。

（6）第四浪大部分回吐至低一级的第四浪（第三大浪中的第四小浪）范围内完结。

（三）浪与浪之间关系的分析

浪与浪之间的关系通常以黄金比率来维持：

（1）第三浪与第一浪之间通常以 1.618 的比率来维持，即第三浪的涨跌幅度大致为第一浪的 1.618 倍。

（2）当第三浪成为延伸浪时，第五浪与第一浪通常以 1 或 0.618 的比率维持相互关系。所谓延伸浪，是指形态较为复杂、持续时间较长、累积涨幅较大的波浪。

（3）大部分第二浪的回吐比率为 0.618，也有一部分第二浪的回吐比率为 0.382。另外，0.236 有时也成为第二浪的回吐比率，这时往往在事后才发现调整远未及 0.382 或 0.618 就已经结束。

（4）第四浪最常见的回吐比率是 0.382，有时也会在事后发现仅调整至 0.236 就已经结束。

（5）当调整浪以之字形出现时，B 浪的回吐比率通常为 0.382、0.5 或 0.618。但如果调整浪以不规则形态出现，则 B 浪的回吐比率可能达到 1.236 或 1.382。所谓之字形，通常是指调整浪的一种较为规则的形态。其特征是较为规则的三浪下跌（以上升趋势中的调整浪为例），并且 C 浪低点低于 A 浪低点。

（6）C 浪与 A 浪之间通常以 1 或 1.618 的比率来维持。

第六章
创新金融工具

第一节 信用交易

信用交易又称为保证金交易或垫头交易，是指证券商向投资者提供信用而进行的证券交易。若投资者预期行情看涨，他将一部分证券款交付给证券商，不足部分由证券商垫付，然后买入证券，投资者按约定利率支付垫款利息给证券商，日后投资者卖出证券归还借款，扣除成本后就是投资者的利润（或亏损），这种借入部分资金先买后卖的交易通常称为买空。若投资者预期行情看跌，他将一部分证券或资金交付给证券商，不足部分证券向证券商借入，然后卖出证券，日后再买入证券归还，买卖之间的差额扣除交易成本后是投资者的利润（或亏损），这种借入证券先卖后买的交易通常称为卖空。投资者在进行信用交易前需开设保证金账户，这一账户和现金账户分设，信用交易必须通过保证金账户进行。投资者在融资和融券前需与证券商签订协定，约定双方的义务和责任，并符合有关法规和条例。通常融资需支付利息，买入证券成为融资的抵押品；融券一般不需支付利息，卖出证券的资金利息归证券商所有。投资者支配保证金账户上的资金需要符合一定条件。我国现行法规允许证券商向投资者提供信用，投资者可以进行信用交易。

一、买空

投资者买空证券时必须拥有的资金占购买价格总额的百分比称为最初保证金率。其计算公式为：最初保证金率＝自有资金/购买价格总额。一般而言，最初保证金率由最高证券主管当局确定，最高证券主管当局根据证券行情和调控目的确定这一比率，并根据情况的变化进行适时调整。在美国，根据1934年的证券交易法，最初保证金比率由联邦储备委员会制定。当行情火爆、投机氛围浓厚时，可适当调高比率，最高可至100%，即不允许买空交易以抑制过度投机；当行情低迷时，可适当调低比率，以刺激交投活跃，在美国20世纪30年代初的股市"巴布森崩溃"之后，1937年这一比率降至40%。证券交易所可以根据风险状况确定一个略高于证券主管当局的最初保证金率，但不得低于这一比率。证券商根据证券交易所确定的最初保证金率，制定一个稍高的最初保证金率。证券主管当局的最初保证金率是基础，证券商的最初保证金率是投资者必须遵循的保证金比率，证券交易所的最初保证金比率介于两者之间，证券商的保证金比率最高，证券主管当局的保证金比率最低。

若投资者用保证金买空 1 000 股平安银行股票，时价为 25 元/股，证券商的最初保证金比率为 60%，那么投资者自有资金必须为 15 000 元（25×0.6×1 000＝15 000），不足部分 10 000 元［25×（1-0.6）×1 000＝10 000］由证券商垫付。可见，买空是指购买者和证券商之间的信用关系，平安银行股票的卖出和买者之间则是钱、货两清。买卖成交之后，投资者的资产负债状况为：

资产：25 元×1 000＝25 000 元，1 000 股平安银行

负债：25 元×（1-0.6）×1 000 元＝10 000 元

资本：25 元×0.6×1 000＝15 000 元

其关系为：资产＝负债+资本

股票价格在随时发生变化，投资者的资产负债状况也在不断发生变化。当平安银行股票价格升至 35 元时，投资者的资产负债状况为：

资产：35 元×1 000＝35 000 元，1 000 股平安银行

负债：10 000 元　　资本：25 000 元

投资者的资本升值了 10 000 元，其实际保证金率＝资本/资产市价＝（资产市价-负债）/资产时价×100%＝25 000/35 000×100%＝71.4%，高于最初保证金率。

当平安银行股票跌至 15 元时，投资者的资产负债状况为：

资产：15 元×1 000＝15 000 元，1 000 股平安银行

负债：10 000 元，资本：5 000 元

投资者的资本贬值了 10 000 元，其实际保证金比率＝5 000/15 000×100%＝33.3%，低于最初保证金率。

可见，在购买股票时，实际保证金率等于最初保证金率。购买股票之后，随着行情的变化，实际保证金率既可能高于最初保证金率，也可能低于最初保证金率。当股票价格跌至 10 元以下时，投资者已资不抵债，其作为贷款抵押品的股票市价已低于负债总额。若投资者放弃这 1 000 股平安银行的所有权，其负债与股票市价之间的差额就成了证券商的坏账。

为了防止上述情况的发生，证券商要求投资者保持实际保证金在某一比率以上，这种实际保证金与资产时价之间的比率被称为最低保证金率。一般情况下，最低保证金率由证券交易所确定，证券商可以制定一个更高的最低保证金率。

如果投资者的实际保证金率低于最低保证金率，证券商会要求投资者：①在资金或证券账户上存入现金或证券；②偿还部分贷款；③抛出部分证券，并用收入偿还贷款。其目的是为了使实际保证金率达到或者超过最低保证金率。若投资者拒绝证券商的要求，证券商有权根据合约规定强制平仓，使实际保证金率达到最低保证金率。

前面谈到若平安银行股票降至 15 元，实际保证金率为 33.3%。假定最低保证金率为 40%，投资者的实际保证金率低于最低保证金率。若投资者在保证金账户上存入 1 667 元，则其资产负债状况为：

资产：15×1 000＝15 000 元　　　现金：1 667 元

负债：10 000 元　　　　　　资本：6 667 元

其实际保证金率符合最低保证金率要求。若存入市值为 1 667 元的证券，结果相同。

若投资者偿还 1 000 元贷款，其资产负债状况为：

资产：15 元×1 000＝15 000 元

负债：9 000 元　　资本：6 000 元

其实际保证金率为 40%。

若投资者出售账户上的 167 股股票，用所得资金偿还部分贷款，则其资产负债状况为：

资产：15 元×833＝12 495 元

负债：7 495 元　　资产：5 000 元

其实际保证金率同样为 40%，符合最低保证金率要求。

投资者无论采取何种措施，其结果都不外乎减少负债和增加资本，使实际保证金率达到或超过最低保证金率。那么，投资者在股票价格下跌到什么价位时应补交保证金，根据公式：

$$最初负债总量＝目前负债总量$$
$$＝（1-最初保证金率）×购买价×股数$$
$$＝（1-实际保证金率）×证券市价×股数$$
$$证券市价＝（1-最初保证金率）×购买价/（1-实际保证金率）$$

上式中的分子数值为已知，实际保证金率等于最低保证金率时的证券价格为投资者应增补保证金的临界数值。则有：

$$投资者应增补保证金\atop 的证券价格＝（1-最初保证金率）×购买价/（1-最低保证金率）$$

代入前例数值，得：

（1-0.6）×25 元/（1-0.4）＝16.67 元

即股票价格下跌到 16.67 元以下时，投资者应增补保证金。这时投资者的资产负债状况为：

资产：16.67 元×1 000＝16 670 元

负债：10 000 元　　资本：6 670 元

如果平安银行股票价格不是下跌而是上升了，如前例上升至 35 元，其实际保证金率为 71.4%，则投资者可从其账户上取出现金。取出现金数量以实际保证金率不低于最初保证金率为限。如果投资者取出 4 000 元，则其资产负债状况为：

资产：35 元×1 000＝35 000 元

负债：14 000 元　　资本：21 000 元

其实际保证金率等于最初保证金率。

投资者最多可取出资金的数量由下列公式给定：

$$可取出资金的数量＝资本增值×（1-最初保证金率）$$

代入前例数值为：10 000×（1−0.6）＝ 4 000（元）

如果股票价格低于 25 元但高于 16.67 元，即投资者的实际保证金率介于最初保证金率和最低保证金率之间，则投资者不需补交保证金，但也不能取出资金。也就是说，投资者的保证金账户要受到限制。

二、卖空

投资者预期证券价格上涨将会借入资金买空。而投资者预期证券价格下跌则会向他的证券商借入证券卖空，待日后再买入证券归还。在卖空中，交易的顺序颠倒了，是先卖后买，和买空正好相反。卖空证券的收入作为投资者向证券商借入证券的抵押品，投资者不能动用。但仅仅如此是不够的。如果借入证券的价格上升了，证券商存在遭受损失的可能性，所以，证券商要求投资者卖空时需缴纳一定数量的保证金，这即是最初保证金率。

例如：投资者借入 1 000 股平安银行股票卖空，卖出价为 25 元，最初保证金比率是 60%，最初投资者的资产负债状况是：

资产：（1+0.6）×25 元×1 000＝40 000 元

负债：25 元×1 000＝25 000 元　　资本：0.6×25 元×1 000＝15 000 元

若股票价格上升到 30 元，则投资者的资产负债状况为：

资产：40 000 元

负债：30 元×1 000＝30 000 元　　资本：10 000 元

实际保证金率＝资本/负债×100%＝10 000/30 000×100%＝33.3%

若最低保证金率为 40%，则投资者应补交 2 000 元保证金，使实际保证金率达到 40%。其资产负债状况为：

资产：42 000 元

负债：30 000 元　　资本：12 000 元

应补交保证金证券的临界价格为：

应补交保证金证券价格＝卖空价格×(1+最初保证金率)/(1+实际保证金率)

　　　　　　　　　　＝25×(1+0.6)/(1+0.4)

　　　　　　　　　　＝28.57(元)

在这一临界价位上，投资者的资产负债状况为：

资产：40 000 元

负债：20 元×1 000＝20 000 元　　资本：20 000 元

若实际保证金率＝资本/负债＝100%，投资者可取出一部分资金，取出的数量以实际保证金率不低于最初保证金率为限。其计算公式为：

可取出资金数量＝资本增值部分×（1+最初保证金率）

　　　　　　　＝5 000×（1+0.6）

　　　　　　　＝8 000（元）

取出资金后投资者的资产负债状况为：

资产：32 000 元

负债：20 000 元　　　资本：12 000 元

实际保证金率=资本/负债×100%=12 000/20 000×100%=60%

若平安银行股票介于 25~28.57 元，即实际保证金率高于最低保证金率而低于最初保证金率，则投资者的保证金账户要受到限制。

三、同时买空和卖空

在同一保证金账户上，同时买空和卖空证券其实际保证金率的计算比仅买空或卖空要复杂得多。但明白了买空和卖空的基本原理，其计算大同小异。以下举例说明。

某投资者在 7 月 2 日以 25 元的价格买空 1 000 股平安银行股票，同时又以 15 元价格卖空深万科股票 1 000 股，其最初保证金率为 60%，最低保证金率为 30%。7 月 10 日平安银行收盘价为 27 元，深万科收盘价为 18 元。试计算该投资者的实际保证金率。

7 月 2 日该投资者的资产负债状况为：

平安银行：

资产：25 000 元

负债：25 元×（1-0.6）×1 000=10 000 元　　资本：0.6×25 元×1 000=15 000 元

深万科：

资产：15 元×（1+0.6）×1 000=24 000 元

负债：15 元×1 000=15 000 元　　资本：0.6×15 元×1 000=9 000 元

总的资产负债状况为：

资产：49 000 元

负债：25 000 元　　资本：24 000 元

到了 7 月 10 日，其资产负债状况为：

平安银行：

资产：27 元×1 000=27 000 元

负债：10 000 元　　资本：17 000 元

深万科：

资产：24 000 元

负债：18 元×1 000=18 000 元　　资本：6 000 元

总的资产负债状况为：

资产：51 000

负债：28 000 元　　资本：23 000 元

证券商要求投资者提供的抵押品能保证到期收回所出借的资金和证券。在卖空的情况下，根据实际保证金率=（资产的市场价值-负债）/负债，则资产的市场价值=（1+实际保证金率）×负债；当实际保证金率低于最低保证金率时，应补交保证金，其资产市价为 23 400 元〔（1+最低保证金率）×负债=（1+0.3）×18×1 000=23 400〕。在买空的情况下，根据实际保证金率=（资产的市场价值-负债）/资产的市场价值，则资产的市场价值＝负债/（1-实际保证金率）；当实际保证金率低于最低保证金率时，应补交保证金，其资产市价为 14 286 元 ［负债/（1-最低保证金率）＝ 10 000/（1-0.3）＝ 14 286］，总的资产市价为 37 686 元（23 400+14 286 ＝ 37 686），投资者账户上的资产价值为 51 000 元，投资者不需补交保证金。

投资者账户不受限制是其提供的抵押品价值超过最初保证金率。在卖空的情况下为 28 800 元 ［负债×（1+最初保证金率）＝ 18×1 000（1+0.6）＝ 28 800］；在买空的情况下为 25 000 元 ［负债/（1-最初保证金率）＝ 10 000/（1-0.6）＝ 25 000］，两者相加为 53 800 元，投资者的资产市价为 51 000 元，未超过前列数值，投资者不能取出资金。显然其账户要受到限制。

前面对信用交易的基本原理进行了论述，从中可以看出：①买空是低买高卖；而卖空则是高卖低买，两者恰好相反。②都是利用债务方式发挥杠杆作用。买空利用债务筹集资金；卖空是借入证券，在增加预期收益的同时，也增大了投资风险。③实际保证金率低于最低保证金率时，投资者需补交保证金；实际保证金率高于最初保证金率时，投资者可取出部分资金；介于两者之间的账户则受到限制。

第二节　期货交易

1973 年，第二次世界大战后建立起来的国际货币体系——布雷顿森林体系走向崩溃，浮动汇率制取代了固定汇率制；金融自由化和金融创新浪潮席卷全球，各国纷纷放松或放弃了对利率的管制，放宽了对金融业的限制；石油危机导致世界能源价格上涨，世界性通货膨胀加剧。国际金融市场动荡不定，利率、汇率、股价波动剧烈而频繁。置身其中的投资者、筹资者和业务经营者时刻面临市场波动带来的风险，他们迫切需要一些新的金融工具作为风险管理的手段。这样，以期货、期权、互换等为主的金融衍生工具应运而生并得到蓬勃发展。银行所面临的竞争压力和以计算机为主的信息技术的发展，促使了金融衍生工具种类的增加和交易量的迅速增长。

一、金融期货的特点

金融期货是一种标准化合约。它载明买卖双方同意在约定的将来某个日期按约定的条件（包括价格、交割地点、交割方式）买进或卖出一定数量的某种金融商品。

期货的出现是商品生产和商品交换发展到一定阶段的产物，是贸易方式长期演进的结果。当实物交割方式由即期交易向远期交易转化时，合同转手买卖的情况开始发生并日趋普遍，期货交易开始出现并不断完善和发展。

金融期货于 1972 年 5 月 16 日诞生在美国芝加哥商品交易所。在固定汇率制崩溃、国际外汇市场动荡不定的情况下，芝加哥商品交易所开办了国际货币市场（IMM）进行外汇期货交易，推出了英镑、加元、马克、日元、瑞士法郎、法国法郎、墨西哥比索七种货币期货合约，标志着金融期货正式诞生。

金融期货按交易对象不同，可以分为外汇期货、利率期货和股票价格指数期货三种。另外，香港联合交易所曾进行股票期货交易的尝试。也有人将白银期货、黄金期货列为金融期货，但白银早已退出流通领域，黄金已于1978年由国际货币基金组织宣布为非货币化，故将它们列为贵金属期货也许更恰当一些。

（一）外汇期货

外汇期货是指买卖双方同意在将来某一日期，按约定的汇率买卖一定数量某种外币的合约。各期货交易所对外汇期货交易都有很详细的规定，如外汇种类、到期月份、交易时间、合约金额大小、开价形式、最小价格升降单位、最大价格波幅等。

（二）利率期货

利率期货是指买卖双方同意在约定的将来某个时间，按双方约定的条件，买卖一定数量的某种长短期信用工具。利率期货以各种利率的载体作为合约标的物。利率期货自1975年由芝加哥商品交易所推出美国国民抵押协会抵押证期货后，在英国、法国、日本、澳大利亚等国广泛兴起。目前，利率期货交易量占了全世界衍生工具场内交易量的一半以上。我国目前开设有2年期、5年期和10年期国债期货交易。

（三）股票价格指数期货

股票价格指数期货简称股指期货或期指。它是指买卖双方同意在约定的将来某个日期，按约定的价格买卖股票价格指数的合约。股票价格指数（通常是指成分股指数）是当期股票市值与基期股票市值之比。它是一种极特殊的商品，代表成分股组合价格涨跌，没有具体的实物形态。由于股票价格指数无法交割，只能将股票价格指数换算成货币进行结算，采用现金交割的方式。股票价格指数期货可以使投资者投资于整个股票市场而非单只股票，免去了投资者研究个股和进行投资组合的麻烦。目前我国开设有上证50指数，沪深300指数和申证500指数期货交易。

金融期货合约具有如下特征：①合约是标准化的。证券交易所推出的期货合约包括交易单位、交割日期、交割地点、品种名称，这些都是标准化的，交易双方不需就此协商，买卖双方只需按规则买进卖出，价格是期货合约中唯一的变量。这大大提高了交易效率，降低了投资者的交易费用。②买卖双方均以证券交易所作为清算对方。交易双方不直接接触，而是和证券交易所属下的清算公司结算，清算公司是所有买方的卖方和卖方的买方，交易双方不必担心对方违约。③实行逐日盯市制。结算不是等合约到期才进行，而是每日计算投资者的浮动盈亏。交易者必须开设保证金账户，并在满足最初保证金比率的前提下开新仓，持仓中实际保证金比率低于最初保证金比率时，投资者应补交保证金，高于最初保证金比率时，投资者可取出部分资金。④可用反向交易结束头寸。在期货合约到期日之前，买方可卖出相同的期货合约，卖方可买进相同的期货合约以结束其头寸。由于对冲交易比实物交割既灵活又省事，因此绝大多数期货合约是由对冲交易来结束头寸的。

二、期货合约

期货合约是期货交易的载体，交易者在交易所场内买卖的是标准化的期货合约。

一份标准化的期货合约主要包括以下内容：

（一）交易单位

每份期货合约的交割数量都是确定的，习惯上称为"口"，但不同交易所规定的交割数量却不同。如一张英镑期货合约，在芝加哥商品交易所为 25 000 英镑，在阿姆斯特丹欧洲期权交易所则为 10 000 英镑。交易单位的大小，视期货市场交易规模、参与者资金实力、合约商品价格的波动性等因素而定。

（二）最小变动价位

最小变动价位是公开竞价时商品价格报价的最小变动数值。最小变动价位乘以合约交易单位，就是期货合约的最小变动金额。期货交易以最小变动价位的整数倍上下波动。最小变动价位的确定一般参考金融工具的种类、性质、市场价格波动状况、商业习惯等因素。

（三）每日最高波幅

每日最高波幅是指单个交易日内期货价格最大允许涨跌幅度，当单日期货价格波动幅度达到这一限制时，期货交易所将会停止当天交易，进一步的交易将在第二天进行。每日最高波幅在我国又称为涨跌停板制度。其目的是为了限制期货交易的风险。但涨跌停板制度也存在缺陷：①阻止了市场价格均衡的恢复，限制了期货交易价格发现功能的发挥；②涨跌停板制度往往成为违规者操纵市场的工具；③若运用不当，会给期货交易所带来结算风险。

（四）标准交割时间

标准交割时间包括标准交割月份和标准交割日期，各个交易所的规定各不相同。标准交割月份指交易所规定的期货合约交割的未来月份。标准交割日期是指交割月份的具体交割日，又称最后交易日。

（五）保证金

保证金又分为初始保证金和维持保证金。初始保证金是指交易所为保证合约履行而向交易双方收取的保证金。其目的是有效控制期货交易风险，保证双方履行合约。维持保证金是指交易所规定投资者为维持自己的交易头寸所必须持有的保证金。保证金比率水平的确定既要考虑到控制期货交易的风险，又要发挥期货交易的杠杆作用，保持市场交易的活跃，其高低应随市场环境的变化而调整。

三、期货合约的价格及交易策略

期货合约价格和现货价格存在平行变动和合二为一两种情况。期货合约以现货作为合约标的物，期货价格是预期的现货价格。因此，影响现货价格的因素同样影响期货价格，两者变动的方向应该一致。事实上，由于期市和现市对相同因素会做出程度不同的反应，两者的价格涨跌幅度往往存在差异，期货价格和现货价格两者之间的差额称为基差。随着期货合约到期日的临近，影响期货价格变动的不确定因素日益减少，确定性因素日益增多，期货价格与现货价格逐渐趋同，在到期日那天，期货价格与现货价格将完全一致，若存在差异，套利行为将消除这种差异，即合二为一。

由于期货合约的标的物是现货，所有影响现货价格的因素都同样影响期货价格。同时从期货合约开仓到平仓或交割要经历一段时期，因此，期货合约价格还受到市场心理预期的影响。从基本分析的角度上讲，影响期货价格变动的因素主要有：①现货供求状况的变动，主要包括生产成本、库存数量、产量、进出口量等。②国家的宏观经济政策，主要包括金融政策、财政政策、税收政策、产业政策等。③政治因素，主要包括政府及领导人的更替、政局是否稳定、国际政治经济关系的变化等。④投机因素。投机是套期保值得以实现的必要条件，若没有投机，套期保值者将缺乏交易对手，价格风险就无法转移；投机者是期货市场价格风险的承担者；投机是期货市场不可缺少的润滑剂。期货市场若没有套期保值者，也就失去了存在的必要；期货市场若没有投机者，套期保值功能就无从发挥。两者相辅相成，缺一不可。如果监管机构管理得当，通过投机者的贱买贵卖，可以实现价格均衡和防止价格的过分波动，并创造一个连续的市场。若投机是出于信息不对称和操纵价格，则会出现价格剧烈波动。

套期保值是指商品经营者在现货市场和期货市场进行两个在数量上相同、方向上相反的买卖，即其在现货市场上买进或卖出一定数量的某种商品时，在期货市场上设立与现货市场相反的头寸而将风险转移的交易活动。有人将其概括为"相等且相反"原则，其基本原理就是期市、现市价格关系的平行变动性和合二为一性。通过期市、现市的逆向操作，可将价格变动造成的盈亏大致抵消，确保生产成本和预期利润。套期保值也是有一定风险的。通过现市、期市逆向操作，套期保值者在规避掉于己不利的现货市场价格变动风险的同时，也放弃了价格变动有利于自己时的获利机会。而且由于期市、现市价格不可能同方向同比例变动，存在基差，套期保值者还要承担基差变动不一致时的风险。

投机者参与期货交易的基本动机是为了获取风险利润，他们对现货商品不感兴趣，总是在合约到期前通过对冲交易来免除现货交割责任。投机策略有以下几种：①价差套利。投机者最基本的交易策略就是通过对市场价格变动趋势的预期和判断，谋取差价收益。期货交易与现货交易的一个不同之处是，期货交易既可以像现货交易那些先买后卖，也可以把这一过程颠倒，先卖后买。②跨期套利。投机者在买进某一交割月份期货合约的同时，卖出另一交割月份的同类商品期货合约，利用同一商品但不同交割月份的期货价格之间的差价变化进行对冲获利。③跨市套利。投机者在卖出某交易所某一交割月份的期货合约的同时，买进另一交易所同一交割月份的同类期货合约，利用同一商品在不同交易所的期货价差套取利润。④跨商品套利。投机者利用两种不同的但相互关联的商品之间的价差进行套利交易。用于套利的这两种商品或者有相互替代性，或是受一些相同供求因素制约，价格的相关性很强。

风险转移是期货市场最主要的功能，风险转移是指将市场变化的风险通过一定的机制从由风险规避者转移到风险承担者身上，期货市场的风险转移是通过套期保值来实现的。价格发现是期货市场的另一主要功能。由于期货交易所汇集了来自四面八方的交易者，带来了成千上万种关于期货合约标的物商品的供求信息和市场预期，通过交易所内的公开竞价达成均衡价格；由于这种价格包含了影响该商品价格的所有信息，表达了交易者对期货商品的生产、供求、汇率、利率等因素的看法。所以说期货交易发现了未来均衡价格，它为现货生产和经营提供了权威的指导价格。

第三节　期权

一、期权概述

期权的概念早在古希腊时期就已出现，但标准化的场内期权交易则出现在 20 世纪 70 年代。1973 年 4 月 26 日，芝加哥期权交易所成立，推出了标准化的股票期权并正式挂牌交易。这标志着现代意义上的金融期权的诞生。此后，伦敦、阿姆斯特丹、蒙特利尔、费城、悉尼、香港等地相继引进了金融期权。我国目前在上海金融期货交易所推出了上证 50ETF 期权合约交易。

期权又称选择权。它赋予其购买者在规定期限内按双方约定的价格购买或出售一定数量某种金融资产的权利。期权的买方只有权利而没有任何义务。他可以在期权有效期内任何时间（美式期权）或到期日（欧式期权）行使其买进或卖出的权利，也可以放弃这个权利。期权的卖方只有义务而没有权利。当期权买方按合约规定行使其权利时，期权卖方必须依约相应卖出或买进某种金融资产；期权的买方要获得这个权利必须支付一定费用，这笔费用叫期权费用或期权价格。

按照期权买方的权利，可以将期权分为看涨期权和看跌期权。看涨期权又称为敲进期权或买进期权，其权利的购买者具有按合同规定的价格购买某种特定金融工具的权利；看跌期权又称为敲出期权或卖出期权，其权利的购买者具有按合同规定的价格出售某种特定金融工具的权利。

按照期权权利行使时间，可以将期权分为欧式期权和美式期权两种。美式期权在期权有效期内任何营业日均可行使权利，而欧式期权则只有在到期日才能行使权利。

按期权指定的金融资产种类划分，可以将期权分为黄金期权、股票期权、股票指数期权、外汇期权、债券期权。

期权还可分为现货期权和期货期权。期货期权是指把期货和期权相结合生成的一种新的交易方式，即是期货合约的期权交易。

期权合约是期权交易的对象。期权交易有场内交易市场和场外交易市场。场内交易的是标准化的期权合约，场外交易的则是非标准化的期权合约，但场外交易也多参照场内签订的期权合约。期权合约主要由以下六个要素组成：

（一）敲定价格

敲定价格又称实施价格，是指期权到期时的履约价格。同一种期权合约，在期权市场上往往有多种敲定价格，敲定价格不同的期权合约有不同的期权费。这一标价考虑到是看涨期权还是看跌期权，合约剩余有效期的长短等因素。因此，敲定价格相当于一般商品的"品质"。

（二）合约商品和数量

期权合约商品和期货一样，一般选择那些交易量大、便于储运、品质易于划分的商品，但是这些商品的价格波动频繁，走势难以把握。由于期权可以以期货合约作为合约商品，故它创造的合约品种比期货要多。合约商品的数量因地而异。

（三）合约有效期限

合约有限期限一般不超过9个月，以3个月和6个月最为常见。其表示方法是按月份，形成三个循环：1月循环（January Cycle）：1—4—7—10；2月循环（February Cycle）：2—5—8—11；3月循环（March Cycle）：3—6—9—12。即1月份推出的合约，标准到期月份为4月、7月和10月，其余类推。

（四）期权交易地点

标准化的期权合约交易一般在期权交易所内进行。至于场外非标准化期权合约，一般由商业银行或投资银行安排，交易地点可由交易双方商定。

（五）期权费

期权费是期权买方为购买选择权利所付出的金额。它是标准化期权合约中的唯一变量，也被称为期权价格，国内有权利金、保险费、期权金等译法。

（六）合约格式

合约格式一般规定合约的交易单位、最小变动价位、每日最高波动幅度、合约月份、最后交易日、履约日的约定、交割方式等。

期权和期货是两种不同的交易方式。其区别主要表现在以下几个方面：①权利和义务。期货合约的双方都被赋予了相应的权利和义务，且权利和义务对于买卖双方都是对称的，其权利在合约到期日才能行使。期权的买方只有权利而没有义务，期权的卖方则只有义务没有权利。②标准化。期货合约是标准化的，现货期权合约在场外是非标准化的，在场内是标准化的；期货期权无论在场内场外都是标准化的。③盈亏风险。期货交易双方承担的盈亏风险可能是无限的。期权交易卖方的亏损可能是无限的（看涨期权），也可能是有限的（看跌期权），盈利则以期权费为限；相应地，期权买方的亏损以期权费为限，盈利有可能是无限的（看涨期权），也可能是有限的（看跌期权）。④保证金。期货交易的买卖双方均需交纳保证金。期权买方的亏损以期权费为限，所以不交纳保证金；期权卖方在场内交易时需交纳保证金，在场外交易时由买卖双方商定。

二、期权的价格

在期权交易中，涉及三个价格：合约商品市价、敲定价格和期权价格。合约商品市价是合约商品的价格，敲定价格相当于期权合约的"品质"，只有期权价格才是期权合约的价格。期权价格由内涵价值和时间价值部分组成。其数学表达式为：

$$P = IV + TV$$

式中：P 表示期权价格，IV 表示内涵价值，TV 表示时间价值。

（一）内涵价值

内涵价值又称履约价值，是期权本身具有的价值，也是履行期权合约时所能获取的利润。它反映了期权敲定价格与合约商品市价之间的关系。其计算公式为：

$$IV = \begin{cases} S-E & \text{（在看涨期权中）} \\ E-S & \text{（在看跌期权中）} \end{cases}$$

式中：IV 表示内涵价值，S 表示合约商品市价，E 表示敲定价格。

按照有无内涵价值，期权可呈现三种状态：实值期权（in the money，ITM）、虚值期权（out of the money，OTM）、两平期权（at the money，ATM）。其出现条件和图示如表6-1、图6-1所示。

表6-1　期权内涵价值的状态

状态	看涨期权	看跌期权
ITM	S>E	S<E
OTM	S<E	S>E
ATM	S=E	S=E

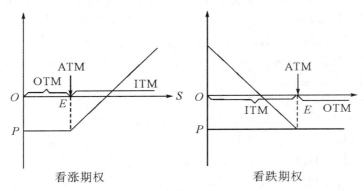

图6-1　期权的内涵价值

（二）时间价值

时间价值是指期权买方在期权有效期内可选择有利时机执行期权而产生的价值。伴随时间的变化，期权合约商品市价在不断涨跌，从而使期权出现增值或贬值，只有当期权有可能增值时，期权购买者才愿意为购买这一期权而付出时间价值。由于在到期日前的任何一天，期权都有增值的可能性，所以在整个合约有效期，期权都具有时间价值，而不一定具有内涵价值。从动态上看，期权的时间价值有一个变化规律：伴随期权合约剩余有效期缩短而衰减。对期权买方而言，有效期越长，发生有利变化的可能性就越大，获利的机会就越多，他愿意付出的时间价值就越高；对期权卖方而言，有效期越长，他承担的无条件履约义务的时间就越长。由于买方都是在有利于自己而不利于卖方的时候才会提出履约，所以他承担的风险较大，要求的时间价值也就越高。伴随合约剩余有效期的缩短，买方获利的机会在减少，承担的风险也在逐步减少，时间价值将逐步减少。一旦期满未曾实施，该期权就完全丧失了时间价值。期权的时间价值衰减如图6-2所示。

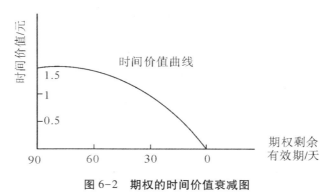

图 6-2　期权的时间价值衰减图

期权时间价值与有效期是正相关关系，但不是正比例关系。影响期权时间价值的因素如下：

1. 敲定价格对时间价值的影响

在期权市场上，同一商品往往有多种敲定价格的期权合约，它们分别高于、低于或等于该种合约商品的市价。敲定价格不同，时间价值也不同。当市价与敲定价格最接近时，期权的时间价值达到最大，市价与敲定价格差距越大，时间价值越小。时间价值的变动规律为：两平期权时，时间价值最大，在向实值期权和虚值期权变动时，时间价值越来越小。

2. 合约商品市价对时间价值的影响

对一张敲定价格一定的期权合约来说，期权费的变化完全取决于合约商品市价变动和对合约商品市价变动的预期。伴随市价变动，期权的内涵价值也同样会出现实值、虚值和两平期权状态，受到上述变动规律的制约。

敲定价格和合约商品市价对时间价值的影响如图 6-3 所示。时间价值实质上就是投机价值。当时间价值是两平期权时，期权是向实值还是向虚值转化，方向难以确定，转为实值则买方盈利，转为虚值则卖方盈利，故投机性最强，时间价值最大；当时间价值是虚值期权时，市价越偏离敲定价格，期权转为实值的可能性也就越小，买方不愿多付出投机价值；当时间价值是实值期权时，市价越偏离敲定价格，期权再进一步偏离敲定价格的可能性也越小，而且此时期权的杠杆作用会减弱，故投机价值也在减少。

（三）期权价格、内涵价值、时间价值三者的关系

期权价格由内涵价值和时间价值组成，三者的关系如图 6-4 所示。从静态的角度看，期权价格在任一时点都是由内涵价值和时间价值两部分组成。在虚值期权（看涨期权 $S<E$，看跌期权 $S>E$）时，期权价格完全由时间价值组成；在两平期权（$S=E$）时，期权价格完全由时间价值组成，且时间价值达到最大；在实值期权（看涨期权 $S>E$，看跌期权 $S<E$）时，期权价格由内涵价值和时间价值组成，内涵价值与市价等比例增减。从动态的角度看，期权的时间价值在衰减，伴随合约剩余有效期的减少而减少，期满时时间价值为零，期权价格全部由内涵价值组成。

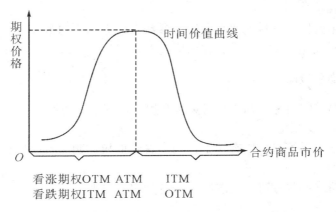

图 6-3　敲定价格和合约商品市价对期权时间价值的影响

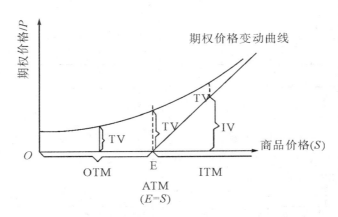

图 6-4　看涨期权中期权价格、内涵价值、时间价值三者的关系

（四）期权定价模型

在期权定价中，影响期权价格的因素有以下五个：

1. 标的物市价（S）

在看涨期权中，S 与期权价格呈正向关系，S 越高，内涵价值越大；在看跌期权中，S 与期权价格呈负向关系，S 越高，内涵价值越小。

2. 敲定价格（E）

在看涨期权中，E 越高，买方盈利的可能性越小，因而此时 E 与期权价格呈反向变动关系；在看跌期权中，E 越高，买方盈利的可能性越大，因而此时 E 与期权价格呈正向变动关系。

3. 合约剩余有效期（T）

T 越长，时间价值越大，期权价格越高，呈正向变动关系。

4. 无风险利息率（r）

无风险利息率（一般用国债收益率替代）是购买期权的机会成本。

5. 价格的波动幅度（σ）

价格的波动幅度越大，买方盈利的可能性越大，卖方承担的风险也就越大，因此期权价格也就越高。

建立期权定价模型是将上述因素作为参数来建立相应的数学模型。最常用的期权定价模型有布莱克—斯克尔模型和二项式模型。

三、期权交易策略

期权的交易策略可分为基本交易策略和组合投资策略两种。

（一）基本交易策略

期权的基本交易策略主要有四个：购买看涨期权、购买看跌期权、出售看涨期权和出售看跌期权。

四种交易策略的盈亏可以在图6-5中分别表示出来。

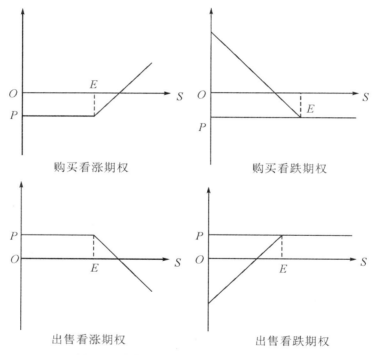

图6-5　期权基本交易策略盈亏状况示意图

基本交易行为的盈亏数额及使用时机可用表6-2表示。

表6-2　期权的基本交易行为、风险收益及使用时机一览表

		最大赢利	最大损失	使用时机
期权买方	购买看涨期权	∞	P×M	市价会高于（E+P）时
	购买看跌期权	（E-P）M	P×M	市价会低于（E-P）时
期权卖方	出售看涨期权	P×M	∞	市价会低于（E+P）时
	出售看跌期权	P×M	（E-P）×M	市价会高于（E-P）时

注：E表示履约价格（敲定价格）；P表示期权价格（权利金）；M表示合约商品数量。

从表 6-2 中可以看出，期权买卖双方的风险收益是不对称的，期权买方的损失是固定的，最大损失为一开始付出的期权费额，而其盈利可以是很大甚至是无限的。而期权卖方则以承担较大风险为代价来博取较小的收益。这种非对称性风险收益机制是期权交易的一大特色。

（二）组合投资策略

期权交易策略的可选择性强，其复杂性远大于期货，这一点在期权的组合投资策略上得以体现。在介绍组合投资策略前，首先应明确期权系列的概念。

从同一种期权合约商品中，可以衍生出一系列期权合约，合称为一个期权系列。如从表 6-3 中可以看出，S&P500 股票指数在 1988 年 6 月 14 日市价为 261.20 点时，这一指数按照期权的种类（是看涨期权还是看跌期权共 2 个）、期限（到期月份共 3 个）和敲定价格（共 12 个）不同，在同一市场价格下创造了 72（2×3×12＝72）种期权合约商品。这 72 种期权合约商品称为一个期权系列。

表 6-3　S&P500 股票指数期权报价表（CBOE，June 14，1988）

敲定价格	类别					
	看涨期权			看跌期权		
	6 月	7 月	8 月	6 月	7 月	8 月
220	—	—	—	—	$3/8$	$1\frac{15}{16}$
225	37	$\frac{3}{4}$	$39\frac{3}{4}$	$1/16$	$9/16$	$1\frac{5}{8}$
230	33	—	—	$1/16$	$7/8$	$2\frac{1}{4}$
235	$26\frac{1}{4}$	—	30	$1/16$	$1\frac{1}{4}$	$2\frac{7}{8}$
240	$21\frac{1}{2}$	22	$24\frac{1}{2}$	$1/16$	$1\frac{11}{16}$	$3\frac{3}{4}$
245	$16\frac{1}{4}$	18	$21\frac{3}{8}$	$1/8$	$2\frac{3}{8}$	$4\frac{5}{8}$
250	$11\frac{1}{4}$	$14\frac{1}{2}$	$18\frac{1}{2}$	$1/14$	$3\frac{1}{4}$	6
255	$6\frac{1}{2}$	$10\frac{3}{4}$	$13\frac{3}{4}$	$1/16$	$4\frac{5}{8}$	$7\frac{1}{2}$
260	$2\frac{5}{8}$	$7\frac{5}{8}$	$10\frac{3}{4}$	$1\frac{13}{16}$	$6\frac{3}{4}$	10
265	$3/4$	$5\frac{1}{4}$	$8\frac{1}{4}$	$4\frac{7}{8}$	$9\frac{3}{8}$	$11\frac{3}{4}$

表6-3（续）

敲定价格	类别					
	看涨期权			看跌期权		
	6月	7月	8月	6月	7月	8月
270	3/16	$3\frac{3}{8}$	$5\frac{3}{4}$	$10\frac{1}{2}$	$12\frac{1}{2}$	16
275	1/16	$1\frac{15}{16}$	4	—	$16\frac{1}{2}$	

资料来源：Hirt/Block. Fundamentals of Investment Managememt. Boston：RICHARD DIRWIN，INC，1990，P525。

若将期权系列细分，还可分为水平系列和垂直系列。水平系列：同一敲定价格但期限不同的一组看涨或看跌期权。垂直系列：期限相同但敲定价格不同的一组看涨或看跌期权。由这两种系列可形成三种价差：①水平价差，是水平系列中不同的期权合约存在的价差；②垂直价差，是垂直系列中不同的期权合约存在的价差；③对角价差，是既不在同一水平系列，又不在同一垂直系列的期权合约存在的价差。

由这三种价差，产生了套取这三种价差的三种基本期权套利策略。①水平套利，套取水平价差的期权交易策略；②垂直套利，套取垂直价差的期权交易策略；③对角套利，套取对角价差的期权交易策略。

由上述三种基本期权套利策略，可引申出权重套利、三明治套利和蝴蝶式套利等更为复杂的套利方法，能够演变出几百种期权投资策略。

第四节　互换

一、互换的产生和发展

金融互换是指两个或两个以上当事人按照商定的条件，在约定的时间内，交换一系列支付款项的金融交易。互换是20世纪80年代初期在平行贷款的基础上发展而来的。在20世纪80年代中期，互换获得了迅速的发展，互换工具日臻完善，互换技术日趋成熟，最终形成了有独立标的物和交易程序的规模庞大的互换市场。

20世纪70年代，英国为控制资金外流，采取了对外投资扣税的办法。许多英国公司为了节税，便不在英国境内购买美元，而是采用与美国公司协商的办法，互相借贷。应此需求，平行贷款被许多银行推出。平行贷款是指在不同国家的两个母公司，相互向对方公司在本国境内的子公司提供金额相等的本币贷款，在指定到期日，各自归还所借货币。

例如，英国母公司向美国母公司在英国境内设立的子公司贷款，美国母公司相对应地贷款给英国母公司在美国境内设立的子公司。其结构如图6-6所示。

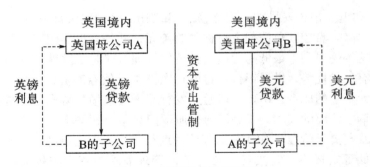

图 6-6　平行贷款结构简图

由于平行贷款不通过外汇市场进行，外汇市场的汇率只是作为双方互贷金额的参考，所以这种操作没有汇率风险。

平行贷款是两个独立的贷款协议，分别具有法律效力。因此，如果出现一方违约，另一方仍然不能解除履约义务。这种贷款安排使违约风险缺乏有效的约束机制。在此情况下，另一种贷款方式——背对背贷款产生了。

背对背贷款是两个国家的公司相互直接贷款，贷款币种不同但币值相等，贷款到期日相同，按期各自支付利息，到期各自偿还原借款货币。其结构如图 6-7 所示。

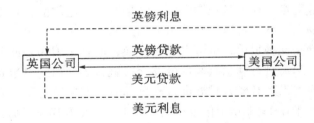

图 6-7　背对背贷款结构简图

背对背贷款尽管有两笔贷款，却只签订一个贷款协议，协议中明确若一方违约，另一方有权从本身的贷款中抵消损失。这种补偿条款降低了违约风险、简化了协议文件，向货币互换大大迈进了一步。

但背对背贷款还不是真正的互换，差别在于背对背贷款是一种借贷行为，在会计上会产生新的资产和负债（双方互为对方的债权和债务人）；而货币互换则是不同货币间负债的交换或资产的交换，是一种表外业务。

平行贷款和背对背贷款在 1979 年英国取消外汇管制后，便作为一个金融创新在国际金融市场上使用，主要作为长期外汇资产的有效保值工具。

货币互换是指以某种货币表示的一定数量的资本及利息支付义务，与另一种货币表示的相应的资本额及利息支付义务进行相互交换。因此，货币互换的前提是存在两个期限和金额上相同而对货币需求相反的伙伴，然后双方按照预先约定的汇率进行资本额互换，完成互换后，每年以约定的利率和金额进行利息支付与互换，协议到期后，按原约定汇率将原资本额换回。

目前被公认为世界上第一笔正式的货币互换是 1981 年 8 月美国所罗门兄弟公司

169

为 IBM 公司和世界银行安排的一次互换。当时 IBM 公司绝大部分资产由美元构成，为避免汇率风险，希望其负债与之对称也为美元；此外，世界银行希望用瑞士法郎或西德马克这类绝对利率最低的货币进行负债管理。同时，世界银行和 IBM 公司在不同市场上有比较优势，世界银行通过发行欧洲美元债券筹资，其成本要低于 IBM 公司筹措美元资金的成本；IBM 公司通过发行瑞士法郎债券筹资，其成本也低于世界银行筹措瑞士法郎的成本。于是，通过所罗门兄弟公司的撮合，世界银行将其发行的 2.9 亿欧洲美元债券与 IBM 公司等值的西德马克、瑞士法郎债券进行互换，各自达到了降低筹资成本、解决各自资产负债管理需求与资本市场需求的目的。据《欧洲货币》（*Euro Money*）杂志 1983 年 4 月号测算，通过这次互换，IBM 公司把 10%利率的西德马克债务转换成了 8.15%利率（两年为基础）的美元债务，世界银行将 16%的美元债务转换成了 10.13%利率的西德马克债务，降低筹资成本的效果十分显著。这次著名的货币互换成功后，由于双方享有很高声誉，在各大金融市场上造成了很大影响，有力地推动了货币互换的发展。

利率互换是在货币互换业务发展的基础上产生的，是将计息方法不同（一方以固定利率计息，另一方以浮动利率计息）或利率水平不一致的债权或债务进行转换。与货币互换的不同之处在于，利率互换是在同一种货币间进行，并且利率互换一般不进行本金互换，而只是互换以不同利率为基础的资本筹集所产生的利息。

利率互换是业务第一线人员长期实践的结果。一个伦敦的银行交易员在从事了多笔货币互换交易后，认为可以将此技术运用到同种货币上。由于资金有不同的计息方式，所以即使是同种货币，也可以进行交换，而且正因为是同种货币，本金的交换就没有必要，只需进行利息差额部分的交换就行了。而利息也是同种货币，故连利息的金额交换也没有必要，只需进行利息部分的交换就行了。有了利息交换的概念，利率互换终于在 1981 年于伦敦市场上诞生。利率互换诞生后，由于国际借贷市场，尤其是欧洲美元市场十分广阔，利率互换发展很快，交易量很快超过货币互换，成为互换市场的主流。如 1993 年全球 5.6 万亿美元的互换交易总量中，利率互换为 4.6 万亿美元，占全部互换总量的 73.5%。

1983 年年初，利率互换开始作为一种标准的"国际性"交易，进一步在美国市场获得发展。货币互换和利率互换在 20 世纪 80 年代初产生后，发展十分迅猛，1984 年和 1985 年，众多英美商业银行和投资银行开始在互换中扩大交易规模，逐步形成了单独的互换市场。互换交易由开始的每笔 5 000 万美元至 1 亿美元的交易，扩大到小至 100 万美元的交易。较短期的互换也更加普及。这说明，由于众多的交易者加入市场，互换交易变得更为灵活、容易了。从总交易量上而言，互换也由 1981 年的成交量 30 亿美元扩大到 1987 年的 4 500 亿美元。

互换一经产生，就因适应了市场的强大需求而获得了巨大发展。此后，世界性互换行业协会——国际互换交易商协会成立，互换二级市场出现，24 小时交易与做市商诞生，互换参与者队伍的不断扩大，互换创新形式的不断出现，使互换获得了深入的发展。

二、互换交易的种类

互换交易是指当事人利用各自筹资机会的相对优势，以商定的不同币种或不同利息的资产或负债，以避免将来汇率和利率变动的风险，获取常规筹资方法难以得到的币种或较低的利息，实现筹资成本降低。互换交易可在任何可自由兑换货币之间进行。最常见的货币有美元、加元、英镑、欧元、日元等。

互换交易的基本种类有如下五种：

（一）息票互换

息票互换又称利率互换，是指同种货币固定利率与浮动利率的互换。其基本做法是：持有同种货币资产或负债的交易双方，以一定的本金为计息基础，其中一方以固定利率换取另一方的浮动利率。通过互换，交易一方以某种固定利率资产或负债换成对方浮动利率的资产或负债。

例如，A 公司的资信等级高于 B 公司，因此在筹资方面具有绝对优势。但 A 公司在固定利率资本市场上对 B 公司的绝对成本优势，大于其在浮动利率资本市场上的绝对成本优势（如表6-4所示）。也就是说，A 公司在固定利率市场上拥有比较利益，B 公司在浮动利率市场上拥有比较利益。这样 A、B 公司就存在互换的基础。

表6-4　A、B 公司相对成本优势

	A 公司	B 公司	绝对成本优势
直接筹集固定利率资金的成本	10.5%	12%	1.5%
直接筹集浮动利率资金的成本	LIBOR+0.5%	LIBOR+0.75%	0.25%

假设 A 公司需要一笔浮动利率资金，它自己筹措的成本是伦敦银行同业拆借利率 LIBOR+0.5%；B 公司需要一笔固定利率资金，它自己筹措的成本是12%。为了降低资金成本，A、B 公司可以利用相对成本优势进行互换交易，即先由 A 公司筹措固定利率资金，筹措成本为 10.5%；同时由 B 公司筹措浮动利率资金，成本为 LIBOR+0.75%，然后双方进行互换。显然，A 公司为了获得该浮动利率资金，愿意支付成本在 LIBOR+0.5%以下的任何代价；而 B 公司为获得该笔固定利率资金，愿意支付成本在 12%以下的任何代价。这样，双方就可以在一定幅度内商定互换成交价格。假设双方最后商定 A 公司向 B 公司支付相当于 LIBOR+0.25%的成本，B 公司向 A 公司支付 11%的成本，经过互换交易后，A 公司得到该笔浮动利率资金的实际成本是 LIBOR-0.25%（LIBOR-0.25%+10.5%-11%），B 公司得到该笔固定利率资金的实际成本是 11.5%（11%+LIBOR+0.75-LIBOR+0.25%），与双方自己的筹资成本比较，A 公司节省了 0.75%的成本，B 公司节省了 0.5%的成本。其交易过程如图6-8 所示。

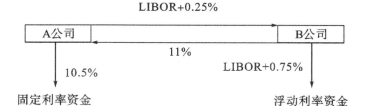

图 6-8　息票互换交易图

（二）同种货币浮动利率与浮动利率互换

同种货币浮动利率与浮动利率互换是双方议定在未来某一日期，一方以某种浮动利率计算的资产或负债换成对方以另一种浮动利率计息的同种货币、相同金额的资产或负债。

例如，一家美国银行和一家英国银行分别有一笔以 LIBOR 和优惠贷款利率计息的美元贷款资产。为了降低资产与负债的利率风险，这两家银行可以进行互换交易，即双方商定在未来一定日期，美国银行向英国银行支付以 LIBOR 计息的贷款利息。英国银行则向美国银行支付以优惠利率计息的贷款利息，其交易过程如图 6-9 所示。

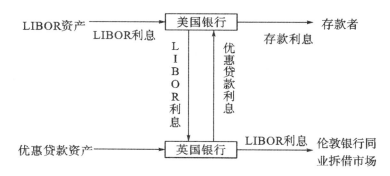

图 6-9　同种货币浮动利率与浮动利率互换

（三）交叉货币固定利率与固定利率互换

交叉货币固定利率与固定利率互换是指双方议定在未来某一日期，一方以固定利率计息的某种货币资产或负债换成对方以固定利率计息的、按当时即期汇率计息的金额相等的另一种货币资产或负债。这种互换可用来降低筹资成本。

例如，A 公司是美国一家大公司，它在美国的债务信用等级为 AA 级，而在瑞士的债务信用等级为 AAA 级。因为美国的国家风险评分排名高。A 公司又率先在瑞士成功地发行了几次优质的瑞士法郎债券。而世界银行在美国的信用等级为 AAA 级，但由于多年来在瑞士发行了很多债券，瑞士的投资者并不积极购买。为了降低筹资成本，A 公司和世界银行进行互换交易。首先由 A 公司和世界银行利用其相对优势，分别在瑞士和美国发行瑞士法郎固定利率债券和美元固定利率债券，然后进行互换交易，即 A 公司向世界银行支付美元借款成本，世界银行向 A 公司支付瑞士法郎借款成本，并在到期日交换借款本金。其交易过程如图 6-10 所示。

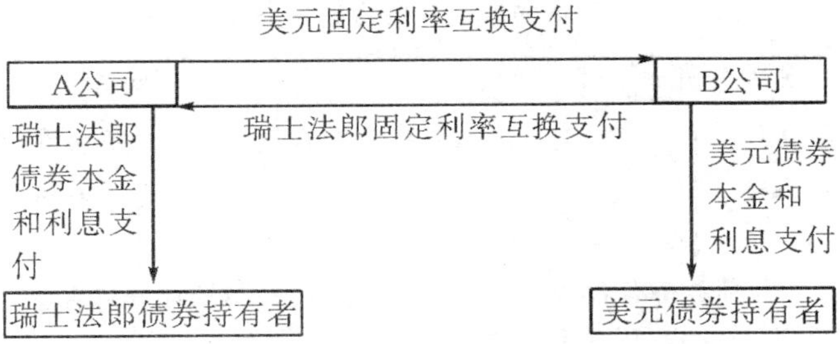

美元固定利率互换支付
A公司
B公司
瑞士法郎固定利率互换支付
瑞士法郎债券本金和利息支付
美元债券本金和利息支付
瑞士法郎债券持有者
美元债券持有者

图 6-10　交叉货币固定利率与固定利率互换

（四）交叉货币浮动利率与固定利率互换

交叉货币浮动利率与固定利率互换实际上是息票互换和交叉货币固定利率与固定利率互换的结合，它把一方的某种货币的固定利率融资转换成另一方的他种货币浮动利率融资，并在到期日交换本金。

例如，日本某银行打算发放一笔浮动利率美元贷款，为了避免外汇和利率风险，该银行需要一笔浮动利率美元负债。美国某公司则需要筹措一笔日元固定利率资金。而且日本银行和美国公司分别在日元固定利率资金市场和美元浮动利率资金市场上拥有相对优势。因此，它们可以进行互换交易，即先由双方分别利用其相对优势筹集金额相当、期限相同的一笔日元固定利率资金和一笔美元浮动利率资金，并进行互换。日本的银行同意向美国公司定期支付美元借款的浮动利率并在到期日支付美元本金，美国公司则同意向日本银行定期支付日元借款固定利息并在到期日支付日元本金。其交易过程如图 6-11 所示。

美元贷款浮动利息
日本银行
美国公司
日元贷款固定利息
日元存款本息
美元借款本息
存款者
美元债券购买者

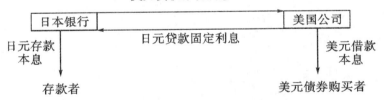

图 6-11　交叉货币浮动利率与固定利率互换

（五）交叉货币浮动利率与浮动利率互换

交叉货币浮动利率与浮动利率互换就是把一方的某种货币浮动利率负债转换成对方金额相当、期限相同的另一种货币浮动利率负债。

例如，美国某公司需要一笔英镑浮动利率资金，而英国某公司则需要一笔金额相当、期限相同的美元浮动利率资金，这样双方就可利用各自的优势，先以自己的名义筹集对方所需的资金，然后双方进行互换交易，换成自己所需要的资金。其交易过程如图6-12所示。

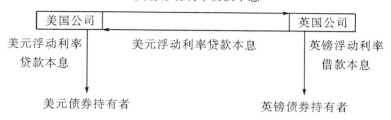

图6-12 交叉货币浮动利率与浮动利率互换

第七章
证券市场的监管和自律

- -

第一节　证券管理体制

证券市场监管是金融监管的重要组成部分，是指一国证券主管机关或证券监管执行机关根据证券法规对证券发行和交易实施的监督与管理，以确保证券市场的公平和有序。一国采取何种监管模式主要取决于证券市场的发育程度和该国的经济运行调控模式。由于各国国情不同，证券监管模式也各异，概括起来大致有三种：集中立法管理型、自律管理型和中间管理型。

一、集中立法管理型

在这种模式下，政府在证券管理中居主导地位，各种自律组织，如证券交易所、证券商同业协会等起协助政府管理的作用。这种模式以美国为代表，故又称为美国模式。相当多的国家和地区都认为这是一个科学的证券监管系统，故争相效仿。我国的证券监管体制与美国模式相近。

证券立法是集中立法管理模式的核心。美国对证券管理制定有专门的法律，在证券管理上注重公开原则，其管理证券的主要法规有 1933 年的证券法、1934 年的证券交易法、1940 年的投资公司法等。这些法规由美国联邦证券交易委员会负责统一执行。另外，美国各州也制定有自己的证券法。各种自律性组织在政府的监督下，保留相当的发言权。美国模式是一种联邦、州及民间组织所组成的既统一又相对独立的管理模式。

美国在有价证券产生及证券交易所出现后的相当长的一个时期，证券市场虽然有某种程度的管理和立法，但在很大程度上处于自由放任状态。在法制极不健全的情况下，这种放任自流的市场虽然在一定程度上促进了经济的繁荣与增长，但却极易造成经济的虚假繁荣，导致经济危机。例如，从 1927 年开始到 1929 年年初，美国证券市场出现了前所未有的大繁荣，股票价格猛涨，股价与实际价值完全脱节。投机者乘机兴风作浪，鼓励人们用信用交易方式买进股票。银行、公司以至于外国资金也纷纷流入证券市场。但好景不长，1929 年 9 月，股票价格开始下跌。至 1929 年 10 月 29 日，股票市场终于陷入崩溃，许多有价证券一夜之间变成一张废纸。

1920—1933 年，美国发行的各种证券达 500 亿美元，到 1933 年半数变得一文不值。这次经济危机过后，经美国国会调查，这次证券市场大混乱，与缺乏统一的证券交易规则和投机者操纵市场、造谣、欺诈等不法行为有关。1929 年，美国证券市场的大崩溃及其对整个经济带来的巨大危害，促使美国政府开始从立法上对证券市场进行严格的控制和管理。以后美国国会通过了一系列证券管理法规。

（一）1933 年的证券法

1933 年的证券法是美国联邦政府第一个证券立法。该法主要用于管理证券发行市场，它规定证券发行人必须提供有关证券发行的信息资料，以便投资者做出合理的投资决策，并禁止证券销售中的欺诈行为。该法的主要内容包括：①证券发行人要向证券交易委员会登记注册新发行的证券；②向投资者提供包括规定内容的招股说明书；③证券登记注册如有虚假和诱骗投资者等情况将受到惩罚。

（二）1934 年的证券交易法

该法主要用于管理证券交易市场，旨在限制证券交易中使用信用的数额，并禁止欺诈和操纵证券价格的行为。为了保证这项法律和其他有关证券市场的法律得到实施，该法规定建立专门的联邦政府管理机构进行管理。该法的主要内容包括：①设立证券交易委员会；②保证金规定，授权联邦储备系统理事会管理证券交易中心证券作为抵押品取得信贷的数额；③禁止操纵行为；④规定在注册的证券交易所上市的证券必须向证券交易委员会登记注册和报告。

（三）1940 年的投资公司法和投资顾问法

这两项法律授权证券交易委员会管理投资公司和投资顾问。鉴于 20 世纪 30 年代后投资公司的业务迅速发展，投资公司法规定了对投资公司管理的基本方法。其重要内容包括：①未经股东大会批准，投资公司不能改变其营业性质和投资方针；②禁止投资公司管理部门擅自经营和滥用信托职权；③规定使用特种控制措施来消除或纠正不均衡的资本构成；④规定投资公司公布其财务状况和投资方针；⑤规定投资公司向股东大会递交管理合同，并取得股东大会批准；⑥制定资产安全保管规定；⑦对投资公司及其关联公司之间的不正当交易实行控制。

投资顾问法规定，从事有报酬的投资咨询业务的专业人员必须向证券交易委员会登记注册。银行、经纪商、会计师和属于附带提供投资咨询服务的机构和个人不必向证券交易委员会登记。该法同样禁止欺诈和操纵证券价格的行为。

（四）1970 年的证券投资者保护法

根据该法设立了一个证券投资者保护公司，它向经纪商和交易商的客户提供一定的经济保障。几乎所有全国性的证券交易所的成员都是该公司的会员。公司会员按其证券业务收入的一定比例缴款建立一个保险基金，必要时还可向财政部借款。该公司负责赔偿其成员因管理不善、投机、欺诈而破产，致使客户遭受的经济损失，每位客户最高赔偿限额定为 50 万美元，现金赔偿限额为 10 万美元，但不赔偿因证券行市波动给投资者造成的损失。

二、自律管理型

自律管理型是指政府对证券市场干预较少，除了国家立法中有某些必要的规定外，对证券市场的管理完全由交易所及交易商协会等组织机构自行管理。在证券市场形成的初期，各国政府对证券市场都采取不干预政策，对证券市场的管理主要是通过证券业协会和交易所的自我管理来实施。在英国，从18世纪证券市场兴起到20世纪80年代，200多年的时间里，一直是采取自律管理模式，直到1986年金融服务法的颁布，这种模式才产生了一定的变化，但是英国仍是以自律管理为主的国家。所以，这种模式又称为"英国模式"。英国政府不设专门的证券管理部门，英格兰银行只是根据金融政策的需要，拥有对超过一定数额的证券发行的审批权，贸易部兼管证券发行登记的事务，并对非交易所会员的证券商和证券投资信托公司拥有一定的管理权。但实际上，英国证券市场的管理工作主要由证券交易所承担，证券交易所负责审批证券上市公司的资格；制定交易所清算、交易规则；制定证券商行为规范。而证券交易所的管理又以伦敦证券交易所的管理为核心，伦敦证券交易所是完全自治的，不受政府干预。这是因为历史上的伦敦证券交易所对本所的业务规定有严格的交易规则，并且拥有较高水准的专业性证券商、采取严格的注册制度和公开说明书制度进行自律管理的缘故。

除证券交易所外，英国还有几个自律性组织对证券市场的协调管理起作用。这些组织是：①英国证券交易所协会。该组织由伦敦证券交易所和各个地方证券交易所内的经纪人组成，主要职责是沟通各证券交易所的信息，制定统一的交易规则，以伦敦证券交易所为龙头，以各地证券交易所为核心，形成一个证券自律管理体系。②股份转让和合并专业小组。该组织于1968年由参加"伦敦城工作小组"的九个专业协会组成，专门就股权转让和合并问题进行研究与接受咨询，是一个以服务为主的自律性管理机构。③证券业理事会。该理事会是一个私人组织，由十几个专业协会代表组成，其主席由英格兰银行任命，其任务是制定有关证券发行和交易的规则，并解释、推行这些规则。

英国证券市场的自律管理，又分为证券业协会的自律管理和证券交易所的自律管理两个方面。

证券业协会的设立，在于加强证券各经营机构之间的联系、协调、合作和自我监控，以利于证券市场的健康发展。为达到该目的，证券业协会的自律管理包括以下几个方面：①建立会员制度，以非官方的形式把证券业所有的机构组织起来；②制定自律性管理的各种规章制度和业务准则；③负责协调、调解和仲裁会员之间的证券交易活动与纠纷等。为了搞好以上几方面的管理，保证证券业协会业务的正常运行，该协会制定了一系列规则。其中最重要的规则有公正惯例规则、统一惯例规则和纠纷处理规则。

证券交易所自律管理的功能在于把分散的各种证券商集中起来，使证券交易在固定的场所内进行，以便于交易所根据证券法规的要求监控、管理，从而促使证券商自我约束。证券交易所自律管理的内容包括：①实行会员制度，并通过制定严格的管理章程，管理会员的经营行为。②证券交易所一般遵照证券法的规定，制定详细的证券场内交易规则、清算规则、登记过户规则、证券商管理规则、经纪规则、违章处理规则等一系列规章制度，并且对证券交易程序和手续做出明确的规定，从客观上保证会员在法律许可的范围内合法地进行交易。③证券交易所对证券交易实行公开制度，公布上市证券公司的财务状况、证券行情、公开竞价成交等，这有利于社会公众对证券市场活动进行监督。

自律管理作为一种管理模式，它的作用在于通过自律性管理组织的活动，加强证券业的联系，协调证券经营机构的活动，公开市场信息，统一公布各地行情，平抑不同地区的证券差价，维护竞争的公平性，促进证券市场的统一；通过制定各种管理措施，规范会员的经营行为，防止舞弊行为出现，维护投资者的利益；同时它还可以起到沟通证券市场与政府之间的桥梁作用。

证券市场的自律管理一般都能发挥其作用，但由于自律性管理组织的民间性质及其他原因，使自律性管理的作用受到了一定限制，其管理效能难以充分发挥。自律管理模式的局限性具体表现在以下几个方面：

（1）自律性管理组织因为是民间性组织，会员自愿参加（有些国家规定必须参加），所以虽制定了较细、较全的证券交易管理规则，但因其没有法律或政府管理条例的强制性，故自律性管理措施是软约束机制。其管理效果也取决于参加自律性管理组织会员的多少及会员能从这种组织获得权益的多少。如果会员从该组织中获得较少的权益，则不愿遵守该组织的各项规则甚至不参加该组织。

（2）受证券市场成熟状态的限制。证券市场越成熟，证券经营机构就越能自觉地遵守各项规章制度。因此，成熟的证券市场比不成熟的证券市场的自律管理更能发挥作用。

（3）受自律管理组织自身的健全程度及管理措施完善程度的限制。健全的管理组织，能充分考虑不同地区的证券市场情况，制定合乎各地区特点的管理措施，对不同地区实行合理的管理；完善的管理措施对会员既管理又服务，管理配套，服务齐全，使证券市场的各个环节能在管理的范围之内健康发展。

正是因为自律管理的局限性，使得仅仅依靠自律性管理很难保证证券市场的健康发展。因此，许多国家都逐渐向立法管理模式过渡。

三、中间管理型

中间管理型是指介于集中立法管理型和自律管理型之间的一种管理模式，既强调法制管理，又注重自我管理，并有其自己的一些独特做法。采用这一模式的国家有德国、意大利、泰国和约旦。这里仅以联邦德国为例加以说明。

联邦德国是以 10 个州和西柏林区组成的联邦，其法律是由 1948 年 5 月 23 日通过的基本法为依据来设立其他法律。但是联邦德国的证券制度与美国、加拿大、日本不同，还没有建立统一的证券法，也没有建立对证券市场进行全面、广泛管理的联邦机构和州权力机构。直到近几年，才开始考虑拟定一个独立的证券法律体系。

联邦德国管理证券市场的特点是机构很多、有多种法律。如：关于上市报价的股票及其发行和买卖的规定，在证券交易所法、证券交易条例、银行法、投资公司法、外国投资公司法中都能找到；有关保证证券市场投资人利益的规定，包括在贸易法、刑法中；在各种关于银行、储蓄机构、抵押银行以及保险公司等机构的经营管理法律中，也含有证券管理方面的规定。

联邦德国的证券市场是由银行组织的，银行业务法赋予银行以投资者角色进行证券业务的独占权利。它实行的是全能银行制度，银行不仅能经营商业银行业务，同时作为机构投资者、交易商和证券经纪人进行活动，即银行业与证券业没有分离。

根据联邦储备银行法的规定，联邦储备银行（中央银行）有权干预证券市场，限制证券的发行，减少银行业和投资者的投资能力。各级政府发行的债券不由联邦政府批准，但必须征询联邦储备银行的意见。

证券交易所的成立与组织不受联邦法律的管理，但1868年颁布的证券交易所法对交易的规则有所规定。交易所是接受监督批准的公共机构，其交易规则经所在州政府批准，但联邦政府有权在交易所内派驻监督官，对交易所内的交易秩序进行监督。

联邦德国的八个证券交易所的管理机构可分成四个部分：①交易所委员会，经州政府批准，可以处理同交易规则有关的大部分问题，且对交易所交易大厅的交易进行直接管理；②批准上市委员会，主管证券上市事宜，负责监督必要的事项；③官方经贸人协会，仅由交易所委员会就一些次要的问题向其征询意见；④由交易所委员组成证券交易所理事会，监督经纪人和场内交易员进行挂牌的证券买卖，理事会可中止、取消上市证券的正式挂牌。

在交易所自律方面，由股票交易政府专家委员会规定的《行为的自愿准则》对各种违法交易有禁止规定，该规则的约束力较强，得到所有工商协会的认可。

大体上讲，世界各国的证券管理模式有以上三种类型。但我们也应看到，不管是以自律为主的英国或以立法管理为主的美国，它们的证券管理模式都不是一种纯粹的模式，而是各种手段相互配合。英国虽然以自律为主，但它也于1986年颁布了金融服务法，以管理证券市场。在美国，自律管理依然很重要，自律管理主要由国民证券交易协会和各证券交易所承担。

只有自律管理与立法管理相互配合、相互补充，才能形成一个完整的证券管理系统；只有立法管理或只有自律管理的市场是不完善的市场。

但我们也可以看到，在证券市场刚刚兴起的国家，由于证券立法尚没有建立健全，要通过立法进行管理有一定的难度。而自律管理也只有在证券市场发展到一定程度，其管理的有效性才能得到保障，因而在这些国家要想通过自律实现证券市场运作的安全、高效也是比较困难的。在这种情况下，管理当局还必须采取行政手段来管理证券市场。虽然证券市场是市场经济发展的产物，必须用经济手段、法律手段来加以管理，但是，在利用这些手段进行管理的条件尚不成熟时，就应该先用行政手段来进行管理和规范。

四、我国的证券监管体制

我国的证券市场从20世纪90年代初起步，有关证券市场的法律法规和监督体系逐步健全。目前，我国证券监管机构主要有：

（一）中国证券监督管理委员会

中国证券监督管理委员会简称证监会，是代表国务院对全国证券业和证券市场

179

进行监督管理的执行机构，是直属于国务院的事业单位。证监会下设相对独立的发行审核委员会，由聘任的社会上的专家和证监会有关人员组成，负责审查申请公开发行股票的企业的招股文件。

（二）中国证监会驻省、自治区、直辖市证监局

中国证监会驻省、自治区、直辖市证监局是中国证监会的派出机构，直属中国证监会领导，负责处理各地方有关证券的事务，向中国证监会负责，证监局按行政区划设置。

（三）中国证券业协会

中国证券业协会于 1991 年 8 月正式成立，是依法注册的具有独立法人资格的、由经营证券业务的金融机构自愿组成的行业性自律组织。它的设立是为了加强证券业之间的联系、协调、合作和自我控制，以利于证券市场的健康发展。中国证券业协会采取会员制的组织形式，凡依法设立并经特许可以从事证券业务经营和中介服务的专业证券公司、金融机构、证券交易所及类似机构，承认协会章程，遵守协会的各项规则，均可申请加入协会，成为协会会员。按我国《证券法》的有关规定，证券经营机构必须加入中国证券业协会。中国证券业协会的最高权力机构是会员大会，由会员大会产生出协会的会长、副会长。中国证券业协会的职能是：根据党和国家有关政策、法规，拟定自律性管理规则；统一会员的交易行为，维护市场秩序；斡旋、调解会员间的纠纷，接受主管部门的授权，仲裁会员与顾客间的争议；监督、审查会员的营业及财务状况，并对会员进行奖励和处罚；组织从业人员的各类培训，提高从业人员的业务技能和管理水平，并负责从业人员的奖励和处罚等。

第二节　证券经营机构的监管和自律

证券商是指依法从事证券经营业务的自然人和法人。在我国，自然人不能从事证券经营业务。证券商依法从事的具体经营业务又可分为证券承销、证券代理、证券自营等，证券商往往从事多项证券经营业务。我国《证券法》把证券商分为两类：①综合类券商，可从事证券承销、证券代理、证券自营等业务，其主要条件是注册资本金在 5 亿元以上；②经纪类券商，只能从事证券代理业务，其主要条件是注册资本金在 5 亿元以下。

一、证券经营机构的设立管理

证券经营机构的设立有注册制和许可制。

证券商注册制以美国为代表。根据美国 1934 年的证券交易法的有关规定，证券商必须注册。申请注册时，应说明财力状况，注册者的经营能力应符合法定培训、经验、能力等其他条件，要求证券商最低资本金及成员的资历合乎规定，才可以从事证券业务。

证券商许可制以日本为代表。日本的证券交易法规定，证券公司未经大藏大臣

特许，不得经营证券业务，并从证券业务角度划分，将特许分为自营、经营、承销以及募集和销售代理四种，每种特许应分别获得，允许取得一项以上的业务特许。大藏大臣在授予证券公司经营许可时，主要考虑三个因素：①公司财务状况及收支前景；②人员构成及其素质；③在该地区从事证券业务的合理性标准。

在我国，要设立证券经营机构必须向主管机关提出申请，并经主管机关对其资格进行审查，只有满足设立条件的申请人才可以经营证券业务。目前，我国证券经营机构设立的审批机构为中国证监会，凡是专营证券业务的证券公司必须经过中国证监会的批准，发给"经营许可证"，再到工商管理部门办理营业执照。

设立条件包括：

（1）资本金。任何经营机构都必须有一定的资本金，而证券经营机构是证券市场中从事承销、自营和经纪等业务的金融中介机构，对其要求有必需的营运资金更是非常必要。公司必须有足够的财力去有效地处理业务及承担债务，所以各国对资本金做了具体的要求。目前，我国要求设立证券公司必须有1 000万元以上的资本金，证券营业部为500万元以上。这项规定有利于保证证券经营机构有基本的营运资本。

（2）人员要求。证券经营机构的董事、经理和从业人员职业道德和业务素质的高低，直接关系到投资者利益的保护和证券经营机构的经营效率。对人员的要求一方面是思想素质，即考察有关人员的履历，凡是在一定时期内有过违法行为或受到过纪律处分的不能批准；另一方面是业务素质，即要求证券经营机构的各级管理人员和业务人员必须取得从业资格，并具有相当的工作经验。

（3）有固定的营业场所和合格的设施。

二、证券经营业务的监管

综观各国的证券法律制度，证券商的经营管理可以概括为：①证券商定期报告制度；②证券商的财务保证制度；③证券商行为禁止制度；④证券商内部人员管理制度；⑤证券商变更、解散及其他法定事项通报制度。

（1）证券商定期报告制度。设立证券商定期报告制度的目的，是通过证券主管机构对其提供的文件的审查，全面掌握证券商经营及财务状况，以确保证券商安全营业，忠实履行义务。通常，证券监管机构审查的主要事项包括：①证券商有无欺诈或违反法定义务的行为；②公司财务状况。

（2）证券商财务保证制度。建立此项管理制度的目的，是以财务的适法性和资产保证来维护证券商的信誉，防止因发生证券事故，损害投资者的利益，并使受损害的投资者获得损失赔偿。财务保证制度的主要内容包括：①最低资本额限制。此项限制是指证券商设立的、法定自有资本低于最低限额时，证券商不得注册或不能获得营业许可。这一规则主要是为了维护证券商的债权人利益。这个最低限额各国有不同的规定。②负债比率的限制。美国联邦证券交易委员会对直接受其管理的非自律团体会员的证券商，要求其对外负债总额不得超过其净资本额的10倍。在场外市场从事交易的证券商其负债总额不得超过净资本总额的15倍。③顾客保护规则。

这一规则主要是保护证券商所持有的顾客资金与证券的安全，防止证券商挪用顾客资金和证券的行为。

（3）证券商行为禁止制度。对证券经营机构进行管理，严格禁止它在经营中的虚假、欺诈和操纵行为，防止它利用所处的特殊地位损害投资者利益。证券商行为禁止制度的内容包括：①禁止证券经营机构董事、理事、经理及有关职员参与买卖证券。②禁止办理证券以外的业务，不可办理存、贷款业务。③禁止无实际成交意向而空报价格。④禁止对证券不断以高价买入或低价卖出，以造成利己的供求趋势或价格变动。⑤禁止散布谣言，影响市场秩序。不可对有价证券提供价格上涨或下跌的肯定性判断。⑥禁止有价证券买卖及其他交易对顾客约定承担有价证券发生的损失的全部或一部分的劝诱行为。⑦禁止对有价证券并不转移所有权而进行虚假交易。⑧禁止在自己出售（购买）有价证券时，与他人合谋以约定价格购买（出售）该有价证券的行为。

有价证券的承销在各项证券业务中属于较复杂的一项业务，对承销业务的管理要求从承销过程中的各个方面分别进行。①承销的证券。承销的证券必须是经主管机关批准的，可以公开发行的有价证券。②承销的责任和义务。承销包括包销和代销两种形式。在包销时，承销商应于约定期间内将其承诺销售的有价证券全数销售完，在约定期间内未能将承诺销售的有价证券售出者，应以约定的条件，自行认购剩余部分。代销仅只代发行公司向投资大众销售，未售完部分交还发行公司。③承销契约的内容。承销商在办理承销业务时，需要与发行公司签订承销契约，明确承销商的责任和义务以及有关事项。④承销金额。承销商承销的某一有价证券的总金额一般不可超过其资本金的 15 倍。⑤承销商参与了证券发行的整个过程并参与准备各种发行文件，一般都要求承销商对发行证券申报文件和招股说明书的真实性负连带责任。

在从事自营和经纪业务时，对证券商的限制包括以下几个方面：①买入任一上市公司股票的总金额不得超过其本身资产总金额的一定百分比；买入任一上市公司的股票总额，不得超过上市公司已发行股份总额的一定百分比。②经纪商受托买卖有价证券的操作程序。经纪商在受托买卖时，应遵循操作程序，这样既有利于其行为的监督，又有利于投资者利益的保护。其操作程序为：开户、签订受托契约、客户填写委托书、成交与交割。③经纪商的其他责任、义务。经纪商的其他责任和义务有：对委托人的委托具有保密义务；不得挪用委托人的资金和证券；不可发生欺诈行为或不诚实交易行为；兼营证券代理和自营时，必须依照顾客优先原则等。

三、证券商的自律

政府运用行政手段依法管理市场，使市场行为合法与非法的界限分明，管理手段具有刚性约束。但是，也会有一些领域，政府的行为很难奏效，必须借助证券商的自律行为，予以行业或道德约束，以维护投资者利益，促进市场的公平、公正和竞争秩序的建立。这种行业和道德约束的手段就是自律管理。

证券商的自律管理有两种形式：①证券商协会的自律管理；②由会员证券商组成的证券交易所的自律管理。

第三节　证券交易所的监管和自律

证券交易所的管理分为政府对证券交易所的管理和交易所对上市公司、上市证券与会员的管理及交易规则的制定。

一、政府对证券交易所的管理

证券交易所的管理模式主要划分为三种。

（一）结合型管理模式

这种管理模式既重视政府权力对证券交易所的监管，也充分考虑证券交易所的自律管理。美国、日本、加拿大、韩国等国家主要采取这种模式，其主要以美国为代表，故又称"美国模式"。美国在1934年以前，没有证券交易的统一管理机构，政府很少管理证券交易所，自我管理是其主要特点。但1929年的股市暴跌促使政府开始重视对证券业的国家控制。联邦政府和各州政府纷纷颁布有关法律法规，以期实现证券交易所的稳定发展，如美国1933年的证券法和1934年的证券交易法等。根据美国1934年的证券交易法的规定，联邦政府成立了统一管理全国证券活动的最高管理机构——证券交易管理委员会，该委员会下设联邦证券交易所。它作为一个半管理和半经营的机构，执行证券交易管理委员会的部分职能，主要管理全国的证券交易所。美国政府在加强国家对证券交易所行政监督管理的同时，也为各种自律性组织，如证券商同业公会等保留了相当大的自治权。

（二）自律型管理模式

该种模式的证券交易所特别强调证券商和证券交易所的自我管制。该模式以英国为代表，采用这种模式的国家还有英联邦的一些国家。英国早期的证券业自律型管理体系，是由"证券商协会""收购与合并问题专门小组""证券理事会"三个机构组成的。其中，证券商协会是由证券交易所内的自营商和经纪商组成，主要管理伦敦和其他证券交易所内的业务。它所制定的《证券交易所管理条例和规则》是各种证券交易的主要依据。收购与合并问题专门小组，由参加"伦敦工作小组"的9个专门协会发起组成。该专门小组是一个非立法机构，其制定的《伦敦市场收购与合并准则》也不是立法文件。但该专门小组所从事的有关公司、企业收购与合并问题的管理，对上市公司的股权收购行为十分重要，而且受到证券交易所、贸易部、英格兰银行以及专业机构的支持。证券业理事会是于1978年由英格兰银行提议成立的新自律组织，由10个以上专业协会的代表组成。它虽然是一个非官方组织，但却在修改及执行若干重要的证券交易规则中，起着极其重要的作用。英国的三个自律机构是与政府机构相互独立的，但在查处证券交易违法活动方面却与政府机构密切配合，形成了一种政府指导下的自律型管理模式。

（三）行政型管理模式

该模式的最大特点是强调政府权力对证券交易所的外部管理。目前，欧洲大多数国家采取这种管理模式，故也被称为"欧陆模式"。法国是这种管理模式的重要代表之一。在法国，政府管理证券交易所主要是通过证券交易所管理委员会进行的。该管理委员会成立于1967年，是法国政府的一个公共机构，接受财政部长的监督，并由其任命管理委员会的成员，但财政部长一般不干预管理委员会的业务决策。该管理委员会的主要职责是，提出修改各种有关证券规章制度的议案，负责监督证券市场的营业活动，审查证券交易所的不公正行为，决定证券交易所的交易程序，决定报价的承认和撤销，核定佣金标准和比率，确保上市公司及时公布有关信息并审核其真实性。

二、证券交易所的内部管理

在对证券交易所实施管理的过程中，必须充分考虑到对证券投资者利益的保护，这是各国确立管理原则的核心和归宿。在证券交易所交易中，充分公开原则是证券交易所管理的基本原则。充分公开是指上市公司和证券交易所必须把与证券交易有关的资料和信息，全面、真实和准确地提供给社会公众。具体概括如下：

（1）证券上市公司必须向社会公众和证券投资者公布有关证券发行的所有资料。按照美国1934年的证券交易法的规定，证券发行公司的股票上市时，必须提交年度登记表格和其他定期报告；否则，证券上市将受到拒绝。

（2）证券交易所必须向证券交易的行政主管机关办理注册登记。将其所有活动，包括会员注册、证券注册、证券交易数量及结构变化等情况，按期报送证券管理机关。

（3）禁止证券交易所会员进行内幕交易。证券交易所必须为所有参与证券投资的人提供平等的竞争机会，不允许内幕人士私下进行内幕交易。

（4）禁止采取欺诈、垄断、操纵和其他不法手段经营证券业务。证券交易所公开的内容必须真实、可靠。如果证券交易所有谎报、漏报有关资料和信息的行为，证券交易管理机关有权暂停或取消其注册资格，有权对违法行为提起民事诉讼并协助法庭调查，参与判决意见。违法行为人要受到非常严厉的法律制裁。

（一）对证券上市公司的管理

证券上市公司即证券发行公司，是证券发行市场的主体，严格地说，不属于证券交易所管理的范围。但证券一经上市，证券发行公司的证券就会在流通市场上不断地买进或卖出，证券发行公司的状况直接影响到证券交易所内的转让，所以在广义上仍属于证券交易所管理的组成部分。对证券上市公司的管理，主要表现在以下几个方面：

（1）证券上市交易的注册。任何公司只要其所发行的证券在证券交易所上市，就必须向证券交易主管机关进行证券交易登记；否则，证券就不能进入证券交易所交易。

（2）证券上市公司统计和财务报表的申报。拟上市的公司在进行证券交易注册后，必须按照证券交易主管机关和证券交易所的要求，如实地填写反映该公司资产、负债、盈利等财务状况的统计表格和财务报告，并递交主管机关。

（3）证券发行公司要承担不诚实填报有关报表所产生的法律责任。对谎报、漏报公司财务状况的，发行公司除要向受害人赔偿损失外，司法机关还有权追究责任人员的刑事法律责任。

（二）对证券交易行为的管理

行政主管机关和自律组织有责任维持证券交易所的市场交易秩序，并对证券交易所内的证券交易实行交易行为管理。对证券交易行为的管理包括反欺诈、反垄断和反内幕交易等项内容。

（1）反欺诈的核心是禁止证券交易过程中的欺诈、假冒和其他蓄意损害交易对方利益的行为。对于虚报价格、散布虚假信息和采取蒙骗、威吓等手段，使证券投资者买进或卖出证券的行为。证券交易主管机关和自律组织有权在其职权范围内予以处理。

（2）反垄断的目的在于禁止证券交易市场上垄断交易价格的行为。制止哄抬或打压交易价格以及其他故意造成证券交易波动的行为，如禁止证券交易者与他人共谋并以约定价格替代竞价而大量买进或卖出证券，以影响市场行情。

（3）反内幕交易的核心内容是建立证券交易所市场中的公平交易关系，禁止公司内幕人士利用其掌握内情的便利，损害其他证券投资者利益的行为。

（三）对场内交易证券商的管理

证券商被看成是市场创造者，其活动是否合乎证券交易规范，直接影响到证券交易市场的稳定。各国证券法和证券交易法均规定有证券自营和经纪商管理制度。

185

三、证券交易所的自律管理

美国证券市场采用的是双重监管系统，即除了主要依赖自律机构对证券交易市场做第一线的监管外，证券交易委员会还对市场做直接的监管。通过这样的双重监管，证券交易委员会希望能保证证券市场的公开、公平和公正，从而达到保护投资者的目的。

任何美国证券交易所只有向证券交易委员会注册登记后才能开始营业。在登记的时候，交易所必须向证券交易委员会提交有关交易所的规则以及其监管成员的组织和方法的资料。

作为自律机构的证券交易所，要清楚地规定适当的准则和职业道德守则，督促和监视其成员遵循这些准则行事。此外，交易所也要设立一些可行的和效率高的监视系统，监视成员遵守交易所的有关规则和有关证券法规，能及时对违犯者做出警告和处分，从而使交易所能真正履行其自我监管的责任。交易所也要制定其所有成员必须遵守的职业道德标准，以维护投资大众的利益。这样，可以提高证券业的信誉，增强社会和投资大众对证券业从业人员的信心。交易所对在该所上市的公司的监管方面，除了要求公司严格遵守证券法的有关披露要求外，还可能要求其他方面的披露。例如，某股票交易大增或股价波动剧烈，交易所可能要求公司向公众解释其原因。

随着证券市场的发展变化，交易所制定的规则可能会过时，对于这些规则的修改要经过一个相当严谨的过程。首先由自律机构的工作人员提出建议，然后由该组织专设一个委员会审核工作人员的建议，再将该建议提交自律组织的董事局决定，最后还要得到自律组织成员大会的通过。再将建议上交证券交易委员会审批。证券交易委员会通常会公开向公众及有关人士征询意见，然后再根据有关证券法规和公众意见决定同意或反对该建议。当证券交易委员会同意修改该建议，自律组织规则的修改才正式生效。如果证券交易委员会否定自律组织规则的修改建议，自律组织有权向联邦法庭寻求法律仲裁。自律组织的规则必须清楚到对违反规则和证券法规的成员及其他有关人士，实施开除、停职和处罚等制裁的程序与手续。

作为自我监管功能的一部分，交易所有责任建立和维持各种各样的监视系统，以便监察证券的交易。当这些监视系统侦察出股价或交易额不正常的波动，或有其他不正常的交易行为时，这些自律组织的有关工作人员就会对该事件做进一步的调查研究，直到找出满意的答案为止。当工作人员经初步调查后认为有必要对该事件做深入调查，他们会将该事件提交自律组织的执法部门或联邦证券交易委员会处理。这些违法交易包括：

（1）内部人员的交易。交易者利用其内部人员的特权获得情报和信息，从事证券交易进而赚取利润或避免损失。

（2）操纵市场的行为。某些交易用来影响股价的上升或下跌。

（3）证券商先己后人的不道德交易行为。证券商优先交易自己的买卖订单，然后再执行投资大众的订单，违反了证券业先客后己的职业道德守则。

第四节　证券发行市场的监管

一、证券发行的审核制度

在当代各国，对证券发行的管理主要是通过发行审核批准制度来实现的。审核制度一般分为两种：①注册制；②核准制。这两种制度分别体现证券发行管理的两种原则：注册制体现"公开原则"，核准制则体现"实质管理原则"。

（一）注册制与公开原则

注册制是指发行人在发行证券之前，必须按照法律向主管机关申请注册的制度。主管当局审查注册申请书时，除了核实发行申请人是否具备法定的发行条件外，主要看其报送的资料文件等是否真实、全面。只要具备法定发行条件和提供了真实信息，则注册申请自送达后一定时期即自动生效。

注册制体现公开原则，即注册申请书必须随附公开说明书、公司章程、经会计师审核的各项财务报表等与证券发行有关的一切有价值的文件资料，将这些文件资料汇集在一起并公之于众。其内容必须翔实，不得有虚伪、含糊或遗漏；否则，发行人要负刑事责任或民事法律责任。公开原则的目的在于使投资者在实际投资前有均等的机会来判断投资的价值。

证券发行的注册制度基于以下认识：

（1）申请发行者必须提供发行者本身与证券发行相关的一切信息，并对该信息的真实性、准确性、及时性承担法律责任。

（2）假设所有投资者都有依据公开信息做出正确投资判断的能力。如果投资者自愿上当，法律也不予干预。因为甘愿受损被视作投资者的权利。

（3）证券发行只受信息公开制度的约束。其他因素，如发行者的财力与素质，已发行证券的数量、质量以及对市场的影响，均不作为证券发行审核的要件。

（4）证券管理机构的职责是审查信息资料的全面性、真实性、准确性与及时性，以保证信息公开制度贯彻始终。管理者无权对证券发行行为及证券本身做出价值判断。

（5）证券发行人在申报后法定时间内，未被证券管理机构拒绝注册，发行注册即为生效。证券发行无须政府授权。

（6）在证券发行过程中，如果证券管理机构发现发行人公开信息有虚伪、误导、不实、欺诈等情形，可以颁布命令阻止证券发行，并要求发行者承担法律责任。

（7）投资者要求发行人承担法律责任的条件是，发行者违反信息公开义务和注册制度，其他因素不构成承担责任的理由。

注册制作为一种法律制度，它所表现出来的价值观念反映了市场经济的自由性、主体活动的自主性和政府管理经济的规范性和效率性。在这一制度下，任何个体的行为都是自由的，发行者只要符合法律公开原则，即使无价值的证券也可进入市场，在自由抉择下的盈利或损失，都由投资者自己承担。在这种制度下，证券管理机构只对申请文件做形式审查，不涉及发行申请者及发行证券的实质条件，不对证券及其发行行为做任何价值判断，因而降低了审核工作量。申报文件提交后，经过法定期间，申请即可生效，从而免除了烦琐的授权程序。但是，必须指出：

（1）证券注册并不能成为投资者免受损失的保护伞。证券管理机构无权确认申请注册证券缺乏实质要求；否则，将构成违法。证券注册的唯一标准是信息完全公开。至于发行价格、发行者或承销商利益等实质要件，不能构成证券发行合法性的先决条件。

（2）证券发行注册的目的，是向投资者提供据以判断证券实质要件的形式资料，以便做出投资决定。如果公开方式适当，证券管理机构不得以发行证券价格或其他条件不公平，或发行者提出的公司成功前景不尽合理等理由拒绝注册。对于投资者来说，只要发行公开的要素具备，投资风险自负。

（3）注册程序不保证注册申报书和公开说明书中陈述事实的准确性。所以，注册制并非无懈可击。该制度是建立在信息公开原则的基础上，它是假设投资者只要能够得到有关证券发行的一切信息，即可自主做出投资决定，并得以自我保护，证券管理机构无权阻止其交易。事实上，大多数投资者很难具备充分的证券投资知识与经验。况且，有许多投资者根本不可能或无机会获得该信息，加上发行人故意夸大证券价值，或规避潜在的不利因素，都可能使投资者受损。所以，从投资安全角度看，公开原则并不能完全保护投资者利益。

（二）核准制与实质管理原则

核准制是指证券发行人在发行证券之前，必须提出申请并提交法律规定的文件资料。主管当局在审核证券发行申请书时，除了考虑发行条件和报送材料的真实性之外，还制定了一些更具体的审查标准，对每笔发行申请逐一进行审批。

核准制体现实质管理原则，即证券的发行不仅以发行者真实状况的充分公开为条件，而且还必须符合若干适于发行证券的实质性条件；主管当局要根据每一笔证券发行的情况进行具体审查，发行申请是否被批准，主要取决于主管当局的具体审查。在实质管理原则下，主管当局通常对证券发行要审查的内容包括：发行证券的公司的营业性质，其经营的事业有无合理的成功机会；发行证券的公司的管理人员的资格、能力等；公司的资本结构是否合理；发行人所得的报酬是否合理；各类股票的权利、义务及出资是否公平；公开的资料是否充分、真实，等等。核准制以维护公共利益和社会安全为本位，不重视行为个体的自主性。因此，在很大程度上带有国家干预的特征。只不过，这种干预是借助法律工具来完成的，使干预形式蒙上合法与制度的外衣。

核准制不排除注册制所要求的形式审查，证券发行以发行者信息资料的完全、准确、公开为其构成要件。①证券发行者的排除。通常，根据规定，公司有连年亏损记录，资产不足以抵偿债务者，不得公开发行新股；对于已发行的特别股约定股息，未能按期支付者，不得发行具有优先权的特别股。②证券发行的实质审核。审核机构应在公开原则的基础上，考察发行者的营业性质、管理人员资格、资本结构、是否有合理的成功机会等，并由此做出是否符合发行实质条件的价值判断。③发行者的发行权，由审核机构以法定方式授予。申请发行者只有取得审核机构的授权文件后，才可以进行有价证券的募集与发行活动。④审核制严格排除不合法及无价证券的发行。发行公司获取公开发行新股核准后，审核机构如发现核准事项有违法或虚假情形，可撤销其核准。

评价证券发行审核制度，应当包括公正、合理、安全和效率四种价值判断要素。①公正指的是审核制度应对发行申请者与公众投资者给予同等保护。在证券管理机构与证券申请发行者、公众投资者之间建立起和谐、平衡的关系。管理机构应在某一审核制度下科学运作，以形成证券市场的公平、有序状态。②合理指的是制度设计的前提与假设应当科学、客观，并由此演绎出的结论应当符合逻辑及客观现实。③安全指的是制度以宣示形式向行为者展示后果，并为超越制度以外的一切后果预先提供调整工具与手段。就审核制度而言，安全指某一审核体制应当具有预见性，使申请人可以预见其行为后果，并对超越法律或对证券市场造成不良影响的行为予以矫正。④效率指的是证券在发行审核活动中，对时间和劳动的节约。效率原则要求在不违反立法宗旨的前提下，使审核程序尽量简短，使证券管理机构的工作卓有成效。

证券发行核准制可以通过证券管理机构的严格实质审查，剔除不良证券，稳定证券市场秩序，维护投资者的利益。但是，核准制并未摒弃公开主义思想。它吸收了公开主义的精髓，并使其成为核准制的核心内容，从而使投资者的利益获得双重保障。一方面，投资者可以获得发行人公开的信息资料，知悉公司状况，并做出投资判断；另一方面，政府制定公开发行证券的实质标准，使投资者投资的证券具有一定水准。

核准制主要存在以下问题：

（1）与效率原则相悖。因为每一种证券发行均须审核机构的批准，势必旷费时日，不能适应股份有限公司设立与增资的需要。随着证券市场的发育，证券筹资将成为融资的重要手段，证券发行量将会剧增，所需证券管理人员势必日益增加，加上核准必须通过政府机构进行，这与精简政府机构的原则不符。

（2）挫伤发行公司竞争、进取的积极性。注册制使发行公司以公开企业信息方式争取更多的投资者，为此，发行公司必将竞相提高企业管理水平与经营能力。如果采用核准制，能否发行由审核机构决定。一旦发行公司达到发行条件，则再无激励机制刺激竞争，因而不利于发挥公司的主动性。

（3）审核机构的价值判断未必完全准确。倘若核准有误，可能导致公司无法从证券市场筹到资金，影响企业经营与发展或者损害投资人的合法权益。

（4）状态各异的公司适应同一发行标准，对于发行人过于机械、苛刻。另外，法定发行条件是否科学、合理也值得怀疑。

（5）由于审核机构事先核准，使公众投资者极易产生依赖心理，误认为政府对公开资料的全面性、真实性、准确性及证券品质等已做出保证，无须投资者自我判断。这样，一方面不利于培养投资者成熟的心理与投资技能；另一方面，当发行人以欺骗手段获得核准时，则置投资者于毫无防备状态，投资者受损无疑。此外，即使核准时公开信息与核准判断均无问题，但是经过一段时间，企业情况与审核时对比，已发生较大变化，而这种变化为审核机构始料不及。此时，如果投资者过于相信核准机构的权威，忽视企业动态变化，也往往导致损失。其最终结果是使核准机构背上证券保证包袱。更为严重的是，公众投资者的依赖心理与审核机构的失误，往往使投资者将投资风险直接归于政府，甚至诱发非经济行为的发生。

注册制和核准制的主要区别在于：①注册制比较宽松，核准与否主要取决于发行申请材料的真实性；核准制则比较严格，核准与否主要取决于主管当局的判断。②注册制体现公开原则、只要提供的材料真实，其发行申请即可在规定期限后自动生效；核准制则体现实质管理原则，提交发行申请和提供有关资料、文件后，还需经主管当局逐笔审查、批准。

一国的证券发行管理应采用何种制度，遵循何种原则，还必须依据本国证券市场的具体条件而定。因为实行注册制，贯彻公开原则，是以投资者有能力分析发行人的公开说明材料为前提的。而在一些证券市场尚不发达、居民金融意识较差的国家，许多投资者缺乏财务和金融方面的知识，不能阅读或看不懂证券发行人提供的报表、资料、文件等，导致蒙受损失。因此，在一些证券市场发达、投资者的财务知识和金融意识较强的国家，往往遵循公开原则，采用注册制，以减轻政府机构干预而可能形成的失误程序，增强证券发行的透明度；而在另外一些证券市场尚不发达、投资者的财务知识和金融意识较差的国家，一般都贯彻实质管理原则、实行核

189

准制，由政府机构出面来维护投资者的权益。

目前，我国证券市场尚不成熟，所以，我国证券发行审核制度，应广泛借鉴国外证券制度的成熟经验，以公正、公平、合理、效率、安全的审核方式为理想模式，结合我国证券市场与政府行为等实际情况予以建立。基于我国的实际情况，我国的证券发行审核制度与证券市场较为发达的国家有所不同：①在证券市场发展初期，将计划、行政等手段有限度地运用于经济活动，对于我国证券市场的发展是不可缺少的。②我国证券市场的法律、财务、会计、资产评估制度尚未独立发挥作用，政府肩负着双重职能：一是制定各种法律规范，以保证市场发育过程中的良好秩序；二是在投资者的投资心理、投资技巧、自我保护意识和风险观念尚未成熟阶段，通过政府对发行证券的审核，保证证券品质优良，维护投资者的合法权益，产生了投资者对政府核准的过分依赖心理。鉴于此，今后我国证券发行审核制度应当引入注册制，以提高审核效率。同时，要减轻证券管理机构的审核压力，对申请人的资信、资产、财务及法律状态进行评估、核定和提出意见，应交由证券管理机构确认的律师、会计师、资产评估人员处理，以实现发行活动的专业化管理。另外，为了防止投资者产生对政府核准的过分依赖心理，应当通过必要的法律手段和宣传媒介告知公众，证券管理机构的审核只保证申请者申请时符合法定发行程序，发行权的授予，不意味审核机构担保证券投资风险。

二、证券发行的信息公开制度

(一) 信息公开的意义和法律标准

证券发行的信息公开制度是公开发行有价证券者，以维护公司股东或债权人合法权益为宗旨，将公司信息完全、准确、及时地公开，以供证券投资者进行价值判断的法律制度。证券发行的信息公开制度是公司信息公开制度的组成部分。

为了确保信息公开，各国均以法律强制保证信息公开。可以说，强制信息公开制度是信息公开制度生命力之所在。

1. 信息公开的意义

(1) 利于投资判断。从投资者角度看，投资获利是唯一的目的。要从种类繁多的有价证券中选择最有利的投资机会，投资人应当对发行公司的资信、财力及运营状况有充分了解。从证券价格形成角度看，除发行者营业收入外，还受公司合并、经营权转移、新资源及新产品开发等公司经营状况的影响。因此，只有使投资者公平取得发行公司信息，才可能择优做出投资判断，以达到收益最大、风险最小的目的。

(2) 防止信息滥用。公平的证券市场，投资者有均等获得信息的权利和投资获益的机会。股票和公司债券的发行是股权或公司债权转移的过程，也是风险分散化的过程。如果没有信息公开制度，发行者则可能散布虚假信息、隐匿真实信息或滥用信息操纵市场，或以其他方式欺骗投资者、转嫁风险，使证券市场无法显示证券的真正价格，市场弊端将由此产生。

(3) 有利于经营与管理。信息公开主要是公司财务信息的公开。在企业长期的经营管理活动中，国际上已经形成一整套科学完整的会计制度。运用国际会计制度管理企业，将使发行公司管理机制趋向国际化、规范化。通过公开制度的实施，还可以扩大发行公司的社会影响，提高企业知名度，实现广告宣传的附属效应。

（4）防止不当竞业。在公司制度的演化过程中，股份有限公司所有权与企业经营权相分离，公司董事会掌管着企业经营权。为了保证经营权的合理行使，维护股东和公司债权人的利益，一些国家的公司法规定董事有勤勉义务、忠实义务和竞业禁止义务。①勤勉义务是指公司董事、监事行使经营与监督权时，应尽其职责；②忠实义务是指董事执行职务与本公司利益发生冲突时，应以公司利益为优先考虑；③竞业禁止义务是指公司董事为自己或第三人从事属于公司营业范围的交易时，必须公开有关交易的重要事实，并须得到股东大会的许可。因为董事从事竞业行业可能夺取公司的交易机会，牺牲公司利益，或利用职务便利获取公司机密，对公司造成损害。因此，以法律规定董事承担竞业禁止义务，是维护公司和股东权益的重要手段之一。

（5）提高证券市场效率。证券发行与证券投资是实现社会资源配置的过程。公司有价证券何时发行，发行何种证券，发行多少，取决于市场要求及投资者的投资能力。证券投资是一个选择过程。如果企业资信良好，实力雄厚，管理甚佳，盈利丰厚，其发行的证券必为广大投资者所青睐。因此，为使投资者科学选择投资证券，实现资源的合理配置，必须建立完备的信息公开系统。

2. 信息公开的法律标准

信息公开是提高证券市场效率的关键因素。

信息公开的法律标准是衡量信息公开的基本尺度。信息公开的标准需要通过法律规范完整地表述出来，实施者依照这一标准衡量或约束自己的行为。违反或未达到该标准的，其发行及其他证券行为，或归于无效，或应受到法律制裁。企业的经营活动复杂多样，要以稳定的法律形式规范这些复杂的经济现象，无疑是十分困难的。因此，在衡量过程中，需要对标准做出具体的解释，以克服立法非周全的缺陷。信息公开的法律标准应当为：信息的全面性、资料的真实性、时间的时效性、空间的易得性、内容的易解性、形式的适法性。

（1）全面性。凡是供投资人判断证券投资价值的有关资料，应全部记载于法定文件中，并予以公开。如果公开资料有隐瞒、遗漏情形，则提交的文件或交付证券取得人的文件不发生法律效力。怎样才具备信息公开的完全性，涉及一系列复杂问题。其中，最重要的是信息公开范围和公司保守商业秘密的界限划分。如果法律制度确定的公开范围适之过宽，则制度形同虚设；如果适之过窄，又难以达到保护投资者的目的。任何法律规范必须以现实的可行性为存在前提。依据行为责任自负的公理，信息公开的主体只能是证券发行者。信息公开的范围应限定于证券发行公司内部一切与投资判断相关的资料。至于市场和政策等因素，发行者无此公开义务。后者，涉及证券发行人保守商业秘密与公众投资者要求信息公开，提高发行人透明度的冲突。化解这一矛盾的关键不在于使公司信息毫无保留地彻底公开，而是应当以法律制度界定免于披露的商业秘密或其他企业信息的界限，使信息公开范围明晰化。因此，企业信息公开的完全性也是相对的。

（2）真实性。这是指发行者公开的信息资料应当准确、真实，不得有虚伪记载、误导或欺骗。为了保证公开信息的真实性，证券法律制度应从以下四个方面予以规范：

第一，保证义务。信息公开为证券发行或上市的必备法律要件，发行公司应依法负有保证公开信息真实的义务。实行证券发行注册制的国家，如果公开者虚假陈述、误导或重大遗漏，发行注册申请或上市申请归于无效。实行核准制的国家，如果公开者未尽真实保证义务，则不得获得发行或上市核准。保证公开信息真实，既是证券发行人的义务，又是证券行为的生效条件。

第二，审核监管制度。不同的审核体制，对信息公开文件真实性的监管采取不同的方式。采取注册制的国家，自证券发行人提出证券发行申请开始，至效力发生时止为等待时间。其间，证券监管机构应就注册申请文件记载事实加以审查，如有虚假或欠缺重要事实的记载，则令申请人重新修正，必要时可以停止申报效力。采用核准制的国家，证券监管机构专设审查部门，就公开资料的真实性进行实质审查，符合条件者，核准证券发行。

第三，公开资料签证制度。对资产负债表、损益表或其他财务、法律文件等，应经独立、公认的会计师、律师机构签证，以保证公开资料的真实性。西方国家对会计师、律师及其机构有完整的资格认证和监管制度。其中，中立、独立的法律地位是保证其签证真实、公正、有效的关键因素。

第四，法律责任保障制度。如果公开资料虚假、欠缺，即使通过审核，也将面临随时终止效力的危险。法律制度将对虚假陈述、重大遗漏的当事人，课以民事、刑事处分。对从事证券业务的会计师、律师将处以停止营业、撤销从业资格等处分，甚至刑事处罚。

（3）时效性。这是指向公众投资者公开的信息应当具有最新性。公开资料反映的公司状态为现实公司状况，公司资料交付的时间不超过法定期限。理论上，投资者的期望收益取决于公司将来的获利能力。为了预测将来公司的营业前景，必须依据目前公司的营业状况、收益程度及发展潜力判断。如果影响证券市场价格的重要信息因素，在发行后相当时间内才得以公开，公开的信息作为投资判断依据的价值将不复存在。为保证公开的信息的有用性，必须以资料公开的最新性、现实性和时效性作为衡量标准。

公开信息时效性的标准是一个动态概念，即从证券发行前到上市后的持续经营活动期间，向公众投资者披露的资料应当始终是最新的。为此，法律制度规定的公开分为发行公开与持续公开。前者为证券发行前、交付前或交付时，向投资者提交的法定公开资料；后者指证券发行后，在经营期间内，随时依法公开的企业信息，以保证公开资料的持续性。为保证公开资料的时效性，法律制度应做必要约束：①公开说明书的内容应当反映公司现实财务、营业及其他公司状态。如果提交的资料符合法定时间，而内容反映的是企业过去状态，则违反时效性标准。②应当规定交付公开说明书的有效期限。通常，应当在投资人取得或买入证券之前或同时，将公开说明书交付投资人。

（4）易得性。这是指公开资料容易为一般公众投资者所获取。实践中，资料公开方式有三种：①由证券发行者或出售者直接向投资者交付债券发行章程、招股说明书等公开资料；②将有价证券发行申报书、公开说明书等公开文件备置证券主管机关、证券交易所、证券发行公司、证券公司等一定场所，供公众阅览；③通过公众新闻媒介，如报纸、电视等传播。

上述这三种资料公开方式各有弱点。直接交付方式难以保证公开范围具有广泛性，即不能为广大公众容易得到；而且，如果交付证券同时交付公开说明书，投资者将失去投资判断时间。固定地点备置方式除了证券商的利益与一般投资者的利益冲突的弊端不能克服外，条件局限性颇大，还有公开范围狭窄，公众不易取得的弊病。唯有大众新闻媒介宣传广泛，但这种方式具有公开者支付费用较高、新闻媒介不确定等缺陷。所以，要确保公开资料易得，要求：①资料传播广泛，信息易为广大公众所得；②公开资料保持原状，以维护投资者利益。故为克服这些公开方式的缺陷，法律应当要求指定新闻媒介传播公开资料，并且结合直接交付和固定地点备置等方式公开信息。

（5）易解性。这是指发行公司公开的资料为投资者所容易认识、理解、掌握和运用。从公平保护投资者角度出发，公开资料不仅应当为专业投资者使用，而且还应为非经专业训练的一般投资者所认识。因此，法定公开资料应以鲜明的形式，简洁凝练的语言，易于为普通投资者理解的专业术语，向投资者公开信息。易解性的专业标准与公开的形式要求联系密切。法定公开文件的形式要求，应当贯彻易解性的衡量准则。

（6）适法性。这是指公开资料的形式符合法律规定。通常，公开资料以招股说明书为主。企业公开不仅指向公众公开，也包括向证券主管机关公开。证券发行人在申请证券发行审核时，应向管理机构提交发行申请书及资产负债表、损益表、股东权益变动表、现金流量表等。法律应就文件具体编制格式、要求予以规定。公开文件有两种方式：①列举式。它是以法律条文明示列举公开文件应当公开的事项种类。②例示式。它是指法律未明确列举文件事项，由证券管理机构规定公开文件式样。

（二）证券发行公开制度

隐藏在强制性公开制度背后的原理，是通过充分和公正的公开制度来保护公众投资者，使其免受欺诈和不法操纵行为的伤害。上市公司不应该对公众隐瞒，而经营和运用投资者资金的上市公司管理人员，应对投资者负责并要坚守高标准的信息责任。在这个公开制度里，政府起一个很重要的监督作用。美国证券交易委员会通常是有选择性地审查一些典型或特殊上市公司的财务报告及有关资料，以求保证上市公司遵循证券法的公开披露法规，充分、公正地向公众公布有关公司的资料。政府的作用是有限的。它绝对不认可或担保任何证券，亦不允许被误解为对任何证券的认可或担保。而美国公司制度本身也有效地限制政府对合法企业正常运作的干预，并将之减到最低程度。

美国证券制度是贯彻公开制度的典范。美国 1933 年的证券法规定的证券发行公开制度，以注册申报书为公开工具。注册申报书具有双重作用：①作为向美国证券交易委员会申报发行证券的法律文件；②向潜在的投资者提供投资判断的信息。注册申报书包括两部分：一部分为公开说明书。该部分包括关于发行公开最为重要的信息，形成单独简短文件，于证券交付之前或同时提交给投资者；另一部分包括向美国证券交易委员会提供的补充信息。美国现时公开制度所要求公开的上市公司资料相当广泛，而且通常是明确指定的业务细节。它们被认为是进行明智的投资分析所必需的资料。美国 1933 年的证券法中的公开法规内容丰富，包罗万象，且技术性很强。这些资料分为以下几类：

1. 一般公开条款

上市公司需要公开的资料主要分为五大部分：①公司业务和生产设施状况的说明；②公司证券及市场信息的说明；③公司财务资料和财务报表；④管理阶层对公司财务状况和经营业绩的讨论与分析；⑤高级管理人员的经验、报酬及利益冲突等有关资料。公司业务的说明要能使投资者充分明白公司所经营的业务，应该清楚地阐明那些与投资决策有关的营业风险。而作为业务说明的一个良好开端，应检讨过去经营的情况，提供一个历史性的回顾，有助于投资者估计公司的将来。

债券投资决策着重宏观经济因素，而股票投资决策着重微观经济因素，也就是有关公司的实际资料。所以，在公司业务说明中，对于从整体上理解公司经营状况起重要作用的资料，都要加以详尽阐述。

这类信息对投资者评估公司的业务、市场营销、对个别客户的依赖程度、原材料供应的可靠性或软弱性、竞争能力及发展潜力等有关方面的状况是至关重要的。如果公司经营多种性质很不相同的业务，每种业务都要加以详细地描述和说明，更要披露每种业务过去三年的收入、营业利润及资产使用情况。由于每种业务都有不同的增长前景、获利能力和风险程度，为了帮助投资者能够做到从整体上准确地评估公司的经营状况、公司有必要披露每种业务的具体资料。为了让投资者了解公司厂房设备的适用充足性、生产能力及利用程度，公司有责任清楚地解释公司生产设施的布置和特性。如果公司牵涉任何法律纠纷或诉讼，公司有义务将事件公开，可能的话，还要预计案件对公司的影响。公司证券的现有交易市场、价格、股息和红利等有关资料理应公布。公司证券拥有者所特有的权利，像股息权、转换权、投票权以及其他权益，也应一一加以详尽解释。

2. 财务资料

上市公司有义务向投资大众提供充足的财务会计信息，以便帮助其做出投资决策，这些决策将直接影响社会资本和资源的配置。如果这些决策是根据有用和准确的财务会计信息而定的，那么整个国民经济将会变得有效益进而造福于社会和人民。

有些财务会计数据对投资者来说是十分重要的，关系到准确检讨公司的过去和估计公司的将来走向，进而做出合理的投资决定。这些数据通常包括公司过去两年中每年的销售额、营业收入、总资产、长期负债、净资产，以及其他任何有助于加强对公司财务状况和经营业绩的了解与突出其发展趋势的信息。公司的财务会计报告也属所需公开的财务资料。它们提供极其详尽的会计信息。从分析这些会计信息中，投资者能测量公司的资产变现能力、偿还债务能力和盈利能力。

公司财务会计报告必须是遵循国家颁布的会计准则和财务报表规则而编制的。

3. 有关管理人员资料

一家公司的好坏，很大程度上取决于管理阶层。公开管理人员及对公司极有影响力的大股东的有关资料，有助于投资大众评估管理阶层的管理能力以及他们的诚实和廉洁。

4. 公司财务状况和业绩的讨论与分析

财务会计报表的技术性相当高，一般投资大众难以明白。而财务会计报表对公司状况和业绩的数字描述，就算加上报表附注所提供的简单资料，对一个投资者判断公司经营状况和发展趋势而言，可能仍是不够的。为了弥补不足，美国证券法要求上市公司在其募股说明书和年度报告中，提供公司管理部门对公司状况和业绩的讨论与分析。公司管理人员因在法律上有责任，再加上证券交易委员会的工作人员对此特别关注和十分小心审查这类的披露，所以公司管理人员一般都在这一讨论和分析里如实报告公司情况。这些讨论与分析作用相当大，十分受投资者的欢迎。他们可以使投资者从管理人员角度考察公司，加强对管理人员的决策和计划的了解。

以上的讨论与分析，主要着重解释为什么在财务会计报表上所描述的公司财务状况和营业结果会是这样的。为了使投资者容易明白公司的运行和评估公司的价值，这些讨论与分析必须指出那些关键的易变因素、质量因素和数量因素。那些会对公司将来的经营和将来的财务状况造成实质性影响的趋势、承诺、偶然事件或不稳定因素，都应予以清楚地披露，特别是那些已知的重要事件或不稳定因素，会使现已公布的公司财务信息不再代表或显示公司将来业绩或财务状况，公司都必须给予详细地描述。投资者对公司将来业绩和走向最感兴趣。因为他自己要对此做出判断，进而决定现时的投资策略。

5. 股票发行的有关资料

除了上述资料需要公开之外，公开发行证券的公司，还要向投资者阐明投资于其股票的有关风险和投机因素。为了对投资大众负责，公司有责任对出售证券所筹资金的目的和使用方向加以说明。

美国一切公开制度设计均以公司完全、充分公开为核心。由于我国证券发行市场与美国证券发行市场差距较大，我国证券发行信息公开制度，一方面，必须保证信息公开原则的贯彻；另一方面，必须与核准制的实质条件相吻合。公开只是手段，发行人符合发行条件才是实质。我国证券的信息公开，既要公开公司过去与现实的信息，又要公开公司未来股份收益预测的软信息；既要公开公司发展与盈利的肯定因素，又应表明投资风险等否定因素，以使投资者得以综合判断。我国公开制度要以法律强制实行，赋予证券管理机构必要的权利，以解释和补充法定公开要求，是完全必要的。这些管理机构的任务，就是要通过公开的法律形式，核查公司的真实情况以及投资者对上述公开信息的利用程度。

第五节　证券交易市场的监管

一、证券上市制度

证券上市是指发行人发行的有价证券，依法定条件和程序，在证券交易所公开挂牌交易的法律行为。证券上市依照上市程序不同，可以划分为授权上市和认可上市两种。授权上市是指由证券发行公司申请并由证券交易所依照规定程序批准的证券上市，上市发行者主要是股份有限公司，上市证券则是由股份有限公司发行的各种股票和债券。授权上市的条件和程序非常严格。证券交易所在接受证券上市申请时，要进行严格的资格审查，并有权拒绝不符合本证券交易所上市条件的上市申请，也有权在公司股票和债券上市后终止其继续在本交易所上市。认可上市是指经证券交易所认可后就可以进入本证券交易所上市，认可上市的证券仅限于各种政府证券。

（一）上市条件

1. 上市公司的资本额规定

公司资本有注册资本、实缴资本、实有资本等含义。在证券上市条件中，公司资本一般是指公司的实有资本或有形净资本。各国证券法和证券交易所都规定有公司资本额的最低数额，不足最低资本数额的公司将不被接受上市。我国上市公司的最低资本限额各个板块各不一样，主板为 5 000 万元。

2. 上市公司的盈利能力

盈利能力通常是指公司申请证券上市前若干年来的公司税前盈利。公司盈利能力往往标志着公司证券上市后的交易活跃程度，也意味着证券投资者投资收益。证券交易所往往要求申请上市的公司盈利额应当持续上升。我国规定，上市公司必须最近三年连续盈利，新设立的股份有限公司可追溯至改制前的发行主体。

3. 上市公司的资本结构

资本结构主要指公司自有资本和借入资本的构成比例状况。负债比率大小直接影响证券投资者风险的高低。在经济增长时期，公司利润增加，利率水平降低，负债经营多能为投资者增加收益；在经济衰退时期，公司盈利减少，利率水平上升，负债经营就会大幅度减少投资者收益。

4. 上市公司的股权分散状况

股权分散状况表现为持有公司证券的人数和社会公众持有公司证券的总额。公司股权分散必须达到一定比例或数值，这对于保证证券特别是股票有足够的流通性，避免证券主要持有人直接影响或操纵股票交易价格，有着十分重要的作用。我国规定上市公司个人股占总股本的比例必须达到25%，持有 1 000 股以上的股东人数必须达到 1 000 人以上，简称"千人千股"，以保证股权的足够分散。

5. 证券的市场价值

证券的市场价值是与上市公司有关的多种因素的综合反映，它甚至比公司资本额的条件要求更为重要。从一定意义上讲，公司证券的市场价值是公司资本等因素的动态反映。

6. 上市公司的开业时间

开业时间是指公司获准成立的时间。刚成立的公司往往会将主要精力放到如何开展业务方面，其证券市值、盈利能力、偿债能力都无法充分地反映出来。为了保证证券投资者的利益，促进公司的健康发展，各国的证券交易所都有关于公司开业时间的规定。

有关证券上市条件的上述项目，都是通过一定的具体数值来加以确定的，是证券获准上市的强制性指标。但是，证券交易所在接受证券上市申请以前，往往还要结合公司的行业特点及可能的竞争能力、公司保持符合上市标准的能力和可能等情况，对上市申请详加审查并最终决定是否同意该公司上市。这些被称为"软指标"的条件往往决定了一些上市申请的接受与拒绝。

（二）上市契约和上市公司的义务

证券准许上市时，上市公司应当与证券交易所订立上市契约，以此作为确定上市公司与证券交易所权利、义务的依据。依此契约，上市公司承诺接受证券交易所的管理，承担上市契约准则或交易所自律规章的义务，上市公司证券有权在证券交易所集中交易市场挂牌买卖，并成为交易所规制对象。上市契约准则对订约人具有自始至终的约束力，订约者不得违反。上市契约准则也区别于法律规范，因为其并非国家立法。它也不同于一般法人的自律规章，因为其中包含了若干法定上市条件，而且自律规章只以内部营业为限，不包括对外缔约者的规范。

发行证券获准上市后，应依证券法律规范、上市契约准则及证券交易所业务规则，承担如下义务：①上市公司须于法定期限内向社会公布上市公告书，定期公布会计师事务所注册会计师签证的财务报表。②上市公司应履行持续公开义务，包括提供年度报告书、中期报告书、季度报告书和临时报告书等。当上市公司发生法定报告情形时，应遵循证券交易所的适时公开政策，提供有关公开报告。③上市公司依证券交易所规定费率，交纳上市费用。上市费用分为上市初费和上市月费。④承担法律和证券交易所规则规定的其他义务。

（三）证券上市程序

证券上市程序，由各国证券法或者证券交易所法做出基本规定，同时由各证券交易所视具体情况加以补充。但是，证券交易所的补充规定不得与法律规定相抵触，有的补充规定还必须获得政府主管部门的批准。证券交易所应按照证券上市程序办理证券上市。

1. 提出证券上市申请

证券发行公司申请证券上市的，应当以书面申请方式呈报证券交易所。呈报文件除书面申请书外，还应同时提供法律规定的其他书面文件，作为证券上市申请书的附件。

2. 证券上市申请的审查

证券交易所在接到证券发行公司的证券上市申请书及附件后，应当依据证券上

197

市审查准则的规定，确认文件的完整性，有关内容的真实性以及是否合格。上市审查准则是证券交易所成立时制定的，由主管机关批准的规范性文件，主要包括证券上市条件和种类等项内容。凡经证券交易所审查合格的上市申请，即可获得批准。

3. 证券上市合同的订立和核准

在证券上市申请审查合格后，证券交易所应当与获准上市的证券发行公司订立证券上市合同（契约）。

4. 证券上市费用的缴纳

在证券上市申请获准并订立上市合同以后，证券发行公司应向证券交易所缴纳上市合同规定的上市费用。证券发行上市费用的费率应获得政府主管机关的核准，其缴纳时间也按照上市合同的约定加以确定。证券发行公司缴纳上市初费后，其证券即可以在证券交易所挂牌买卖。

（四）证券上市的暂停和终止

1. 证券上市的暂停

证券上市的暂停是指已上市证券在遇有特殊情况下，被暂时取消上市资格。上市暂停有三种形式：①法定暂停上市。它是指发生证券法或证券交易所规定的暂停上市原因时，证券交易所暂时停止该证券在交易所集中交易市场交易的情形。②申请暂停上市。它是由上市公司向证券交易所请求暂停上市交易的行为。③自动暂停上市。它是指遇有法定情形时，上市证券免除申请或其他法定程序，自动暂停上市交易。自动暂停上市一般只适用于上市公司增发证券或发放股息、红利期间。

暂停上市的原因有：①公司发生重大改组或经营有重大变更而不符合证券交易所上市条件；②公司不履行法定的公开义务，或者公司报告和呈报证券交易所的文件有不实记载；③公司董事、监事、经理人所持股份与实发股份额在一定比例以上，股东的行为损害公众的利益；④最近一年内月平均交易不足一定数额或最近一个时期内无成交；⑤公司在最近若干年内连续亏损；⑥公司面临破产；⑦公司不按期缴纳上市费用；⑧公司因信用问题而被停止与银行的业务往来；⑨其他必须暂停的原因。

被暂停上市的证券在暂停原因消除以后，可以恢复上市。

2. 证券上市的终止

证券上市的终止，也称"停牌"，是指上市公司被取消上市资格。证券发行公司终止上市后，可以在终止上市原因消除后重新申请上市。上市终止也有如下三种形势：①法定终止上市。如果法定暂停上市情形造成严重后果，在暂停上市期间未能消除被暂停的原因，公司解散或破产清算，或有其他必须终止上市的原因，证券交易所或主管机关可依法决定证券上市终止。②自动终止上市。债券于本息兑付日前一定期间自动终止上市。③申请终止上市。由于申请终止上市涉及公司上市与否的自由以及上市契约的效力，此问题值得研究。

证券上市终止是证券交易所对上市公司采取的最严厉措施，应报请政府主管部门核准。证券上市终止的决定一旦做出，原上市公司在经过法定时间的善后交易后，应当完全停止证券挂牌买卖。由于证券上市的暂停和终止直接影响到证券发行公司和证券投资者的利益，证券交易所往往对此十分慎重，并应呈报政府主管机关批准。同时，上市证券经上市公司申请或由证券交易所主动采取暂停或终止措施的，其暂停上市、恢复上市和终止上市均应以公告形式予以公布。

二、信息持续性披露制度

信息持续性披露制度是公开原则在证券市场中的集中表现。国外证券法律制度将持续披露公司信息的规定，称为持续公开原则。信息持续性披露文件包括证券发行公司的年度报告书、中期报告书、季度报告书等定期报告文件，以及临时报告书和执行证券交易所及时公开政策而公开的各类报告文件。

（一）报告书制度

由于发行公司情况复杂，上市与否、规模大小、股东人数多寡不一，各国证券制度规定的提交报告义务的方式也有所不同，从世界范围看，主要有两种规定方式：①以美国1934年的证券交易法为代表，以发行公司资产值、持股人数等公司外形标准确定公司报告书义务；②以日本1934年的证券交易法为代表，以发行公司募集、出售行为及证券上市作为报告书的义务确定标准。

对股东而言，年度报告书比招股说明书和代理人报告更为重要，它被视作股东与经营者交流的最有效的工具。虽然不同国家年度报告书的内容也不尽相同，但报告编制要求却具有共同性。通常，报告书的内容及编制要求包括：①公司一般概况、公司财务状况、经营业绩等应当真实、详细记载；②公司财务报告记载的会计事实必须明确，以防止影响利害关系者的投资判断；③财务报告的会计原则与方法应当统一。如果有变动或调整，应于报告中说明其影响。

中期报告书是公开制度的又一表现形式。它使证券发行公司某一营业年度前六个月的营业与财务状况公开，并向投资者提供预测该营业年度业绩的中期资料，以确保证券发行公司信息公开的最新性。中期报告书的内容通常与年度报告书的内容相似。美国立法要求记载公司总销售量、营业收益、租金和税收扣除前后的纯利益、特殊事项等。日本立法要求记载资本额变动、大股东状况、股价及股票交易量的走势变化、董事和监事人员变动、员工情况、与前年同期生产经营业绩的比较、设备变动、设备添置计划的执行及其财务状况等。

为保证公司信息公开的及时性，自20世纪70年代以来，一些国家或地区的证券制度要求发行公司公开三个月的营业情况，这就是季度报告书制度。季度报告书的内容主要包括未经会计稽核的财务报告、证券承销新进展、股东投票权等事项。其中，财务报告的内容又主要包括销售量或收入额、纯利润、纳税、非定期收支、偶发事件（包括涉诉情况）、会计变化、财务状况的重大变动（如资本结构变化等）。美国1934年的证券交易法规定发行公司于年度第一、二、三营业季度结束后45天内，向证管会提交季度报告书。

定期报告书制度的缺陷是：信息公开滞后，不能及时满足公司信息公开的最新性和迅速性需要。尤其在公司发生对证券投资判断有影响的特别事项时，定期报告书难以适应证券市场变动，不利于投资判断。为此，必须实行临时报告书制度，以利于临时发生重大事件的信息迅速传递给投资人。

（二）信息披露文件虚假或重大遗漏的归责

信息披露是向证券监管机构或公众投资者提交的法律文件。信息披露文件的真实、准确、完整是公开原则的具体要求，也是证券投资安全的基本保证。证券发行人或与信息披露文件制作、签证相关者，应当对信息公开文件的真实性、准确性、完整性承担相应的法律责任。

各国证券法律制度关于信息披露文件的责任主体，主要包括四类：①发行人及公司发起人；②发行公司重要职员，包括董事、监事、经理及在文件中签章的其他职员；③会计师、律师、工程师、评估师或其他专业技术人员；④承销商。上述主体应依其地位及在证券文件中标明所应承担责任的全部或部分，承担相应及连带法律责任。

承担发行证券真实保证义务，以发行公司或发起人（公司成立前）责任为最重。各国法律一般规定承担无过失责任。只要信息披露文件有虚假或重大遗漏事件，除发行人或发起人证明原告取得证券时知悉外，应就整个文件内容承担绝对责任。

关于发行人或发行人以外的公司董事、监事、经理人及其他在文件中签章的职员责任，各国或地区法律差异较大。美国1933年的证券法第11条，对发行人以外的其他人的免责事由做出明确规定，即对文件中应负责任的部分，如果在生效前，本人已脱离职务、资格或与文件记载无关系，且书面通知证管会或发行人者，可以行使抗辩权。此外，将文件或文件有关部分依据是否经专家编制或签证区分。未经专家编制或签证部分，只有经过充分合理调查，相信文件无重大虚假记载时，方能免责。已经专家编制或签证部分，无须合理调查，即可免责。

关于会计师、律师、评估师、工程师或其他与证券文件制作、签证相关的技术人员对文件虚假或重大遗漏的归责或免责，仍引用美国1933年的证券法第11条的规定。

我国《证券法》禁止任何单位和个人对证券发行、交易及其相关活动的事实、性质、前景、法律等事项做出不实、严重误导或者含有重大遗漏的、任何形式的虚假陈述或者诱导，致使投资者在不了解事实真相的情况下做出证券投资决定。

虚假陈述行为包括：①证券发行人、证券经营机构在招募说明书、上市公告书、公司报告及其他文件中做出虚假陈述；②律师事务所、会计师事务所、资产评估机构等专业性证券服务机构在其出具的法律意见书、审计报告、资产评估报告及参与制作的其他文件中做出虚假陈述；③证券交易场所、证券业协会或者其他证券业自律性组织做出对证券市场产生影响的虚假陈述；④证券发行人、证券经营机构、专业性证券服务机构、证券业自律性组织，在向证券监管部门提交的各种文件、报告和说明中做出虚假陈述；⑤在证券发行、交易及其相关活动中的其他虚假陈述。

对虚假陈述行为的处罚，包括三个方面：①对证券经营机构、专业性证券服务机构，根据不同的情况，单处或者并处警告、没收非法所得、罚款、暂停其证券经营业务、撤销其证券经营业务许可。证券交易场所、证券业协会和其他证券业自律性组织有虚假陈述行为的，按照有关规定处罚。②对证券发行人，根据不同情况，单处或并处警告、责令退还非法所筹资金、没收非法所得、罚款、暂停或者取消其发行、上市资格。③对与虚假陈述有关的直接责任人员，根据不同情况，单处或者并处警告、没收非法所得、罚款、撤销其从事证券业务的许可或者资格。

三、操纵市场与内幕交易的监管

（一）操纵市场的监管

所谓证券市场中的操纵行为，是指一个人或某一组织，背离自由竞争和供求关系确定证券价格的原则，采取不正当手段人为控制证券交易价格的行为。操纵行为对证券市场的危害很大，操纵市场的方式主要有：

（1）对倒。对倒是最古老的证券市场操纵形式。它是指以影响证券市场行情为目的，人为创造证券交易虚假繁荣，从事所有权非真实转移的交易行为。对倒构成的要件有两个：①行为人主观上有创造市场虚假繁荣，诱导公众投资者盲目跟进，达到影响市场行情的目的；②行为人客观上达成交易，但证券所有权未转移或未实质性转移。

（2）扎空。扎空是指证券市场上的某一操纵集团，将证券市场流通股票吸纳集中，致使证券市场上的卖空者，除此集团之外已无其他来源补回股票，扎空集团借机操纵证券价格的方式。通常，扎空发生于卖空交易情形。还有一种自然扎空是指数个集团争夺同一公司控股权时，股票价格因此上扬，不知情者开始卖空，最后遭到操纵性扎空的结果。

（3）连续交易操纵。为促使他人购买或出售证券，与一个或多个同谋对交易所上市的证券，做一个连续的买卖，造成该证券真实或表面的繁荣交易，或抬高、或压低该证券价格的行为。所以，连续交易操纵构成要件有两个：①连续交易导致一定的市场表象或价格变化；②行为者的目的在于诱使他人买入或出售证券。

（4）联合操纵。联合操纵是指两个或两个以上的人，组成临时性组织，联合运用操纵手段操纵证券市场。该组织可以集合资金、交易技巧、经验、相关人才、信息等进行合作，以达到市场操纵的目的。

市场操纵行为的监管可分为以下两种：

（1）事前监管。事前监管是指在发生操纵行为之前，证券管理机构采取必要手段防止损害发生。为实现这一目的，各国证券立法和证券机构都在寻求有效的约束机制。例如，美国1934年的证券交易法第21条赋予证券管理机构广泛的调查权，以约束种类繁多的市场危害行为。同时，证券管理机构也在不断规范和改进证券交易监管制度。

（2）事后救济。事后救济是指证券管理机构对市场操纵行为者的处理，以及操纵者对受损当事人的损害赔偿。事后救济主要包括两个方面：①对操纵行为的制裁；②对操纵行为受害者给予赔偿损失救济。

（二）内幕交易的监管

所谓内幕交易，又称知内情者交易，是指公司董事、监事、经理、职员或主要股东、证券市场内部人员以及市场管理人员，利用其地位、职务等便利，获取尚未公开的、可以影响证券价格的重要信息，进行有价证券交易，或者泄露信息，建议他人进行证券交易，以获得利益或减少经济损失的行为。证券内幕交易是一种严重侵害投资者利益的违法犯罪行为。为了防止内幕交易，各国证券法均规定了严格的法律制裁措施。

内幕交易的构成要件主要包括内幕交易行为主体、内幕信息和内幕交易的行为方式。

（1）内幕交易行为主体。其范围有日益扩大的趋势。主要包括公司内部人员、准内部人员、第一手直接获取信息者及公务人员。公司内部人员是指上市公司董事、监事、经理、其他高级人员、从业人员、代理人以及具有控制关系的股东。准内部人员指依据公司业务或契约关系，知悉公司内幕信息的会计师、律师、公司顾问、评估公司职员、证券承销商等。第一手直接获取公司信息者是指从上述内部人员、准内部人员处直接获取公司信息的人员，包括内部人员、准内部人员的家属、朋友、亲戚，新闻记者，证券分析家等。但是，上述人员须认识到自己从内部人员或准内部人员处接收信息，且此信息为法律所规定的重要事实并尚未公开。上述人员从知悉信息开始，即成为内幕交易行为主体。公务人员是指依法对公司行使职权的人员。如行使搜查权的警方人员和检察官、行使监督管理机构的工作人员、证券交易所管理人员与发行人有直接隶属关系的国家工作人员等。

（2）内幕信息。内幕信息是指有关发行人、证券经营机构、有收购意图的法人、证券监督管理机构、证券业自律性组织以及与其有密切联系的人员所知悉的，尚未公开的和可能影响证券市场价格的重大信息。信息未公开是指公司未将信息载体交付或寄送法定大众传播媒介公布发表。

（3）内幕交易的行为方式。其主要表现在：行为主体知悉公司内幕信息且从事有价证券交易或其他有偿转让行为，以及泄露内幕信息或建议他人买卖证券的行为。

参考文献

滋维·博迪，2017. 投资学 [M]. 10 版. 汪昌云，张永骥，译. 北京：机械工业出版社.

威廉·F. 夏普. 等，1998. 投资学（上）[M]. 5 版. 赵锡写，等译. 北京：中国人民大学出版社.

威廉·F. 夏普. 等，1998. 投资学（下）[M]. 5 版. 赵锡写，等译. 北京：中国人民大学出版社.

刘红忠，2010. 投资学 [M]. 2 版. 北京：高等教育出版社.

吴晓求，2009. 证券投资学 [M]. 2 版. 北京：中国人民大学出版社.

威廉·F. 夏普，2016. 投资组合理论与资本市场 [M]. 郑磊，译. 北京：机械工业出版社.

中国证券业协会，2010. 证券市场基础知识 [M]. 北京：中国财政经济出版社.

中国证券业协会，2007. 证券投资分析 [M]. 北京：中国财政经济出版社.

中国证券业协会，2009. 证券发行与承销 [M]. 北京：中国财政经济出版社.

MARKOWITZ, H., 1952. Portfolio selection [J]. Journal of Finance, 4：77-91.

SHARPE, W., 1964. Capital asset prices：a theory of market equilibrium under conditions of risk [J]. Journal of Finance, 19：425-442.

LINTNER, J., 1965. The valuation of risk assets and the selection of risky investments in stock portfolios and capital budgets [J]. Review of Economics and Statistics, 47：13-37.

MOSSIN, J., 1966. Equilibrium in a capital asset market [J]. Econometrica, 34：768-783.

FAMA, E. F., 1965. Random walks in stock market price [J]. Financial Analysts Journal, 9/10.

FAMA, E. F., 1970. Efficient Capital Markets：A review of theory and empirical work [J]. Journal of Finance, 25：383-417.

BLACK, F., M. SCHOLES, 1973. The pricing of options and corporate liabilities [J]. Journal of Political Economy, 81：637-654.

203

MERTON, R., 1973. The theory of rational option pricing [J]. Bell Journal of Economics and Management Science, 4: 141-183.

ROSS, S. A., 1976. The arbitrage theory of capital asset pricing [J]. Journal of Economic Theory, 13: 341-360.

ROSS, S. A., 1978. A simple approach to the valuation of risky streams [J]. Journal of Business, 51: 453-475.

证/券/投/资/原/理